周鸿祎

我的互联网思维

欣叶◎著

台海出版社

图书在版编目（CIP）数据

周鸿祎：我的互联网思维 / 欣叶著 .—北京：台海出版社，2016. 5

ISBN 978 - 7 - 5168 - 0990 - 7

Ⅰ. ①周… Ⅱ. ①欣… Ⅲ. ①周鸿祎－传记 Ⅳ. ①K825. 38

中国版本图书馆 CIP 数据核字（2016）第 090821 号

周鸿祎：我的互联网思维

著　　者：欣　叶

责任编辑：刘文卉

装帧设计：张子墨　　　版式设计：红　英

责任校对：史小东　　　责任印制：蔡　旭

出版发行：台海出版社

地　　址：北京市朝阳区劲松南路 1 号　　邮政编码：100021

电　　话：010 - 64041652（发行，邮购）

传　　真：010 - 84045799（总编室）

网　　址：http://www.taimeng.org.cn/thcbs/default.htm

E - mail：thcbs@126.com

经　　销：全国各地新华书店

印　　刷：河北飞鸿印刷有限责任公司

本书如有破损、缺页、装订错误，请与本社联系调换

开　　本：710 mm×1000 mm　1/16

字　　数：200 千字　　　印　　张：18. 25

版　　次：2016 年 7 月第 1 版　　印　　次：2024 年 1 月第 2 次印刷

书　　号：ISBN 978 - 7 - 5168 - 0990 - 7

定　　价：58. 00 元

前 言

在21世纪的第一个10年里，网民们上网时必备的一项“技能”就是给杀毒软件找“免费”的激活码，因为没有“免费”激活码，所有的杀毒软件就无法使用——那时的杀毒软件都要收费——电脑就面临着病毒的威胁。然而，在2008年，奇虎360放出了一颗重磅炸弹——免费的360杀毒软件。此举一出，业界哗然，用户则将信将疑。时间是最好的试金石，自奇虎360推出免费杀毒软件以来，中国的主流杀毒软件全部实行了免费策略！可以说，没有360的“搅局”，就没有今天随处可见的免费杀毒软件。而360作为第一个吃螃蟹的人，则拥有了数以亿计的用户量，成为业内的佼佼者。

2014年初的奇虎360科技有限公司年终大会上，董事长周鸿祎发表了很长又很透彻的讲话，当然，最为丰富的部分就是“战绩”总结，其中，最响亮的两场战役非3Q和3B大战莫属。360不遗余力地与互联网巨头们轮番进行了多轮“持久战”，主要的缘由，恐怕就是其掌舵者周鸿祎“好斗”的个性。

如果摒弃大学期间两次失败的创业不算，周鸿祎从创建“3721”开始，就从没停止过“战争”：与百度争夺IE地址栏，封杀马云“雅虎中国”的雅虎助手，与瑞星争夺“免费杀毒”市场，与金山从口水战到相互卸载，与卡巴斯基从“捆绑式营销”到刀剑相向，与雷军频繁的口水战……大家都在疑惑，周鸿祎不累吗？其实，无须回答，就冲着他这份执着与精神头儿，我们就看得出来，周鸿祎不累，不但不累，而且还战得“不亦乐乎”。

周鸿祎是一个“极客”，所谓“极客”，暗指那些智力超群又不乏积极努力、不断逆流而上之人，通常比喻互联网领域中那些对业务知识具有狂热追求和无私奉献的一族。像周鸿祎这种纯技术背景出身，对互联网用户体验熟知并极度忠诚又才华横溢之人，往往其另一种身份就是“badboy”（坏家伙）。

他的“坏”，并非指人品和道德不好，而是时常口无遮拦，对自己的情绪和观点基本上无所掩饰，想什么说什么，既不会顾及对方的颜面，更不惧怕对方的威逼利诱，且不擅于打理人际关系。总之，大千世界之中，这类人不怎么受待见，关键是，他们似乎也不稀罕他人的待见，独树一帜的个性若再附加上“好斗”的本质，恐怕凡是他所涉猎的领域都会硝烟四起。

这么多年来，周鸿祎“朋友”没交下来几个，树敌倒是不少，但凡他足迹踏过之处都充满着血腥的味道。CNNIC（中国互联网络信息中心）的刘向东、百度的李彦宏、收购雅虎的马云、瑞星的刘旭以及卡巴斯基，就连雷军从金山出来创建小米，周鸿祎也跟着从金山战斗到小米。所有人都认为，每次“战争”都是周鸿祎挑起来的，然而他自己却认为，自己是无辜被迫迎战的，用他的话说就是：“你要战，我便战。”

这就是我们所了解的周鸿祎，从3721到360，他给行业内外带来的不仅仅是传奇，更是那种敌众我寡、敌战我战的不屈不挠的精神。在周鸿祎看来，很多事情并不像外界所看到的“事实”那样，凡事都应透过现象看本质才行，“是你的就是你的，不是你的就永远也不会是你的”。

学生时代的周鸿祎，便被老师和同学们笑称：“只要开启一个话题，他就会喋喋不休地说个不停。”这是周鸿祎的“战争”优势，同样也是很多次“战争”的“导火索”。很多时候，周鸿祎看不惯某人的一些做法时，会直言不讳地指出对方的漏洞或错误，当这样的“坦言”威胁到对方利益之时，事端便从“口水仗”逐步升华。

当然，周鸿祎虽然勇气可嘉，智力非凡，但他所“挑战”的可都是些行业巨头，好在他好战且从不畏惧，当面对强大对手的时候，即使明知自己并不能胜券在握，也绝不会临战逃脱。那种逢战必战，逢敌必亮剑之精神和勇气，不是人人都有的。

无论失败还是胜利，周鸿祎都会对自己参与的“战争”进行总结归纳。若是敌不过对手，他就会“暗地”苦下工夫勤练习，总结失败的教训，这成为了他战后的必备功课之一。

随着年龄的增长，周鸿祎“好斗”的个性逐渐“稳重”些了，至少针对那些没有必要发生的“战争”，他会进行事后反思。其实，他有时也会对自己的鲁莽行为进行自我检讨。他太了解自己了，尖锐的个性、口无遮拦的评论与谩骂，甚至无厘头的微博内容，他也曾想过“就此罢手”，但“战争”的局面已经形成，即使他不迎战，也不能阻止别人的“下战书”，所以，他“委屈”地说，每次“战争”都是不得已而为之。毕竟，人家已经要跟你打了，难道你还能做缩头乌龟，找个壳将自己保护起来吗？周鸿祎当然不是如此唯诺之人。

周鸿祎不是任人宰割的主儿，他曾比喻自己如李云龙，“战争”打响，直接亮剑！这样的个性，好处就是为人淳朴、简单，坏处则是四面树敌。他说：“别人还图穷匕见，我连个图都没有，直接就把匕首端上。只要来挑衅，我肯定会反击……”

周鸿祎是AB血型，这种血型的人同时具备着A型血对事情充满激情与狂热的追求和B型血的平静与固执的特性，这种血型的人大多具备超强的创造力和适应力，周鸿祎巧妙地驾驭着这两种血型综合而来的特质。互联网世界为他打开了一扇窗，而他却为自己打造出一扇门，且“破门而入”。

周鸿祎好斗，也不乏展现冷静的一面。一次站长大会上，周鸿祎在其他嘉宾讲完话后现场播放了“金山网盾破坏360安全卫士运行”的视频。这一做法立即激发现场某些人的愤怒，甚至大喊：“周鸿祎，你滚出去，这里不是你的专场！”

如此犀利又有攻击性的话语，顿时令在场的所有人一片哗然，而周鸿祎这个被指着鼻子骂的当事人却毫不慌张，还对破口大骂之人发出“邀请”：“你上台来，我正好秀一下我的柔道。”

去过周鸿祎办公室的人都知道，他在办公室墙壁上贴了两排靶纸，每一张靶纸的靶心周围都布满了火药味十足的“枪眼”，这看似武者风范的“招牌”展示，其实并不是周鸿祎心如止水的本性，对此，他曾表示：心情如果出现一点点浮躁，都会导致手上功夫的失衡，也就不可能打得准。

可见，好斗的周鸿祎，在逢战必战的出发点上也不是个鲁莽之夫，之所以频繁参战，可能更多是因其不断扩建自己的“军团”而触及到其他产业的利益，从而才引发“战争”。

虽然周鸿祎算得上是中国互联网的先驱，其创办的3721率先开启了中文上网的先河，只是后来卖给了雅虎，才导致当时一起奋斗的同行者们修成正果了，而他还在重新开荒辟地，一手为自己打造出了一个“创业—职业经理人—VC合伙人—天使投资人—创业”轮回的生命周期。

周鸿祎曾对自己的创业这样评述：“创业对我而言是一种使命，只不过在人生的不同阶段会有不同的表现形式。”

从上大学时起，周鸿祎就总想着做点与众不同的事，就是一定要做属于自己的产品、开自己的公司。多年来，他始终沿着自己的路线潜行，也许，这种我行我素的行事不属于当下社会，甚至俨然成了一个“不法分子”，但这就是我们熟知的周鸿祎，他不是任何人的替代品，也没有任何一个人可以抹杀他所创造的价值。就像周鸿祎平静地透着现象看本质一样，我们——这些说客、听者，抑或撰稿人、读者，也应从他所经历的现实“战争”中，去追溯其根源所在。

目　录

第一章 彪悍的人生无缘“优柔寡断”

打不赢还打不输吗

翻开一个国家的历史，或者打开一部世界史，“尚武精神”无不彰显着民族的强盛和区域性的巨大力量。它像脊梁一样撑起了民族的风向标，这股伟大的精神鼓舞着世界、国家和人民。同样，“尚武精神”也成为商战中最具能量的思想武器。还记得周鸿祎办公室里那两排彰显其“尚武精神”的靶纸吗？还记得靶纸上布满靶心周围的“枪眼”吗？周鸿祎，这个好斗的勇士，从内而外都散发着别具一格的斗志！

外界评价周鸿祎是“圣斗士”。“圣斗士”，就是指那些为了正义、为了道义、更为了仁义的事业而无畏奋战的勇士。而原本的

“圣斗士”来自日本漫画作家车田正美20世纪80年代的代表作《圣斗士星矢》，这部作品深受广大青少年的追捧，后期甚至还推出了一系列故事和影视动画作品。周鸿祎的个性，恰恰将“圣斗士”诠释得极为透彻、真实。

周鸿祎是一个颠覆传统、无比自信的“好斗”之人，从小就喜欢跟别人打架，在方圆几里内，算得上是“叱咤风云”的小“战神”。当然，此处的“战神”不是逢战必胜之意，而是对“逢战必战、敌战我战、敌不战我亦战”的经典诠释。

那时，周鸿祎总是打不赢对手，但他又坚决不放弃、不退缩，一定要一战打到底。他骨子里就总想着做点与众不同的事，而其所谓之“与众不同”，又是将“战争”的事端摆在最前沿，故此就上演了一部现实版的血雨腥风的“战争”史。

要在周鸿祎的人生履历上加几个形容词，相信非“革命”与“战争”莫属。

在朋友的眼中，周鸿祎是“江湖好哥们儿”，他随意、大气、时刻充满创新和活力，但凡有周鸿祎“出没”的论坛都很火爆。周鸿祎的言语总是很犀利，可话糙理不糙，赞许与追捧者大有人在。与他聊天，只要开启一个小小的话题，他就不会让话题在自己这儿断片儿。

周鸿祎出生于1970年10月，那是一个互联网人才辈出的年代，与周鸿祎同时代出生的巨头领航者创造的品牌中，有小米、百度、腾讯……这些周鸿祎的“小伙伴们”似乎都参与过他的“战争”。看来，他的革命词典里，断然不会放过任何一个与其相关联的人物，即便是一起经过波涛汹涌的创业潮的同龄人。

在周鸿祎的价值体系里面，“打仗”是一个充满刺激性的词，他喜欢这种携带着鲜血味道的词，或者说，他喜欢这种时刻充满杀戮的战场。如此看来，这个和平年代真的不适合他，但他自己却并不这样认为，以其滋润的“战争”生活来看，当真不乏精彩和理性的人生。

周鸿祎是那种从小就有理想且为了理想的实现会努力进取之人。2011 年 5 月的一天，周鸿祎回到了阔别 23 年的母校——郑州九中，为全校师生做了一次精彩纷呈的演讲。演讲中，他为学生们讲述了自己高中时代的一些人生价值观和努力方向，并以“过来人”的身份为学生们草拟了一条踏实的求学之路。

中学时代的周鸿祎，就立下“创建一个自己的软件公司”的宏图大志，这是他的远大理想，也是他多年来始终坚守并踏实布局的写照。那么，如何才能顺利实现远大目标呢？

在周鸿祎看来，这并不是一件困难的事，首先要将远大的目标合理地分解成多个短期可实现的目标，然后将短期可实现的目标逐一实现，这种化整为零，再化零为整的策略不是周鸿祎首创，但他却将这一策略运用得得心应手。

周鸿祎不是完全的成功者，他的人生也有多处拐点，甚至一个曲线就让他远远落后于一个时代。他曾懊悔过，可绝对不会用懊悔为自己找台阶下。他很了解自己，深知习惯决定性格，而性格又决定命运。言外之意，他一直以来“喜欢打仗”的习惯塑造出“好斗”的性格，而“好斗”的性格又使他永远生活在“战争”世界中。

在外界看来，周鸿祎显得有些孤注一掷，但他并不始终以自我为中心，即便屡战屡败，屡败屡战，还是会从不同的“战争”中学到更多，也会从竞争对手身上学习、从挫败中提升自己、在困难中重塑“武器”。

周鸿祎的“战争”史，其实用这句话形容最贴切——“打不赢，难道还打不输吗”？

的确，我们所认识的周鸿祎，就是浑身上下安装了无数机关和武器的移动“暗室”，虽然他不喜欢也不会在黑暗中袭击你，但你同样无法在阳光下对其出其不意地一击。在周鸿祎的革命里，既没有永远的朋友，也没有永远的敌人，商场如战场，大家都是出来混的，谁又能保证谁的“真心”不被他人染指呢？就像当初与马云打得热火朝天的周鸿祎，后来在对付微信时，二者不也联起手来“默默”对付了马化腾一把吗？

互联网世界，就是一个“出来混就要想着早晚还回去”的江湖，讲义气并不能带来永久的效益，在这个领域里，利益决定一切，正所谓“有钱能使鬼推磨”，有利益就能令“亲者痛仇者快”。话是狠点，可是事实。

周鸿祎自然知道这个领域的生存法则，他不怕四面树敌，也不畏惧与领域巨头的“战争”，因为，他就是要做一个与众不同的自己，做出点不一样的事情来。

做点与众不同的事

很少有人愿意采用打仗的方式来解决问题，可却有那么一个人，不仅愿意打仗，还特别愿意滋生是非，没有火药味也会自酿导火索来引爆“战争”，这个人就是周鸿祎。

用大众的眼光来看待这个商战中的风云人物，还真是与众不同！

周鸿祎命运的转折点真正起始于高中生涯。年少时期的学子大多理想丰满，可最终拿捏得住理想与现实的却不多，周鸿祎有幸走上自己喜欢的路，第一个要感谢的人就是他的高中班主任。

1985 年，周鸿祎就读于郑州九中，他的班主任是一位物理授课教师。十七八岁正处于青春期的孩子，无论是过去的保守年代还是现在的开放时代，都是一个令人忧喜掺半的角儿。周鸿祎又是那么一个好斗个性极强的男孩，也许换做其他老师，早就将这样淘气又爱惹事的学生打入“冷宫”了，但这位班主任并没有放弃对他的教育，反而认为，周鸿祎的小聪明是一般学生都很难拥有的一份财富。就是班主任认准了的这份财富，在不久的将来果然帮着周鸿祎在 IT 界打响了一炮。

早在周鸿祎读初中的时候，新技术集团发展公司——也就是联想的前身，便以研究、开发、生产、销售自有品牌的计算机系统及其相关产品的多元化企业的身份诞生了，同时也给中国带来了首次“微机热”。

那时的电脑跟我们现在整天痴迷的电脑还不一样，之所以称之为“微机”，即微型计算机，它不像现在的电脑可以浏览网页、打游戏、聊天、办公、广告推广、购物等，而更多的是用于程序代码的编写、简单的微处理，也可以说，是把运算器和控制器整合在一个集成电路上的微处理器。作为新中国的未来栋梁诞生地，周鸿祎的学校自然也拥有这样的微型计算机设备，不过相比之下，还是家里的微机更有利用空间。

周鸿祎的父亲是做地图测绘的，单位专门给他配备了 IBM 和苹果的电脑在家里用，这也为少年周鸿祎提供了更多接触计算机的机会。周鸿祎玩电脑，不仅玩游戏，虽然他也爱玩，他更愿意玩些别人没玩过的东西，比如编程。

周鸿祎在计算机编程方面还真有慧根，别人可能一听就会头大，他却对此情有独钟，那时还是用 Basic 作为程序设计语言进行编程的，对于高中在读的周鸿祎来说，编程实在是小菜一碟。

是时，周鸿祎一边玩着编程，一边还专注于物理学习，这方面还是班主任给他大开方便之门——图书馆的书籍随便看，并提供各种竞赛机会。班主任看到周鸿祎在计算机上的过人天赋后，同样相信在物理学领域，他也是一个可塑之才。

周鸿祎一手计算机编程，一手物理竞赛，忙着忙着就到了真正决定命运的时候——高考。对于当一名物理学家还是从事 IT 工作，周鸿祎开始纠结了，这两个都是他的理想，要选择哪一个呢？

冥冥之中，还是上苍为周鸿祎做出了一个正确的选择。他在一次物理竞赛中得了全省第二名，而只有第一名才能代表全省参加全国决赛，也只有参加了全国物理决赛的学生，才有可能被保送到北大攻读物理。显然，周鸿祎与北大物理失之交臂。再后来，很多次物理竞赛机会中，都很机缘巧合地发生了类似事件，甚至差一点可以保送到上海交大物理系的周鸿祎，还是阴差阳错地在关键的瞬间被物理遗忘了。

看来，当物理学家太不靠谱，两个理想只剩下 IT 可以最后奋力一搏了，这难道不是命运刻意的安排？只是，在那个计算机刚刚兴起的年代，人们大多没有看到它的发展前景，古老的中国教育还停留在刻苦钻研各种学术研究之中，周鸿祎却像一只九头鸟，成了中国青年学子中的一个另类。

他并不认为自己与这个世界格格不入，事实上，他更愿意让人们对他另眼相待，因为，他就是要做出一些与众不同的事情来。

周鸿祎父亲的单位有几个对计算机还算精通的大学毕业生，在这些“前辈”的指导下，周鸿祎开始了编程的各种实验。他还喜欢看书，也许对外人来讲，这个整天把打架放在首位的淘气男孩居然喜欢读书，简直太不可思议了，可这就是周鸿祎，一个与众不同的家伙。

《计算机世界》和《中国青年》这两类期刊，是周鸿祎就是忘了吃饭、抛弃打架也要认真研读的书籍。对于一般孩子来说，这可能就是课外读物，但对周鸿祎而言，简直就是开启神秘世界的万能钥匙。这两类期刊，一个为他展现了 IT 神童梁建章和宓群的故事，另一个则为他模拟出百余个未来可创业的机会和挑战。

曾经，他们都是周鸿祎的偶像，是一个对 IT 锲而不舍的少年理想追寻的目标，多年之后，当少年历经了风霜，也沾染了雨露，同样矗立在行业风口浪尖之上。创立起中国第一个旅游综合性网站——携程网，以及头顶光速创投全权负责中国投资的董事总经理光环的梁建章和宓群，是否曾想过自己的言行和人生折点，恰恰影响了中国 IT 巨匠周鸿祎？

在《中国青年》杂志上的许多创业故事中，周鸿祎找到了自己的位置，他喜欢那种“一股子创新劲儿就能砸出来多个点子和成果”的心血来潮，真就是没有谁比他更适合研究计算机了。我们相信，中国不会只有一个周鸿祎对计算机如此痴迷，但周鸿祎坚持把少年时期的理想一直做到了现在。

理想，是一个人成长过程中，每个环节上都有可能发生改变的不定因素，也许没有几个人能始终如一地钟爱一个理想，但总有那么一些人，愿意为年轻的理想而努力，无论是否能够得以实现，抑或现实与理想之间存在着巨大的落差。梁建章是这样坚守的一个人，宓群也是，周鸿祎同样不例外。

年少的轻狂俘虏了太多原本可以实现的理想，却又同样真实地勾勒出了时代赋予青年学子的独有韧性。周鸿祎怀揣着计算机天赋真正地迎来了高考，他像所有“赶赴刑场”的考生一样也很忐忑。

这是一场“战争”，“战争”中的对手就是自己，没有人比你更了解自己，可就是因为太了解，反而会忽略很多细节，比如对这份理想是否有着足够的毅力？这个与众不同的奇胎——周鸿祎，是不是也会如天才少年梁建章一样，成为下一个传奇？

结缘“杀毒软件”

1988 年，18 岁的周鸿祎成为西安交通大学电信学院计算机系的一名学生，在这里，他将通过自己的努力，为未来组建自己的软件公司学习知识、积累经验。

20 世纪 80 年代的大学生，将知识、疯狂、颠覆、热情、痴迷……演绎得淋漓尽致。在西安，在交大，周鸿祎寻得了他的 IT 梦，同时，他与“杀毒软件”也结下不解之缘。

带给周鸿祎“杀毒软件”讯息的是侯义斌教授。

侯义斌也是从西安交大走出去的计算机系高材生，他在荷兰的一所大学获得博士学位后，毅然回到母校计算机系做起了教授。直到 2002 年去北工大出任软件学院院长之前，他一直为母校西安交大奉献着自己的青春和热血。

他长期从事新型计算机交互技术、嵌入式软件与系统、Internet理论与技术、中文信息处理等方面的研究，为中国、为西安计算机领域创造出的丰硕科研成果立下了汗马功劳。

侯义斌影响了90年代初期一大批青年学子在计算机技术和视野上的高度和深度，并实现了与国际高科技的接轨。那时，正值杀毒软件方兴未艾之际，与侯义斌并驾齐驱的还有朱仲涛，他是那个时候对DOS代码每一行都理解透彻的为数不多的人才之一。

在这两位老师的深刻影响之下，周鸿祎拉开了他的杀毒软件帝国的序幕，或者说，是在他们的带领之下，他才来到了属于他的杀毒软件领域。

西安交大，给予了周鸿祎创业的信心与基础，同时也为他“培养”出了一大批技术骨干。据悉，周鸿祎的创业班子里，多数都是来自于西安交大计算机系的高材生，包括周鸿祎在内的一大批西安交大青年学子们开始了“杀毒软件”的创业之路。

那么，那时的计算机人才缘何都对杀毒软件情有独钟？难道仅仅因为兴趣？

在一个生物体的生命周期里，有两种相互抵制又不可避免共存的力量，我们通常称其为生命和死亡，生命努力地向上攀爬，而死亡却更执着于向下消极抵制。就好比一辆车，一个人向上坡“逆流”使劲儿拉着，另一个人却轻松地向下“顺流”推着。每一个人对“死亡”都充满着畏惧，然而它又是生命的最终归属。

在计算机领域里，“病毒”就是“死亡”，或者说，是导致计算机系统最终灰飞烟灭的直接“推手”，而杀毒软件则是努力“逆流而上”的“拉手”。虽然困难，但周鸿祎的个性决定了他喜欢迎难而上，他一直在努力向上、不断争取，做出与周遭不一样的事情来。

计算机病毒，如同侵蚀人类生命健康的“医学病毒”一样，也吞噬着计算机的生命。这种吞噬，主要指编制者将破坏计算机数据或功能的程序插入计算机内，从而影响了计算机的正常使用。计算机病毒具有超强的“自我复制”功能，它复杂到一定要用专业的杀毒软件才能彻底清除，但它同时又简单得只是一组适用于计算机的指令或程序代码。

计算机病毒与传统意义上的医学病毒有所不同，最大的不同点就在于计算机病毒不是自然生成的，是由某些取利之人利用计算机本身具有的脆弱性质编制出来的一组指令或程序代码，它可以潜伏在计算机的程序中，待条件允许时再立刻苏醒，通过擅自修改程序的方法将自己无限放大，复制在程序之中，再将所有程序逐一感染，以实现对计算机的整体性破坏，最终导致计算机彻底瘫痪。

20 世纪 80 年代末、90 年代初，正是各类计算机病毒猖獗发力之际，在此当口，周鸿祎和他的伙伴们走上了创建“杀毒软件”之路，这非他们单一地“感兴趣”，而是时代赋予这一批青年才俊的艰巨使命。

所谓的“杀毒软件”，就是研制出用于清理计算机病毒的一种安全程序，随着技术的逐步革新，已发展成为包含查杀病毒和抵御病毒入侵等功能的“反病毒”模式。反病毒软件被研制出来后，其任务就是实时监控和扫描硬盘，它们通常以“驱动程序”添加形式被植入到计算机内，通过操作系统程序来抵御病毒的危害，很多反病毒软件同时还兼具防火墙的功能。

我们所熟知的杀毒软件，主要有付费版和免费版两种，由周鸿祎创建的奇虎360旗下的杀毒系列软件，最先征得了免费版领域的主动权，目前对企业还推出了付费版杀毒软件。只是，不管免费还是付费，周鸿祎的360都不可避免地树敌无数。

看来，周鸿祎的这条“杀毒”之路走得很艰辛，可也很悠哉，他凭借着巨大的个人魅力，影响了业界，更影响了整个中国计算机的“安保”时代。

出国热“冰冷”了初恋

有这样一句话：“每一个成功男人的背后都有一个伟大的女人。”这话简直说到了周鸿祎的心坎儿里。

在周鸿祎不停创业的人生历程中，离不开妻子胡欢的支持与奉献。周鸿祎早在方正时期，就开始追求“方正之花”胡欢，据说当时的胡欢已有婚约，不知周鸿祎使用了什么“法子”，硬生生地将胡欢抢了过来，顺便“抢”来的还有胡欢殷实的家庭背景。早些年，周鸿祎创建3721的一部分资金，正是来自于胡欢家庭的资助——这个老婆娶的还真是有“赚”头儿。

周鸿祎是出了名的疼老婆，是“疼”而非“怕”，这样的男子不仅不会被世人嘲笑，甚至会成为一种男人圈子里的标杆，也是女人世界里最美好的归宿。拥有胡欢是周鸿祎的幸运，同样，胡欢拥有周鸿祎，也是胡欢的幸福。只是，这份幸福曾有过那么一段悲凉期，周鸿祎差点儿就成了另外一个女人的人生归宿，只是，那个女人最终为了理想割舍了未来的幸福。

这个为理想而不惜舍弃幸福的女人叫小董，是周鸿祎在西安交大时的校友。关于周鸿祎这一段感情历史，我们还要感谢同样来自于西安交大的一位周鸿祎同届不同班的同学——Kevin，他在陈述这段周鸿祎初恋史的时候亲切地称周鸿祎为老周，那么，老周和小董到底是怎么一回事?

理工科的女生是“恐龙”，这在理工科院校的校园里不是什么秘密，大家已经对“恐龙”的频繁出没习以为常。可是，在“恐龙”的世界里要是真出来那么几朵“出水芙蓉”，是不是会亮瞎理工科男神们的眼呢?

小董就是“侏罗纪公园”里的“白雪公主”，她像稀缺物种一样成为西安交大当时那一批男学子心目中的女神——样貌甜美、成绩优异、聪明伶俐，这样美好的女孩自然受到男生的追求，周鸿祎也败在了小董的石榴裙下。

从小就好斗的周鸿祎，一定为了小董也干了不少年少疯狂的事情。90年代的大学生，几乎都是敢爱敢恨的性情中人，据说那时周鸿祎也曾因“某些小事”与别人大打出手，甚至动了刀子，直到现在，每逢下雨阴天的时候，腰上的伤口都会让他感到不适。

小董一定也感受得到周鸿祎的执着与锲而不舍的疯狂追求，但她一门心思要出国，自然不会留一份感情在这份土壤里，除非追求者也愿意随她一起出国。

在出国的问题上，周鸿祎很不屑于奔波在学英语、考托福、办留学手续这一系列烦琐的事情上，相比之下，他更钟情于编程、写代码。对小董而言，在理想和爱情之间她选择了理想，而周鸿祎也在理想和爱情之间选择了理想，即是说，二者目标不一致，最终没能走在一起。

这场在刚开始酝酿就不得不搁浅的初恋，终于在小董赶赴新加坡国立大学之际彻底灰飞烟灭。小董同学并不是一只美丽的花瓶，漂亮的外表之下还蕴含着无比高超的智慧。

新加坡学成之后，小董又去了加拿大，并通过自身努力成为加拿大一所大学的教授。也许，对于曾经来自于周鸿祎的爱情，小董也想过要珍惜，但优秀的人骨子里都有着那么一股倔强劲儿，小董是，周鸿祎也是。

直到1995年，周鸿祎才彻底地放弃了小董和他们还没有开始的爱情，重新找回自我，将主要目标放在硕士论文和获取学位上。

别看周鸿祎现在一副不怕战、不怕伤的表情，想当初那份没有抓住的爱情，还着实让他伤心了一段时日呢。为了打发感情受挫的时光，周鸿祎迷恋上了影院里播映的《大话西游》，看完一遍再看一遍，估计连他自己都不记得看了多少遍。每次看完后，最常挂在嘴边的就是那句——“我猜中了开头，没有猜中结尾”。

一段时间后，周鸿祎的感情创伤算是痊愈了，但留在心坎上的伤疤却赫然存在着，时不时地还会刺一下他的心弦。就连后来360于美国上市，周鸿祎在自我介绍的环节上甚至还说，“我是土鳖，英语不好”等一听起来就有种嘲弄味道的话。在为交大学生做演讲的时候，他也开玩笑地问及过“你们这里是不是也盛行出国热啊”，可见，曾经的小董和她的出国情结，真的让周鸿祎“痛定思痛”。

当时，中国的留学生多数为公派，即国家优选出出类拔萃的学子出国深造，待学成后归来报效祖国。虽然公派出去的学子多数都“忘恩负义”地留在了国外，但那时的中国毕竟还相对比较落后，正如一个吃惯了窝窝头的穷人终于有一天可以吃白面馒头了，他还会放弃白面馒头而继续吃窝窝头吗？我们总要在批评这些公派留学生的同时，反省一下国家是否也为这些孩子们提供了更为广阔的发展空间？

90年代后，也就是周鸿祎大学期间，中国的留学热又换了一个身份，成了学子们的追求和梦想。这个时候的中国经济开始蓬勃发展，人们的生活水平和消费观念也有所改变，更主要的是，出国留学的模式也不仅仅为公派留学了，很多自费多元化的留学模式更博学生们的青睐。而这一时期，在出国梦中徘徊的学生们也不再拘泥于“脱离苦海”这一个目的，更多人选择出国镀金后返回国内创业。就像周鸿祎疯狂追求的小董，即是在加拿大留学后回国奉献了几年大好青春，而任职加拿大某学校也是后话了。

出国，似乎已经成了中国爸妈对孩子最大的期许。从90年代末开始，一些被定义为在国内没有好发展、无归宿的各方面成绩较差的学生，纷纷通过出国留学来逃避现实，这也为一些小国家提供了更多吸纳中国留学生的机会。直到近些年来，这种出国“不正之风”才有所收敛，也归功于中国经济和科研等多方面优势，带动了国内外学术方向的交流与人才定向培养。

在随后的大学时光里，周鸿祎开始发奋图强，继续为自己的理想打拼，不断参加一些计算机方面的设计和技能比赛，崭露头角。真是花儿在绽放的时候，想嗅不到芬芳都难，捧着这份荣耀，周鸿祎似乎听到了一个声音在说：“嗨，老周，轮到你上场啦！”

第二章 又是一个“硅谷热”

《硅谷热》的英雄之端

美国硅谷诞生于20世纪70年代，这个至今已有40余年历史的词汇，如紧箍咒一般套牢了一大批IT神人。以乔布斯苹果电脑为行文主线的《硅谷热》一书，从硅谷的发展历程到高技术文明的引航者跟进，再上升至硅谷模式深远地影响着世界的未来。

20世纪90年代初期，《硅谷热》影响了整个中国的青年一代，各大学校的学生，要么选择毕业即创业，要么选择出国留学深造，而出国深造的目的，也是为了终有一天回国创业。《硅谷热》里面讲述的那些创业故事、人物传记以及风险投资，深深吸引着中国70年代出生的中坚力量，周鸿祎就是《硅谷热》的忠实膜拜者。

《硅谷热》出自埃弗雷特·罗杰斯之手，这个新墨西哥传播学者一生致力于新闻与传播，著有《硅谷热》《创新的扩散》《传播学史》《传播研究史》《传播技巧》等，《硅谷热》并不是其最具代表性的作品，罗杰斯的名字往往也被认作为“传播与扩散”的代名词。

同时代的“硅谷类”作品还有很多，甚至都比《硅谷热》有名气得多。这本从完全意义上并非以“硅谷”为主要角色的书籍，恰恰用它的慢姿态大张旗鼓地迈进了中国大学校园，也走进了正值大二的周鸿祎的世界。

硅谷，是以计算机等高技术产业为代表的名词，其中“硅”是以硅芯片的设计和制造为大众认知，硅谷并不是一个国家的某个地区，它处于美国加州北部旧金山湾以南区域，是美国电子工业摇篮，也是世界电子工业“集训营”。

集训营中的电子计算机公司近万家，而以此为蓝本的全世界各国各地各区域的同类公司，可就很难再用数字来计算衡量了。其中，苹果、英特尔、惠普、思科、朗讯、英伟达等国际性大公司，成为硅谷最具代表性的公司。现在的硅谷，已然不再是一段长约25英里的谷地这么简单了，它已经成为当今世界电子工业和计算机业的王国。

硅谷吸引着全世界各国的人才和精英，在中国最高学府——清华、科大、北理大等高校工科类毕业生中，至少一半人飞到了硅谷，尽管有的人去得早，有的人去得晚，但都不影响人才源源不断涌入硅谷的事实。

硅谷如此迷人，作为《硅谷热》的忠实读者，为何周鸿祎偏偏不向往？

这就是周鸿祎个性使然——爸妈大力支持他出国深造，初恋女友志在出国，身边的同学、朋友也把出国当做奋力一搏的目标，只有周鸿祎坚持要把“牢底”坐穿。

如果说仅仅因为英文不好，无法完成托福考试，这样的说辞似乎有点过于牵强。这么聪明的脑瓜，应该不会仅适用于计算机吧？曾经不也差一点成为物理学家吗？所以说，周同学是根本就没打算过出国。

他痴迷地捧着《硅谷热》不放，主要是被里面真实可靠又充满传奇挑战的创业故事深深吸引。对周鸿祎而言，创业不一定非要去美国。出国，对中国人而言，毕竟还是一个阶段性的选择，这个阶段性的选择根本就不在周鸿祎的概念里。在放弃成为物理学工作研究专家这个理想之后，他只剩下一个愿望，那就是创办一家电脑公司，一个属于中国人的高科技公司。

现在的周鸿祎，已不再是那个根据别人的作品来重新模拟编程的阶段了，西安交大计算机系不说是国内首屈一指的名流院校，但也差不多，作为保送生，周鸿祎从一进校门开始就成为学校公认的顶尖学生。在大学的计算机学习过程中，周鸿祎小脑筋里的所有疑问都得到了解答，那些极个别没眼光的老师，居然认为他很难成气候。多年之后，事实验证了那些老师错了。

在西安交大，有一个“腾飞杯”大学生课外学术科技作品竞赛，成为本次赛事冠军得主的学生，可带着自己的作品参加“挑战杯”全国大学生课外学术科技作品竞赛的选拔。对周鸿祎而言，这可能是众多赛事中最具有挑战性的一场比赛了，若能摘得西安交大的桂冠，就可同全国科技人才进行产品比拼，这是他在深读过《硅谷热》之后最大的一个短期目标，即通过创作产品来实现人生价值。

1993年，这个被研究生导师认为有点怪的研二学生，拿着自己创作的杀毒软件参加了学校的“腾飞杯”大学生课外学术作品大赛，并荣获第一名的好成绩，顺理成章地参加了当年由上海交大承办的第三届“挑战杯”全国大学生课外学术科技作品竞赛，最终荣获全国二等奖。

“挑战杯”，是全国性质的大学生科技学术竞赛，包括课外学术作品竞赛和创业计划竞赛两部分内容，每两年一届交叉进行。其中，周鸿祎参加的课外学术作品竞赛又称“大挑”。

比赛创办于1986年，1989年由清华大学承办过第一届赛事，周鸿祎的母校西安交大也于2001年承办过第七届大赛。“挑战杯”真正的意义，是全面展示出中国素质教育的优秀成果，培养出崇尚科学、迎接挑战的高精尖科技人才。

从《硅谷热》到“挑战杯”，周鸿祎找到了自己未来的方向和大千世界留给自己的一席之地。人人都经历过青春年少，也都拥有过美好且童真的理想，但真正能将自己的理想始终如一坚守下来的却是凤毛麟角。

周鸿祎是个奇胎，很难想象这么一个凡事喜欢出风头的，甚至有些不着调的好斗之人，居然可将自己学生时代的理想一直践行至今。此刻，我们真得竖起大拇指赞一个：老周，好样的！

走出象牙塔，渠道决定成败

周鸿祎的成绩一直响当当的，当初能被保送到西安交大计算机系，后来又直接保研，在校期间还研制出杀毒软件并获了奖，这是很多学生都很难获取的殊荣。在周鸿祎看来，这些都是浮云，《硅谷热》中任何一个创业者都比自己优秀百倍千倍，自己这点能耐有些拿不出手。

研制出产品、竞赛中获奖，这些都没能令周鸿祎太过兴奋，他的理想还是一如既往的简单、明确——开电脑公司，销售自己的产品。产品研制出来的目的就是销售，通过销售获得的价值远远比名誉上的奖励来得实在。

周鸿祎在母校附近租了一间小房子，面积不大，可能也算不得是一家公司，真就像周鸿祎高中时候读的期刊《中国青年》里的那些小创业者们一样，白手起家，谈不上合作，也无缘控股风投公司，就一个人拿着反病毒卡想着如何兜售出去。

最初，周鸿祎计划着把反病毒网卡成果转让出去，经过一些时日的考察和谈判，他将目光锁定在两家公司身上，这是他第一次创业，且也没有任何经验，就连遇到不确定因素也没人商量。但他一直坚信一点，一定要把产品卖出去。

自己可能不了解行情，也缺乏社会经验，周鸿祎只能寄希望于看好的这两家公司，可惜这两家公司并没有给他带来更好的商机和未来展望，也许说得都很好听，但他总觉得哪里不自在，言语上找不出什么破绽，就是从心里感觉不舒服。

反病毒卡，是周鸿祎顶着多大的压力才创造出来的产品啊，怎么也不会随意轻信别人的，每每对方公司“好言相劝”，让他头昏脑胀找不到北的时候，他都会冷静地想一想产品的来之不易，然后脑子真就一下清醒了许多。最终，周鸿祎没有把反病毒卡出让给任何公司。事实上，这两家公司也都是骗子公司，只是单纯的周鸿祎当时没有看出来罢了。

很多人只知道周鸿祎创作出来的杀毒软件获了奖，但却不知道曾经的“病毒门”带给周鸿祎内心多大的伤害。周鸿祎在潜心研究杀毒软件的时候，恰巧学校发生了计算机硬件失窃事件，一些硬盘、网卡、中央处理器等丢失，如果没有发生后来的“病毒门”，谁也不会将这样的失窃事件与周鸿祎放在一起讨论。可怎么就那么巧，周鸿祎被举报了，说他未经允许擅自复制了老师电脑里的一些软件。

其实，这都不算什么事，学生嘛，复制软件学习研究怎么了，谁碍得着谁的努力学习了？要怪，也就怪很多人都知道周鸿祎的一大嗜好——复制软件回去自行研究，这或许与曾经对物理学痴迷的研究有一定的渊源吧。

周鸿祎阴差阳错地被学校调查了，紧接着又被公安叫去谈了话。很多事情，黑的描不成红的，但红的却很容易描成黑的。周鸿祎最后被“无罪释放”了，“病毒门”也宣告结束，可很多学生和老师却像对待病毒一样对待周鸿祎，他第一次品味到了什么叫众叛亲离，合作伙伴置身事外了，同学老师都变得疏离了。周鸿祎手里唯一攥着的就是防病毒卡，既然没能找到合适的公司收购，那就自己想办法卖出去！

西安是周鸿祎的伤心地，不靠谱的公司也严重影响了他在西安创业的雄心。美国硅谷是去不成了，但中国硅谷——北京中关村还是可以去的。简单收拾行囊，带着自己的梦想和产品，周鸿祎踏上了人生第一次创业之旅。

中关村位于北京海淀区，是以西北三、四环为中心向周围方向延伸的一个区域。1980 年，该处成立了第一家中国性质的 IT 公司，自此成为中国高科技行业的代名词。以前的电子一条街现在已成为中国的硅谷，近万家高科技公司中五成以上为IT产业。中关村除了代表中国最高科技，也代表着中国最高学历——在这里，至少5000人拥有博士学位、2.5万人取得硕士学位，最基本的本科生多达18万。随着学术交流和商务的频繁往来，中关村成了中国高新电子技术产业的代名词。

周鸿祎像所有北漂一族一样，怀揣着梦想期待丑小鸭一下子变成白天鹅。经历过“病毒门”事件后的周鸿祎也变得坚强了许多，至少在心理素质方面有很大改观，但理想与现实的强大落差还是狠狠地给了他当头一棒。

周鸿祎敲开的第一扇门是瑞星，这也是他第一次推销自己的产品，理由和方式略显俗套。他开门见山、言简意赅地道出此行目的："我做了一款比你们好的杀毒软件，想跟你们谈谈。"

周鸿祎现在也不记得当初刚一进门就轰他出来的那位瑞星员工是哪一位了，只是，这样的见面方式还真是有些别致。瑞星作为中国反病毒第一品牌，估计也从来没见过哪一个人像老周这样推销自己和品牌。

有了第一次的“教训”，周鸿祎学乖了，不再那么唐突又很拽地介绍自己，他开始采用先展示产品再进行营销的手段，这一次，周鸿祎选择了联想。

联想比瑞星诞生还要早七八年，这是联想和原IBM个人电脑事业部两部分组成的一家以创新性为代表的国际化科技公司。这么大的一家公司，对于初来北京的周鸿祎来说，想找到其总部或研发核心部门是很难的，但又不能白白浪费掉这一大块蛋糕。于是，周鸿祎找到了联想的门店，这相对而言就易如反掌了。

周鸿祎很耐心地向联想门店的员工展示出自己杀毒软件的魅力，在这些不曾深入了解科技内涵的普通员工看来，周鸿祎的产品真的很不错，可惜，老周找错了人，这些基层员工几乎和他一样，不知道如何联系总部的技术部们。那个时代的人都很单纯、很善良，我们完全可以相信，那些看过周鸿祎产品展示的联想人，一定也很认真地想帮这位聪明好学又多才的学生，可是，最终也未能遂人愿。

周鸿祎没有就此放弃，第三次突围，他取得了吴晓军的信任。

吴晓军亦是中国 IT 界的一个神话，1990 年创办起来的晓军电脑工程部主要致力于软件的研发与销售。20 世纪 90 年代初期，中国 IT 市场才刚起步，吴晓军的智慧与结晶成为那个年代很闪亮的光点。

至于周鸿祎的杀毒软件，他们很看好，也很认可，但一涉及到钱的问题，就显得有些不对劲儿了。晓军电脑工程部要求周鸿祎把产品和技术一并交给他们，待经过一定时间的验证和运营后，确定有所收益了再跟他谈价钱的问题。周鸿祎是来卖产品的，怎么到晓军电脑工程部嘴里就成了赠送了？

中关村也不过如此，买卖也不好做，折腾了这么久，周鸿祎地下室也睡过了，单车也骑得快到了断双腿的程度，走街串巷兜售杀毒软件，最后还是无果而终。结果是，周鸿祎回到了西安，这次他决定自己干，谁也不投靠，也不拉伙任何人。

他通过在校园张贴海报的形式卖反病毒卡，生意还算有起色，销售出去几十张。产品是销售出去了，但后续的“售后”却让周鸿祎身心俱疲。原本，在自己电脑里运行得很顺手的杀毒软件，到了其他电脑上就很难发挥作用了，甚至带来其他不必要的麻烦，这也许就是当时 IT 技术的局限吧。

周鸿祎第一次创业到这一地步上，算是彻底失败了。敢作敢当，一向是周鸿祎的优秀品质，输了又怎样？至少第一次走向社会，收获了金钱和利润兑换不出来的财富。他深刻认识到，产品研制出来的目的虽然是用于销售，但是否能成功达成销售的目的，关键在于消费者心理以及产品推销的渠道和途径。

以往，周鸿祎只是一个人面对着电脑，研究着产品，可产品是否符合大众的消费心理，他却从来没有想过。第一次创业失败是注定中的事，总结经验和失败教训之后，周鸿祎开始了他的第二次“下水”。

血本无归，再返校园“补课”

周鸿祎的研究生导师曾公开表示：周鸿祎是一个怪胎！

不同于他人的处事风格，总是以充满挑衅的姿态示人，且不惧与任何人的博弈，这样的人一旦进入到商海里，要么赢得彻底，要么输得彻底。老师很中肯地评价了周鸿祎，也同样为他的人生规划出了具有天壤之别的颠覆性轨迹。

周鸿祎又一次重温了《硅谷热》里的创业故事，到了研究生阶段，学业对他已不那么重要了，《硅谷热》里就有很多辍学创业的典故，他们一生所走的轨迹也很不错。

逃课、请人代写作业，不知道的人可能会认为周鸿祎还没有走出第一次创业失败的阴霾，整日里花天酒地挥霍时光呢。其实，周鸿祎是发现了新目标，决定大干特干一回。

在西安交大，有一家省科技厅、市科技局认证的高新技术 IT 企业——西安山脉科技发展有限公司。该公司是西安交大综合实力的象征，专业致力于大型行业信息系统的集成和行业应用软件的研发。

1994 年，山脉公司研发出一款平面创意系统，后来经周鸿祎的验证，这个广为好评的平面创意系统就是中国版本的 CorelDraw 和 Photoshop。对于当时中国并没有崛起的、还大多处于裁剪、手绘阶段的广告行业来讲，山脉推出的平面创意系统是供不应求、炙手可热的好东西，加之有效的宣传，这款平面软件具有大好的营利前景。

在周鸿祎的价值观里，机遇出现了就一定要有所行动。有过一次创业经历的周鸿祎，对这二次创业信心倍增，他知道公司不可能靠他一个人创办起来，需要集多人的力量。他叫来了王航、冀凯、石晓红三名同学，四人在西安创办起来“信心”公司。乍一听，这不怎么像公司的名称，显然是没有资金、没有背景，只有满满信心的几个孩子在“过家家”。

四个没有走出校园的学生，凭借着一股韧劲儿和超强的专业技能创办起来的公司，很轻松就破译了山脉的资源编辑器。老周又从高他一届的李钊手里花 3000 元买下了他破译出来的山脉字库，于是，二次创业的公司也有模有样地创办起来了。

山脉自然不是吃素的，周鸿祎他们大张旗鼓地“复制”，很快引起了山脉的注意，他们在西安很快就混不下去了。这时的周鸿祎和他的小伙伴们已经品尝到了创业的快感，收手不干是不可能的，西安又是山脉的市场，故此寻求下一个市场成为此时此刻“信心”的首要任务。

很快，大家一致选择去河南郑州打拼，郑州是王航、冀凯的老家，也是周鸿祎生活了近 20 年的城市。在他们看来，郑州是熟悉的城市，最主要的是有很大的市场等他们运作。

找到根据地后，“信心”摇身一变成了郑州信息软件公司，公司唯一的经营项目就是平面软件系统。很多时候，成功可以效仿但却不能复制。山脉在西安是成功的，虽然它几乎都是将别的公司模式和产品照扒下来，但毕竟在那个软件产品尚处于起步阶段的时代，这样的模仿有一定的价值，此外，的确备受追捧。不是有那样一句话吗，“第一个模仿的人是人才，第二个再去模仿的人就是蠢材”。

即便到了郑州，周鸿祎一伙人也是全部照搬山脉的整套路子，并没有属于自己的任何创新，只是换了一个地方继续复制。天高皇帝远的，山脉总不至于追去郑州将他们赶尽杀绝。

周鸿祎的公司经营得一点都不顺利，几个人都没有多少市场营销的经验，怎与山脉相提并论？山脉集聚了西安交大的人才技术，更是在省市政府的关照之下应运而生的。几个毛孩子能破译得了山脉的各种数据，充其量说他们是人才，技术性很高的人才。一个公司需要完整的运营，技术人才只是其中核心的一部分，而真正将产品推销出去获得利润的是销售部门。

至于销售，周鸿祎和他的合伙人都不擅长，甚至都未曾经历过相关培训和学习，在推销产品过程中就遇到了极大的难题，无论怎么花言巧语都不能打动客户心理。久而久之，一群摸不着头脑的学生开始出现内讧，公司也就做不下去了。

外围打不开市场，内部又出现各种矛盾，郑州信息软件公司在备受几个合作人期许的状态下，刚刚开始就走向了衰亡。郑州的市场的确很大，甚至都没有竞争对手参与瓜分市场，多年以后，尤其周鸿祎在经历过大战、小战、口水战、多轮战役之后，他总结出了这样的定律：市场再大，一个人掌控也是很难的；我们都不怕有竞争，因为有竞争才有生存，再大的蛋糕也只有竞争者们共享才会美味；很久以前灭绝的恐龙，恐怕就最具代表性地告诉我们，没有竞争的结果就是死亡。

周鸿祎第二次创业再次以失败而告终，临散伙时，昔日里为了共同理想而努力的伙伴开始对仅存的“资产”——电脑，抢夺瓜分。电脑，除了周鸿祎之外，对别人一点意义都没有，他们不会弄也不会卖掉，只是在那样的悲惨结局面前，抓住自认为可以救命的稻草罢了。

合伙人都走了，只剩下周鸿祎及最后抢回来的电脑，失败已是事实，但他觉得还没到最后放弃的时候，他不想自己二次创业就这么轻易完结。这时，周鸿祎得到了一笔还算可观的“天使投资”，这也是他第一次接受除自己和合伙人之外的第三方提供的资金援助，这让他深刻地体会到，一个濒临灭绝的生物在苟延残喘之际，沐浴到阳光、吮吸到空气是多么畅快淋漓。

这是一个跟周鸿祎年龄相仿的广告公司人士，他出资几万元并为周鸿祎提供一个办公室，周鸿祎像对待恩人一样对待他的新合作者。此时的周鸿祎，何尝不是在拼命地抓住一根救命稻草？

这个在危难时候帮了周鸿祎一把的广告人比他精明得多，跟同学们比，周鸿祎算是半个社会人，创业虽然失败了，但至少有过社会经历，可在真正的社会人面前，老周就显得稚嫩太多了。

那人将周鸿祎“请”去了办公室，等于将一个“超级无敌计算机人才”软禁于此，周鸿祎除了拼命研发、创意之外别无选择，而产品究竟通过什么途径进行销售、是否有效地满足客户的需求，周鸿祎一概不知。

几个月之后，周鸿祎彻底放弃了他的平面软件系统，与之前合作的同学们一样再次返回校园。如果没有这两次折腾，周鸿祎完全可以实现本硕博连读，这在当时的中国高校，是几乎全部学生梦寐以求的。可周鸿祎已经没有这样的心思了，他只要踏踏实实地写论文，顺利完成硕士毕业就好，剩下的就是尽快将创业失败的“饥荒”还清。

两次创业都失败了，周鸿祎认识到，自己的短板不仅仅是营销意识薄弱，同样作为经理人，他连最基本的管理都很难掌控，他除了会点技术性工作，似乎什么都不擅长。也许此时的他开始后悔了，想想若是在校园时多读一些有用的书籍，少逃课多学知识，眼下也就不至于如此了。

对于学习和读书，周鸿祎已经非常不错了，毕竟保送到保研甚至差一点保博，不是谁都能做到的。他能在失败中总结自己的不足和短板，至少证明已经从失败中学到了更多，若他一开始就很成功，是不是就没有现在我们认识的老周了呢？

毕业即创业，小心“伤仲永”

王安石在其作品《临川先生文集》中讲述了一个“伤仲永”的故事，故事说五岁大的仲永可以指物作诗，被誉为神童。其父认为这是一个赚钱的好机会，便不再让仲永接受任何教育，每天都是奔走于乡里之间展现才艺。

多年以后，仲永的神童天赋渐渐消失，所创作出的作品也日渐逊色。又过了几年，仲永就彻底脱离了神童的名号，成为一个普通的人，又或者说比一般普通人都显得平庸，因为他几乎没接受过正常的教育。

王安石对此评价：仲永的智慧和聪明是与生俱来的财富，这份远胜于他人的天赋因为没有得到应有的发挥，而最终断送在自己的手里。可见，后天的教育是天赋最大的保障。

后天教育对天才尚且如此，那么对于普通人，就更要按部就班地完成每一阶段的学习了。《硅谷热》到底影响了多少90年代的青年才俊，我们不得而知，或许这个影响的数字在经济和信息技术迅猛发展的当下正在以“方”的倍数递增中。

大学生毕业找不到工作的悲哀，渐渐被毕业即创业的风浪所掩盖，作为一个前辈，周鸿祎不得不对那些即将走出大学校园并准备创业的年轻人发出诚恳的忠告：毕业即创业，小心伤仲永！

也许，周鸿祎一直都徘徊在创业的大门内外，但这一点都不影响他成为中国青年人最瞻仰的创业典范，清华大学、西安交大……老周的身影和声音频繁出现在大学校园。他以身示例地向学生们证明，没毕业就创业和刚毕业就创业都欠缺火候，很难最终成功，社会同样是一个大课堂，它更现实地将成功和失败展露在世人面前，年轻人都心高气傲，即便在校园里再如何优秀，扔到社会上依然是棋子一枚，要么随波逐流，要么逆流而进。

创业不是有几个好点子，拉上几个合伙人，再懂点技术和营销方法就能游刃有余创办起来的。老周很优秀，上学的时候就是好苗子，深受老师们的欣赏和看好，虽然有点怪，总是出其不备地使用周氏套路，让跟随者捉摸不透，也让竞争伙伴望尘莫及。结果不也是循环于创业、经理人、风险投资、再创业之间吗。周鸿祎不是钟摆，理想与现实更不是钟表，举棋不定很难让初创业的微小公司生存和立足。作为一名天使投资人，周鸿祎见多了那些意气风发的大学毕业生怀揣着理想走进现实的漩涡，最后不得不血本无归地被打回原形。

所有的经营项目都大同小异，路子和点子整好了就可以着手干起来，就比如互联网世界，在周鸿祎这些“前辈”的眼里都是90后的天下。这一代年轻人与老周不同，他们从记事起就开始玩电脑，既是用户也是研发者。他们的聪明不亚于70后的头脑，比上一辈人更精湛的技术技能和创新思维恰恰成为主宰互联网世界的最大筹码。放在王安石的故事里，不就是“仲永”小神童吗？

普通的年轻人如果就这样一直普通下去，估计也不会有太大的落差和遗憾，但要是“仲永”级别的青年才子，若是未来不能出人头地反而极为普通地过活，是不是有些损失惨重呢？2014年，中国高校毕业大学生高达730万，约占中国13亿多人口的6‰。由于就业环境的不理想和90后新生代个性使然，相当一部分大学毕业生会选择自主创业。这些“仲永”们在最开始的发展期都很难经营下去，不超过三年，就有六成以上的创业者重新加入打工者浪潮中。

其实，这些拥有创业思维和能力的大学毕业生，完全可以在大学毕业后投身到大企业实际操练几年，待羽翼丰满之后再行创业。焦躁是年轻人固有的障碍，他们很难认识到，很多东西譬如经验、策略都是需要时间沉淀过后才能提炼出精华。一个好产品的研发，首先需要一个好点子和坚定不移做出来的决心，下一步还需要寻求如何满足客户的需要，商品的最终去向是通过交易流入到消费者手中，那么若没有足够的吸引力如何确认能否畅销？

创新是任何一个企业不可或缺的职能，即便当下是满足用户需求的，一旦未来的某一天开始在消费者视线中暗淡了，产品也就离死亡不远了。做企业就应该时刻心存危机感，逼迫自己不停地奔跑，还不能忽略街边风景忙碌乱跑，时不时地还要在行程中穿插花絮，让这个过程在轻松愉悦气氛中进行下去，只有这样，公司的价值更高地体现出来，员工也能投入满腔热忱，消费者同样时刻保持着对企业的关注和重视。

时间可以验证很多真理，同样也能打磨掉很多价值的光点，把握住时机是重要的，拥有专业的技能和洞悉市场的精神更是产品经久不衰的保障。创业的起步都可以尽可能想象的要多简单有多简单，正如周鸿祎没走出大学校园时两次失败的创业，都是一个人一台电脑，或者几个人几台电脑就搞定了。随着公司规模的扩大，业务范围的延伸，市场占有率的增加，最不能缺少的就是人力和财力。倘若不能独立承担，就需要有人注资，这也是一个推销和营销的手段。

资金到位后，如何花钱？此时此刻，想必很多初创业的企业家们都已经习惯了拼命地赚钱，轮到如何分配资金花钱时却又显得力不从心。古老的故事警醒着我们：一个和尚挑水吃，两个和尚抬水吃，三个和尚没水吃……人少钱少物少时，大家凭着一股韧劲干得热火朝天，步入正轨之后往往又会滋生出很多无谓的事端，周鸿祎第二次创业就是一个经典的案例。

管理也是一种很重要的经验，是企业发展过程中各个环节都不能缺少的资本。这些资本很难在学校中掌握，如果盲目地创业，即便在创业过程中一点点地积累，恐怕到头来也会障碍重重，事倍功半，所以，周鸿祎建议大学生们，大可不必将创业列为毕业季的作业，投身大企业学习社会经验岂不更安全有效吗。

他是这样说的，也是这样做的，在两次创业失败后重返校园的周鸿祎意识到学校学不到的东西，社会上更没人教你，那就找一家大企业好好学学吧！

第三章 理想与梦魇的纠葛

中文上网之先河

当初，通过破译山脉字库然后卖给周鸿祎获利 3000 元的李钊，毕业后直接去了方正集团。李钊也是一个奇人，技术和智商绝对不亚于周鸿祎，能被李钊看上的公司，想想也不会很差。

方正集团是北京大学投资创办的 IT、医药双产业并驾齐驱的优势运营企业，自 1986 年成立至今，已有近 30 年历史。IT 产业中，软件包括方正阿帕比数字版权保护系统、中文电子书、政务公文版式文件 CEB、印捷数码印刷系统，硬件含有 PC 等终端设备、电路板芯片及方正电脑等；在医疗及医药领域，方正集团投资、并购了多家医疗机构，成功跻身中国医药行业大军；除此之外，方正还涉猎了钢铁、证券、教育、进出口贸易、融资租赁、稀土、房地产、物业等多产业领域。

方正涉猎的范围虽多，但并没有动摇主营业务 IT 和医药，相反，多产业所带来的盈利全部用于支持主营业务的发展和壮大。“方方正正做人，实实在在做事”，成为方正最简单、最核心的企业文化。

硕士毕业的周鸿祎，已经不像几年前初创业那般毛躁和激进，他十分明确自己的理想和目标，依然是创办自己的公司；他也十分清楚想要达成夙愿最缺乏的是经验和阅历。他决定，暂时搁浅创业的打算，将这个创业的时间相应地推迟几年，走进方正，丰富自己的羽翼。

1995 年 7 月，25 岁的周鸿祎成为一名“方正人”，从最基础也最擅长的程序员开始，一点点积累最基础的东西。90 年代后期，一些政府部门的书信往来渐渐被电子邮件所替代，而这最大的功臣就是周鸿祎。当时，方正接了一个大单子，专门为国家机关部门的秘书级人员培训电子邮件相关理论和实际操作，当时还是程序员的周鸿祎机缘巧合地成为这个“培训”工作的主要操盘员。办公自动化项目对于周鸿祎来讲不算陌生，可为了将这份工作尽可能做得出色，他还是打起了十二分精神来认真对待。

一个新事物的诞生总是伴随着“上任”的很多弊端和漏洞，电子邮件的方便和快捷就是取代传统邮件最直接的优势。可是，在刚刚接触新鲜事物的时候，人们往往很不习惯操作新程序，一时之间，电子邮件显得不那么方便和快捷了。为了激发起使用者对电子邮件的耐心和信心，周鸿祎让电子邮件的操作界面焕然一新，更像各年龄段人都愿意接受的游戏界面，简单、明了，又人性化。

周鸿祎用最简单的方式让受训者在最快时间内掌握了软件的使用要领，相当完美地完成了公司交给他的艰巨任务，这款办公自动化软件也成为中国历史上第一个拥有独立自主版权的互联网软件，它就是方正飞扬电子邮件系统。历史上并非“第一”就是全能，方正飞扬没有预想中大获全胜，但周鸿祎作为整个软件开发的全能人才，着实成就了一回从研发到推销的全过程，这个过程正是周鸿祎最需要掌握的。方正集团的主营业务并不是互联网，之前我们已经熟知这个企业并不会为了任何副业而耽误主业的发展态势，所以，方正飞扬没有得到周鸿祎期望的重视程度，如果他一定要将此软件项目化，唯一的选择就是离开方正。

周鸿祎知道目前的自己还很欠火候，不是离开方正单枪匹马创业的时候，有过两次失败的教训后，他已经变得更加理性和现实。之前失败所欠缺的管理、团队、资金、渠道、方向等因素现在还没有凑齐。离开方正创业不行，放弃看好的项目又不舍得，唯一两全其美的办法就是继续留守方正，然后研究自己的小项目——互联网。

周鸿祎给自己第三次创业定格为中文网址。当很多人表现出对“www”的厌烦情绪时，周鸿祎就知道，中文网址是一块大蛋糕，即使他不做，总有一天也会由其他人来做，曾经模仿山脉做平面软件系统已经让周鸿祎深刻认识到，第二永远比不上第一。

这一次，周鸿祎坚决要做一回“第一”！经过一年多的实际操练，周鸿祎的中文网址初见成效，新疆乌鲁木齐建行的数据集中综合业务系统就是周鸿祎第一笔大买卖，也成为建行业务升级的第一批项目。周鸿祎凭借此笔生意，为方正带来了至少3000万元的盈利，几乎达到了方正分公司35%的年收入。斐然的成绩直接带来的结果就是晋级，周鸿祎被提拔为研发部经理，并为方正又做下了几票大单子。

周鸿祎始终没有忘记中文网址的研究过程，他这个不管不顾，很多时候性子使然的行为作风让他充分认识到“不管三七二十一”做派的优势和劣势，对研发中文网址的坚持，多么像他充满冲劲儿的个性，于是，便为这个创业项目取了一个跟自己脱不了干系的名字——3721，画外音就是“不管三七二十一，我老周就这么干了”！

3721 项目并没有得到方正上层人士的认可和支持，此时，周鸿祎又面临着要么放弃理想，要么放弃工作的两难抉择。此时的周鸿祎，在方正已经工作了 3 年有余，从程序员到研发部经理，以他的脾气性格估计也上升不到更高的职位了，此时离开未必不是一个好选择。关键是，周鸿祎等不及了，他已经按捺自己的性子很久了，如果让他再一次放弃理想，像当初放弃方正飞扬一样放弃 3721，简直比杀了他都难受。

1998 年 10 月，周鸿祎带着他招聘来的两个大学生，一起离开了方正，像乔布斯当年住车库研究苹果一样，住进办公、居住一体化的民宅，开始了以 3721 为网站的国风因特软件有限公司的经营。3721 让中国人第一次使用母语上网，实现了周鸿祎做一次“第一”的愿望，3721 作为中文网址，开创了中文上网服务的先河。一年之后，3721 将网络实名中文上网服务成功呈献给中国网民，九成以上的中国网民采用中文关键词进行搜索引擎服务，60 万的企业用户，每天 8000 万人次的使用频率一时间让周鸿祎几乎垄断了中国半个付费搜索市场。

周鸿祎的 3721 中文网址，不仅做了“第一”，也做到了最大。

让当初对3721不屑一顾的雷军、求伯君等数人都不得不竖起大拇指，赞一句：周鸿祎，中国纯爷们!

3721“流氓”吗

3721的叱咤风云带给周鸿祎更多的是机遇和挑战，他没钱没势没背景，甚至连合伙人都没有，从研发到销售，从老板到员工，他干遍了能干的所有工种，就连招募代理商也亲自下基层跑一线。对于代理商们，周鸿祎没有官架子，跟普通员工没什么区别，很有亲和力。当年那个“开启一个话题就能滔滔不绝”的周鸿祎，经过多年的实践，口才更加具有煽动性，由他出面的洽谈一向十分顺利。

周鸿祎用在3721上的心思远远多于以往的创业，他知道渠道对于产品销售是至关重要的命脉，为了扩大产品的销售市场，他采取大范围扩张代理商的策略，加长产品销售渠道是他此时能想到最有利的营销模式了。据相关媒体透露，周鸿祎最富有的时候拥有4000家渠道代理商，10余万员工为3721卖命。

人多了，相对的管理和营销也要跟得上才行，确保3721产品更有效地推广到客户手里，只有周鸿祎口才好还不够，于是，周鸿祎开始筹划会议营销，一方面将代理商聚集在一起跟着学习如何向客户推销产品，另一方面各个代理商将自己的客户整合在一个会场内，由周鸿祎统一进行口若悬河般的游说，大大提高了产品下单率。所谓的会议营销，就是指将特定的客户群聚集在一起，通过会议的模式将企业产品服务给客户的一种产品销售模式。目的就是把客户锁定在一个相对最小的范畴之内进行营销开发。这里就特别需要会议主持者具备良好的素质和超强的召集、组织才能。这恰恰是周鸿祎的优势所在，不佩服老周的号召力是不行的，无论是会议营销还是渠道发展，都成为自3721之后其他中文网址或其他搜索引擎的强有力营销模式，也是企业生存支撑点。

随着3721疯狂席卷中国IT界，一些看好商机的人也瞄准了周鸿祎的路子，他们仗着财大气粗甚至想收编3721，但这个时候的周鸿祎既没有被利益冲昏头脑，更没有放弃对固有的3721严格把控，在没有遇到更好的买主之前，3721是不可能拱手让给任何人的，这是周鸿祎不容被触犯的底线。

从3721推广方式不难看出，周鸿祎走的是一条符合中国国情的经济发展之路，不管什么时候，草根永远都是最亲民、最应该被同情和接受的人群，而周鸿祎恰好扮演着草根的角色。中国是最赋有人情味的国家，各项法律法规也会相应地向弱者倾斜，如果周鸿祎随意挑事滋生是非，显然对自己百害而无一利。但是，个性往往不会轻易随着时间更迭而发生改变，如何巧妙地获得广大用户的认可和支持成为老周课堂最难解的一道题。

周鸿祎是自己的老师也是自己的学生，他需要不断强大自己才能让3721更加强大。我们都知道，当利益展现在世人面前的时候，也是竞争开始的时候，CNNIC和百度出现了。在中文网址的市场上，3721是先驱，是前辈，不过周鸿祎一直以来的草根角色没有让人“误认为”他是多么强大的个体，反而当竞争对手跃跃欲试之际，媒体和百姓投来了支持与肯定的目光。周鸿祎笑了，他从来不惧怕对手的任何挑衅，3721怕过谁？

通过媒体的渲染，以及周鸿祎滔滔不绝的陈述，CNNIC成了大家眼中以大欺小、奸商欺负草根的形象。媒体归队3721这一边，剩下的就是客户和代理商是否忠实可靠了。在这一点上，老周是自信的，关于代理商，周鸿祎为了调动起人员积极性，不吝惜利润地将提成分给业务员，客户上缴的服务费和次年以后的所有续费都由代理商亲自收取，这样的好事恐怕没有几个公司老板能慷慨做出。周鸿祎是何等聪明的人，不舍小树如何张开双臂拥抱广袤森林？

CNNIC 的出现不但没有打击到 3721 的正常运营，反而为周鸿祎带来更高的营业利润。2002 年，3721 创造 2 亿元销售额，纯利润高达 6000 万元，成为中国 IT 界传奇性神话。与 3721 差不多时间成立的百度此时开始蓄势待发，一个 CNNIC 倒下了，千千万万个百度又站起来，对于老周而言，这样的挑战太刺激了，简直就是倍儿爽！

如果没有百度的出现，3721 是否会一直像当初这样红火下去我们不得知，但百度的出现，确实让中国人对中文搜索引擎有了全新的认识，这认识一直根深蒂固至今。2000 年 1 月，千禧年的元旦刚刚过去不久，李彦宏和徐勇就在“中国硅谷”北京中关村创立起了目前中国最大的中文搜索引擎百度，来自于辛弃疾诗词中的“众里寻他千百度”中的“百度”，也深深带着李彦宏和徐勇对中文信息搜索技术的执着追求诞生了。

这次战斗，周鸿祎遇到了强劲的对手，百度的斗志绝对不在 3721 之下，两家致力于国人最方便、快捷、安全的搜索领域展开了激烈的战斗，这次，周鸿祎使出了绝招——插件。争夺浏览器的插件是一场持久战，短期内难分出胜负，除非一方做出必死的打算，奋力相搏。现在的我们对插件这个词汇一点都不陌生，甚至会十分讨厌安装某个程序时不知不觉跟着一起来的其他软件，现在追溯渊源，就是来自于 3721 和百度恶战的年代。那是 IE 浏览器一统天下的“和平”年代，但随着人们上网过程中时不时地就要被告知安装别的搜索插件，与此同时，浏览器也不再是自由之身，更为甚者，一些被迫安装上的插件像流氓一样赖在程序上，想删除也删除不掉。

周鸿祎为了抢夺市场，确实做出了“流氓”的行为，他的3721也就顺理成章地成为“流氓软件”了，自然，这个流氓软件的开山鼻祖也摘得“流氓软件之父”的头衔。对此，周鸿祎诚恳地说过：“这是3721的污点，我认账，但我不能接受别人冤枉我主观上伤害客户!”愿赌服输、知错能改一直都是周鸿祎美好品德中的一部分，解释不等于掩饰，只能说，一件事情上施者和受者立场不同，感受也不同。老周只是为了竞争中获利而使用了一些伎俩，忽视客户的利益和感受是老周未曾考虑到的事情。但客户就是上帝，现在，上帝生气了，可能要封杀你，还罗列出3721一大堆“流氓行为”。

首先，准备使用3721中文上网之前需要安装软件的上网助手，这个上网助手身上秘密隐藏着20余项统一资源定位器，俗称URL，定位器极其霸道地将很多暴力、情色、金钱诱惑等内容的链接植入客户电脑，此时客户的电脑已经“涉黄”了。其次，3721为了牟利不惜采取网络钓鱼方法，诱惑网民点击“免费电影”，然后开始大量的广告宣传，而网民若想看到免费电影，首先要将这些长时间的广告看完才行。再次，3721一旦安装成功就几乎终身不得卸载了，即便强行卸载也会留下一些文件或者通过某些干扰软件来阻止用户的强力卸载；根深蒂固的3721还严重影响了用户电脑系统的稳定性。

这些来自于用户的投诉状将3721贬得一文不值，“水能载舟亦能覆舟”，对于此时的周鸿祎，大概没有想到过，曾经忠实的用户如今也成为毁灭3721最大的助力了吧。

盈利王牌

1994年，互联网开始走进人们的视野中，两年后，拥有一个公开的网站成为一家公司在美国上市的标配。从最开始的免费出版、即时世界性资讯到电子商务，越来越多的人认识到互联网是个大大的赚钱机器和平台，互联网营销成为所有传媒渠道中最唾手可及、简单明了的，甚至可以影响全世界的宣传途径；它以迅雷不及掩耳之势席卷了整个世界的经济，成为年轻人创业首选。

随着互联网经济的迅猛发展，一些风险投资公司也开始将触角伸展到这一领域，以往谨小慎微的观摩和考察在巨大经济利诱下显得是那么的不堪一击。风投公司开始疯狂寻找年轻创业者，忘记了任何企业都不能缺少的管理经验、计划能力。一时之间全球互联网出现庞大的泡沫期，从90年代末一直延续至二十世纪初的互联网泡沫，让风投公司真实地体验了一回投资的风险，也让广大互联网创业者们悬浮在亏损与破产之间摇摆不定。这其中不乏百度、网易、新浪等知名企业。

当所有互联网企业都不知所措之时，周鸿祎的3721却奇迹般地存活着，并且存活得很好，更是代表中国互联网企业率先实现盈利。2001年是充满传奇的一年，这是世界互联网泡沫的最后一年，也是3721最疯狂的一年。业界不禁有所疑问，何为老周的盈利之道?

众所周知，服务行业最大的败笔就是没有让客户满意。企业服务的对象是客户，客户的期望得到满足才是企业做大的关键所在。载舟之水的流向直接影响“舟”的行驶速度和前进方向，周鸿祎正是认准了服务好客户这一条真理，才能在世界互联网泡沫中立于不败之地。

互联网实际上就是一个平台，一方面方便消费者找用户，另一方面又为用户保障了一定的消费者访问量。周鸿祎知道，只有让3721的用户都赚了钱，3721才有生存下去的权利，所以，周鸿祎就要努力帮助用户赚钱，也为自己赚钱。

3721从诞生之日起就肩负起方便中国人上网的使命，而那句“不管3721，中国人上网真容易”朗朗上口的广告语只能算是让国人认识了3721。实现价值不单单是搭建一个平台，还需要这个平台有一定的优势产品，能为两方面的“上帝”都带来切实的利益才行，这也就是为什么很多网站都濒临破产，而3721却扶摇直上的原因。周鸿祎知道，获得客户的认同才是关键中的关键，“认同”的左膀右臂就是好的产品和好的服务。

很多传统行业为抓住客户心理也在想方设法满足客户需求，为增加客户满意度而努力创新，更是推出试用、免费等充满诱惑的策略来吸引消费者。3721作为一个中文网站，它所赚的并不是浏览网站网民的钱，而是通过网站宣传自己品牌的网站企业用户的费用。这些企业也不是白白掏钱的主儿，网站若不能为其带来盈利，他们就会毫不犹豫地抛弃。任何企业都要时刻准备着推陈出新，周鸿祎的3721也一样，2001年5月，周鸿祎为企业客户推出一套大餐——网络实名。

网络实名是当时最新的互联网访问技术，以先进、快捷、方便的访问方式为企业的网络推广带来实质性的创收。参加推广的企业，从公司名称、到公司网址，再到产品项目关键词等都被列为实名范畴内。比如说3721，网民搜索“3721”“中文搜索引擎”“中文网站”“周鸿祎公司”等关键词，都可以直接连接入3721的官方网站。网民再也不用记下烦琐的网址和不算明确的中文名称了，只要简短的关键词都可以找到自己的目标产品。

作为第三代互联网访问方式，网络实名继IP和域名之后成为人们中文搜索的最优产品，也为3721带来了中国首家盈利互联网企业的荣誉。网络实名就是3721盈利的王牌产品。

网络实名的功能在于可替代网址，成为中国门户网站搜索引擎中的佼佼者，拥有实名的网络用户企业将更优先被查找出来，所创造出来的利润更加可观。独特的功能所带来的价值也是不同凡响的，首先是充分的被查找性为企业用户带来实际的利益；其次是以最少的费用做出最大范围的推广，从而降低了企业用户的宣传费用，提高了互联网营销的性价比；再者网络实名为企业用户创造出良好的品牌形象，为其以后的宣传和推广带来有利因素。从而实现3721最大的价值——为客户赚钱，客户赚到钱了，3721想破产都难。

中文网址、网络实名，周鸿祎始终将创新的头脑保持在无比清醒的状态下，敢于做先行者精神，是创业者不可或缺的财富；开天下万物之先河，是3721赢在起跑线上的筹码；做他人未曾做过的事情，是周鸿祎人性中的最强优势。3721，如它名字般走着亲民的路线，并最终依托广大企业用户的财政支持在危机中很好地幸存下来。

3721带着它数个“第一”的光环驰骋于中国互联网世界中，并屡屡成为行业的经典。2002年4月，3721公司参与网络实名国际标准制定，同时完成日本风投企业JAFCO的注资；2002年5月，3721公司的网络实名功能累计被使用超过5000万次，日访问量超过2500万人次；2002年6月，3721进军浙江市场，同时，浙江成为周鸿祎

3721公司最优先的地区；2002年7月，3721公司成功举办“参与国际标准制定——IETF中国之行企业研讨会”，为Internet工程任务组的中国行画上完美的句号；2002年9月，3721在中关村电脑节上摘得中关村十大软件品牌奖，其网络实名被列为工具软件首选产品和2001年度信息技术应用优选方案。

人生需要败笔

树大招风，这话说得一点都不假，在广袤的互联网森林中，3721的鹤立鸡群显得尤为醒目，CNNIC、百度，就连刚刚敲开中国互联网大门的谷歌都将竞争的矛头指向了3721。谷歌是一家美国跨国企业，主要产品为互联网搜索、云计算、广告技术等方面，于1998年创立，6年后于纳斯达克上市。

四面树敌的确是周鸿祎的个性和偏好，不过对手群起而攻之恐怕周鸿祎也难以招架吧。现在的3721已经运营得非常不错了，是中国互联网历史上最早一颗闪亮之星，2003年，雅虎整装待发进驻中国互联网市场，在中国有一个响当当的名字“雅虎中国”。来中国后雅虎的第一个目标就是谷歌。雅虎也是美国互联网的门户网站，为全球5亿以上独立用户提供搜索引擎、电邮、新闻等多元化网络服务，此外还包含网络通讯、商业贸易和媒体。1994年，在美国留学的中国台湾人杨致远与两位美国同窗创立了雅虎，一年之后，雅虎在华尔街上市，1999年雅虎中国走进国人的世界，2007年“雅虎中国”又戏剧性地更名为“中国雅虎”。

雅虎在中国开创市场后的四年，开始正面与谷歌交锋，并将搜索作为主要竞争业务。但是面对强有力的对手，雅虎并没有十足的把握，它需要得力“助手”全力以赴。请其他公司友情帮忙是不现实的，商场如战场，同一战场上做着同样事情的人不是伙伴就是对手，固有的市场上，伙伴越多就意味着对手越少。于是，雅虎采取并购的方式来扩充自己在中国互联网市场上的实力。

雅虎挑选的对象中，最强大的就是3721和百度。百度一张口就要了1.5亿美金，相比之下的周鸿祎只要1.2亿就可以将3721卖给雅虎中国，而且周鸿祎并不要求单独上市，这对雅虎中国来讲已经算是“廉价”的买卖了。2003年11月，雅虎控股（香港）有限公司以1.2亿美金购买了香港3721的股份，香港3721正式成为雅虎旗下的一家全资子公司，但雅虎并没有将1.2亿美金全部交给周鸿祎，而是只给了一半，理由是：要等到周鸿祎创造出价值之后才能付清尾款。

周鸿祎现在并不在乎尾款的问题，在他看来，3721已经嫁给了“金龟婿”雅虎，技术、品牌他老周都有了，最差的就是资金，这回也解决了，能不兴奋吗。2004年3月，周鸿祎卸下创业者身份，再次成为一名打工者，对于出任雅虎中国的总裁，周鸿祎冷静后总结为忧喜参半，喜的是有靠山有金钱了，再也不会担心孤独求败；忧的是，自己那0.6亿美金“嫁妆”还不确定能否拿回来，要是未能给雅虎中国添砖加瓦，这嫁妆钱也就很有可能打水漂了。

事实证明，周鸿祎在雅虎中国过得并不自在，所以在“合同”期满之后也就没有续签，业界认为是雅虎不需要周鸿祎了，也有人认为是周鸿祎不得志才愤然离开的。总之，卖了3721是周鸿祎最痛的一段回忆。

周鸿祎曾回忆说：“由于过度竞争，我忽略了用户。这还不是最致命的，把名弄坏了其实是有机会矫正的。我太想做网页搜索，太着急，正好碰上雅虎。雅虎诱惑说有能跟 Google 相匹敌的搜索技术，结果我们当了小白鼠。2003 年的雅虎还是互联网第一，当时想如果能跟雅虎拼到一起，用雅虎的资金、品牌和技术，再加上我的渠道、客户端和运作能力，我们不仅能灭了百度，把 Google 都能给灭了，所以就嫁入了‘豪门’。”

多年以后，中国七成以上的搜索市场都成为百度的囊中之物，如果当初不卖掉 3721，以当时 3721 的实力，拥有百度今天的地位并不是不可能的。“我有过与 10 亿美元失之交臂的教训”，周鸿祎每每提到 3721，心底都会抽搐地痛那么一会儿，想想现在百度的市值也就多少能体会周鸿祎的复杂心情了，外表的平静或许可以掩盖内心的痛楚，但伤疤留下了也就永远都无法抚平。3721 是周鸿祎的理想，但这个理想完完全全是由于自己的错误而拱手相让的；3721 又成为周鸿祎的梦魇，平静的夜空也时常因为它的划过而变得惊悚不已。

来自于理想与梦魇的纠葛是对周鸿祎最大的考验！每个人的一生都不是一帆风顺的，商场上的波涛汹涌和此起彼伏是每一个企业家都不可能摆脱得掉的命运，3721 让老周真正认识到了自己，也认识到了所有的产品最终的归向是消费者、用户。再好的产品，再周到的服务，再完善的流程，再强大的渠道……如果失去了用户的支持，最终也将失去存在的意义，3721 正是只重视竞争对手而忽略了用户的感受和切身利益才最终被用户“封杀”掉的。

曾在一次采访中，周鸿祎这样说：“3721 一直是我想竭力摆脱的梦魇，包括我做 360 都是为了要摘掉这个强加给我的大帽子。我从来都不是一个商人，是一个头脑简单、爱冲动的程序员、产品经理。我心里留不住话，自认为有点小聪明，喜欢点名批评人、挖苦人，但我觉得我是一个敢担当的男人。一人做事一人当，不使小动作，不说假话，不暗地里害人。我小时候打架是这样，现在做公司也是这样。”

周鸿祎的确是一个有担当的男人、商人、企业家，3721 釜底抽薪后的失败，只能他一个人来埋单。2009 年，雅虎中国放弃了 3721，这个自从过继给雅虎中国后就改名换姓为雅虎助手的“流氓软件”真正败给的是同父同母的亲弟 360。这是不是很有戏剧性？周鸿祎在离开雅虎中国后于 2006 年创立的 360 一系列产品中的“360 安全卫士”，评价雅虎助手，也就是 3721 上网助手为恶意软件，随着 360 安全卫士的良好口碑和快速扩张势头，“3721”渐渐被封杀了。

周鸿祎的梦魇会不会就这样平静地消失呢？

第四章 “兼职”的那几年

雅虎中国不算“猛”

在外界看来，雅虎中国更像是雅虎在中国的一个办事处，算不上一个可以提供更多优势产品的大公司，更别说与百度、谷歌相提并论。直到雅虎“迎娶”了3721，周鸿祎又亲自执掌雅虎中国后，这个由中国人构架起来的跨国公司才逐渐从“银河系”中一点点崭露头角，并一度照亮了这个互联网“宇宙”。

2004年3月，周鸿祎正式接管雅虎中国，迎接他的是雅虎中国的40多位员工、巴掌大的办公场所、成立四年来惨淡的经营业绩以及核心骨干全在美国的事实。做互联网搜索，最主要的就是人员和服务器。雅虎中国40多名员工很难与当时几大搜索大佬千余名员工相提并论，而且，雅虎中国的搜索引擎全部在美国总部，遥远的距离是放缓搜索速度的根本因素。据悉，当时的雅虎中国连个教育网都打不开，用户无法访问自然减少使用次数，最终也就没有使用雅虎中国的习惯了。

对周鸿祎来说，雅虎中国是一块难啃的硬骨头，虽说自己是雅虎中国的总裁，但更像是雅虎总部在中国地区找的一个区域管理者。对当时风头正盛的3721来说，“下嫁”给雅虎中国似乎很不明智，不过，当时的周鸿祎正是缺少资金和更多的后盾支持的时候。经过两年的事实验证，雅虎给周鸿祎的禁锢远远多于支持，给大家的感觉也是周鸿祎在做着雅虎这个兼职工作。了解周鸿祎的人都认为，依他的性格，怎么也不像给别人打工的人，接任雅虎中国，周鸿祎应该是在酝酿着属于自己的筹谋。

周鸿祎带着他200多号兄弟“下嫁”雅虎中国的时候，雅虎中国所有人加起来不足50人，索性周鸿祎将雅虎中国原有的40多名元老带到3721原来的根据地办公，似乎有点像3721收编雅虎中国的味道。对于外界的不同声音，周鸿祎可没空理会，按照与当时雅虎首席执行官杨致远的约定，他要在两年的合同期内为雅虎创收，第一年创收1000万美元纯利润，第二年完成2500万美元的纯利润，只有完成了任务，他才能平均分别两次收到雅虎支付的余下50%收购款，留给周鸿祎的，不仅仅是一个爷们儿的承诺，更是一个新的挑战。

面对毫无发展战略及方向的雅虎中国，周鸿祎开启废寝忘食模式，与此同时，雅虎总部还在犹豫要不要大力支持周鸿祎，对于这个来自中国本土的斗士，远在美国的杨致远和他的合作伙伴们有太多不了解。或许，他们是真心希望雅虎中国能够傲视群雄、称霸中国搜索，但是，他们对于雅虎在中国的地位还没有足够的信心，当然，对周鸿祎的信心也不是那么多。直接的表现就是，纠结于要不要给周鸿祎足够的资金进行雅虎中国的翻身战。他们真实的想法是想通过资金来约束周鸿祎为雅虎中国带来最大的利润，他们担心一旦给予足够的资金投入，会让周鸿祎失去约束。

周鸿祎最迫切需要的是如何为雅虎中国创收。当时的搜索市场对于雅虎中国来说并不乐观，2004 年 1 月，谷歌几乎揽下了中国 80% 的市场，尽管这个数字在次月稍微有些回落，但似乎并不影响它称霸中国搜索帝国的事实；百度这个时期也在奋发图强，雅虎面对的对手十分强大，周鸿祎大胆地做出走差异化路线的决定，制订出三个关键计划：实现中文上网走向国际、实现雅虎搜索站稳本地、实现雅虎电邮在中国的优势地位。

接着就是大展拳脚的时候，周鸿祎带领雅虎中国开始在即时通信、搜索、邮箱等领域破釜沉舟、大展拳脚，周鸿祎要为雅虎中国谋划出一条不一样的中国之路，要拥有自己的搜索引擎，而不是依附于谷歌的存在。上任两个多月，雅虎通 6.0 中文版上线，这个即时通信软件提前 2 个月出现在中国，打破了雅虎在美国以外非英语国家首发的历史先河。周鸿祎要创造一个雅虎中国年，时间就定在 2004 年。

即时通讯的关键在于“即时性”，几乎所有的即时通讯服务都可以提供联络人并显示对方是否在线的功能，以确保用户的通讯是否可以即时得到交谈和回复。雅虎通 6.0 中文版上线之时，中国即时通讯市场上可以说被 QQ 和 MSN 垄断，面对腾讯和微软两大劲敌，周鸿祎展露出独有的好斗个性，夸下海口要改写中国即时通讯市场的格局。

周鸿祎第一炮打出即时通讯，更多因素源于这个市场的高额利润的诱惑。2003年，中国即时通讯创下最高在线人数550万，伴随着上网人数的剧增，这个数字会超乎人们想象的飞速递增，最保守的估算，两年内也会实现35%的增长态势。雅虎通6.0中文版的出现已经震撼了整个市场，与之前版本相比较，新版雅虎通的服务功能更加充满诱惑。聊天窗口更有利于雅虎搜索、在线相册、互动游戏的全面整合和使用率；对不同的好友显示不同的状态，选择性隐身更显示出软件的隐秘性；界面的全新推出也方便了用户的体验和使用频率。一旦如雅虎中国方面表示的，将雅虎通的服务器搬至中国，其稳定性也会优于Hotmail和MSN。雅虎通已经与QQ和MSN展开了激烈的角逐。

随后，周鸿祎减去了一部分雅虎频道，他始终认为，专注地做好一个产品及其售后服务是树立好形象、好口碑、高用户的关键。只是，雅虎中国毕竟已经运行了几年，尽管谈不上盈利，但这个在中国一直没有抬起头来的跨国企业还是很有“骨气”的，很多雅虎中国的元老并不认同周鸿祎的大动作。尤其是周鸿祎关闭原有频道的同时又增设新频道，雅虎总部开始了“闭关锁国”只做门户网站的声讨，对此，周鸿祎全当耳旁风。内部人送给周鸿祎一个新头衔“雅虎野蛮人”，不过，这个外号还是蛮符合周鸿祎的为人处世格调，他自己也并不排斥和反对。对于那些不认同老周观点和做法的顽固之人，周鸿祎一点都不留恋，他需要的是愿意跟着他蛮干的种子选手，而非那些老顽固。

当然，周鸿祎还是希望大家都买自己账的，他曾慷慨解囊，出资组织原雅虎中国的元老与从3721带过来的亲兵进行团队活动，就是希望能将团队的力量凝聚在一起。周鸿祎发挥出自己酒桌上常胜将军的优势，一顿胡吃海喝还真是起到了一定的稳固和凝聚作用，只是，付出了酒后掉进泳池磕掉两颗大门牙的惨痛代价。

2004年，果真被周鸿祎改写成“雅虎中国年”，在他的奋力一搏之下，雅虎中国达到营收4000万美元、创利1000万美元的好成绩。行业为雅虎中国竖起了大拇指，然而周鸿祎只是微微一笑而过，在他看来，雅虎中国才刚刚开始，算不上“猛”！

“一搜网”引雅虎称霸中国

周鸿祎设想摆脱谷歌搜索，创立雅虎中国独立门户网站的愿望，在2004年6月的一天终于实现了。6月21日，雅虎中国独立门户“一搜网”正式扬帆起航，雅虎中国在其名称中后两个字概括下的区域内预备全面反击了。

一搜网作为雅虎中国的独立门户网站，最核心的依托就是花26亿美金、收购5家国际上响当当的搜索服务商打造出来的互联网搜索科技YST。5家入赘雅虎的服务商中，Inktomi是世界上第二个众所周知的搜索引擎，属于互联网搜索结果提供商。目前至少支持着全世界一半以上的搜索市场结果的提供，雅虎中国就是曾经的其中之一；Overture是网络上竞价排名的鼻祖产业，当用户为某个Overture支付出最高额度的竞价费用时，这个用户就排在最前面的位置，更容易被接受、浏览和采纳，算得上是全球最大的提供广告服务的搜索商家了；Altavista可提供网页全文检索和分类检索，具有数目居多、信息量巨大、内容极为丰富的优势特点，在欧洲地区堪称第一竞价网站，也是全球数一数二的搜索引擎公司。有了他们的助力，雅虎称霸中国似乎指日可待。

拥有YST技术，周鸿祎还不满足，他深知，一个门户网站再强大也得依托市场占有率才算强大，本地化成为雅虎中国势在必行的一个转型目标。周鸿祎想得到也就做得到，开始了一系列依托中国用户习惯的本地化调整：首先就是一搜网的名字简单、上口、好记，英文网址也采用“一搜”的汉语拼音组合“yisou”，如果再深入还可理解为：“一搜网”简单一搜就能找到你想要找的一切信息。其次，是一搜网特有的“提示”功效，这很符合中国人的口味，即通过拼音输入关键字，即会提示用户多个带有关键字的词语、句子等，方便用户搜索，尤其体现在人名搜索上的方便、快捷。再次，为全面配合一搜网的本地化建设，1000台服务器已从雅虎总部运到中国，以速度制胜也是这场本地化“战争”的有力武器。最后，周鸿祎还将雅虎中国的本地化建设延伸至团队建设中来，真正了解本地用户的必定是本地人，也只有自己人才能提供满足自己人需求的服务，这也是这场本地化“战争”中最关键的核心部分，周鸿祎可不敢懈怠，必须要保证本地化团队建设得有模有样。据悉，YST技术核心团队拥有数百名工程师，这些决定一搜网命运的高级工程师中几乎所有负责人都由中国人来担任，这符合一搜网本地化建设的要素，更符合周鸿祎的用人标准。

有了YST核心技术的支持，一搜网一面世就以理想的网速攀升至搜索引擎排名的前几位，浏览量和搜索结果点击率都稳步提升中。始终坚持先做品牌后做利润的周鸿祎，成功打响了一搜网的第一枪，雅虎中国成功地完成了向本地化转型的动作。

那么，为什么周鸿祎如此看中“本地化”呢？本地化的神秘又体现在哪里？

本地化，就是说商家通过文字或声音的途径，将原有产品中的细节性东西通过当地用户的习惯而表现出来的一种营销手段，直接目的就是顺利迅速打开本地化市场。这种从习惯和文化背景上的“顺从”不等同于妥协，称之为变相讨好可能更贴切一些。服务行业只有在满足用户各种需求的前提下，才能获得预期的利益。互联网也是一样的，中国相对于美国、英国、法国等发达国家而言，技术和设备较为落后，这是中国国情决定的不可推翻的事实。即便再先进的技术如果中国人不会用，那么在中国这块大市场上，跨国企业也是很难生存下去的，周鸿祎接管雅虎中国之前，雅虎在中国的境遇已经充分表明了本地化有多么重要。

在中国，跨国企业和国有企业、民营企业有极大的区别，跨国公司是在其他国家已经建立并运营得相当不错的公司，再次将发展的触角伸向中国经济社会的一种“插足”表现，而国内的国企和民企则完全是在国情下诞生的，它是土生土长的。跨国企业即便拥有先进的技术和设备，也只有在本地化作用之下才能得到认可和盈利。

有人说，周鸿祎的本地化策略的真实目的是将雅虎中国变成增值后的3721，从周鸿祎一系列的做法中似乎也有点这方面意思的展露，对此，老周依然一笑而过。人在风口浪尖中哪有不受伤的？况且，老周早就习惯了各种受伤，甚至已经学会了在受伤后不治自愈的技能。

一搜网在周鸿祎的推动之下，成功走上了本地化路线，他用数字证明了这场本地化“战争”中自己获胜的势在必得。一搜网为用户提供全球50亿个网页的搜索，其中中国网页达3亿之多，音乐、图片更是海量。搜索过程中，完全不用担心任何广告侵袭，甚至不涉及付费排名，完全呈献给用户一个绿色、清新的搜索界面以及快速、周到的搜索服务，正应了周鸿祎先做品牌后盈利的战略计划。在微软也要推出自有搜索服务、谷歌开始投资百度的档口，一搜网的举措着实给了竞争对手有力一击，雅虎也不再是无名小卒，俨然跻身到搜索巨头行列，与谷歌、微软堪称中国版搜索三国演义。

显然，周鸿祎并不满足于雅虎中国与谷歌、微软并驾齐驱，他是要打造出一个中国搜索巨头出来的。雅虎中国是一个国际品牌，可能只有在中国才曾经不景气过，而一搜网完完全全是本地化的产物，是周鸿祎对本地化承诺所兑现出的现实产品，目前来看，这个产品深得民心。周鸿祎也表示，一搜网与雅虎门户网站有所区别，即便同样拥有YST的支持，其定位和产品都有很大的差异性。周鸿祎毫不隐晦自己的野心，他要将一搜网打造成中国互联网之最，首先在投入上，周鸿祎的确先做到了之最。据悉，雅虎中国在搜索上的投入资金等价于新浪网和搜狐网两大门户网站投入的总和。

雅虎在某一区域内成立专门的门户网站，这在雅虎的历史上是首次，这是周鸿祎拼力想要赚回50%尾款的重要举措，也是他履行对杨致远承诺的实际表现。

电子邮箱的G时代

2004年7月23日，互联网出现一个超级大的乌龙笑话，微软之前为用户提供的2GB容量免费邮箱突然之间被更正为2MB，是用户自己没弄明白，还是微软方面故意摆出这个乌龙阵呢？

事件的间接始作俑者应该是谷歌，当时，谷歌计划推出1GB的免费邮箱，但还在计划中的时候，其他竞争对手就纷纷着手准备了。首先是雅虎将免费邮箱的容量增设至100MB，付费邮箱的容量增设至2GB，随后微软旗下的Hotmail为赶超雅虎，计划将免费邮箱升级为250MB，付费邮箱增至2GB，这时，谷歌技术人员在操作过程中大意地将一部分免费邮箱带进了付费邮箱的升级过程中来，也就是说一部分2MB免费邮箱注册用户很幸运地被升级成为2GB容量了，于是，前一天还兴高采烈注册成功2GB免费邮箱的用户，第二天不得不严重缩水成原来的2MB。据悉，即便属于计划之中的250MB容量的免费邮箱也不是现在就实现的，需要半年之后的年底。

微软弄出一个大笑话之后不久，雅虎正式将免费邮箱容量升级到1GB。2004年7月，雅虎率先引领中国免费邮箱进入G时代，这个具有划时代意义的功臣就是周鸿祎，在完成了即时通讯、自主门户网站一搜网的使用后，本次免费邮箱升级至1GB是周鸿祎执掌雅虎中国后成功燃起的第三把火，也是中国网民用户自此所能享用到的最大容量的免费电子邮箱。

电子邮箱能为网民提供一个网络信息存储空间，同时兼具收发功能，是互联网中不可缺少的交流工具之一。早在1992年，上海复旦和交大两所学校就已经开始了“邮电所”的普及，几分钟的时间就可以将信件在不装信封、不贴邮票甚至都不用邮递员出面的情况下发送给收件人，这就是电子邮箱的雏形。

电子邮箱的问世，使所有信件、图片、语音、视频等文件可以不受时间、空间限制地随时随地接收，提高了工作效率，也为企业的发展带来了不可估量的利益，为办公自动化及商业活动带来了最大的便利。因此，各大互联网门户网站开始将电子邮箱归纳为自身建设中的一个重要发展方向。随着科技的进步、发展和不同用户的不同需求，电子邮箱又分为免费邮箱和付费邮箱两种，通常免费邮箱更为普及，而付费邮箱所体验到的服务和邮箱容量是远远优于免费邮箱的。

跟微软计划中说的将付费邮箱扩容至2GB有所不同，雅虎1GB邮箱属于所有免费用户，而且，就算之前已经注册过100MB或容量更低的免费邮箱用户，也可以通过同一个账号将之前免费邮箱自主升级到1GB，就像之前所有免费邮箱自主升级至100MB一样。

周鸿祎面对记者话筒时，坦然表示：雅虎1GB免费邮箱的推出结束了各大邮件服务商之间的恶性竞争，作为服务行业，量的积累固然重要，但质的提升才最为关键。雅虎免费邮箱G时代的到来，也预示着未来竞争的关键点将从容量的比拼延伸至服务的对决，用户则是最大的利益获得者。

大容量免费邮箱的推出是雅虎方面重大战略性投资，这种依托优质服务以满足用户需求的方式直接目的就是增加用户注册量。周鸿祎始终认为，赚钱是第二位的，基础建立牢固了才是硬道理，因此，用户捧出来的人气是尤为关键的。当然，雅虎不可能依靠着一个邮箱项目来赚得多少利润。外界对周鸿祎砸钱打造这个并不计划用来赚钱的邮箱有些不解，据说当年雅虎邮箱从6MB升为100MB的时候，投入的成本过亿美元，可见，这次升级至1GB的投入更加庞大。中国的网民也很给力地支持，在雅虎超过5亿的用户中至少有上千万为中国注册网民。

当越来越多的网民成为雅虎免费邮箱的注册用户之后，周鸿祎为了把这些忠实客户牢牢地把握在雅虎手中，将电邮的主要服务器都转移到中国境内以维护良好的稳定性能，确保用户使用更便捷、对雅虎更依赖。有过创建杀毒软件经历的周鸿祎，还特别为雅虎免费邮箱设计出一套安全防火墙，在办公、网吧等公共场合情况下使用雅虎免费邮箱均可得到防火墙的保护，让用户时刻在安全环境下使用雅虎邮箱。除此之外，雅虎邮箱中特别对附件增设了病毒扫描和删除的程序，可将垃圾邮件自主扫描出来再丢到垃圾邮件中去，减少了垃圾邮件的数量也保护了用户使用过程中的安全稳定性。

用户最关心的问题依然是：如此强大功能庇佑下的大容量免费邮箱，会不会有朝一日开始收费了呢？对此，周鸿祎表示："雅虎免费邮箱多年来一直信守免费的承诺，这个承诺不会因为容量扩到 1G 而改变。雅虎在全球有很好的赢利模式，免费邮箱扩容到 1G 是对用户的真诚回报。"

时至今日，电子邮箱以其琳琅满目的产品占据了人们更多的交流平台，从 U 盘的不稳定性，到硬盘的体积之大，电子邮箱似乎成为资料存贮不错的选择。我们所熟知的电子邮件主要分为个人用户和企业用户两种，其中，为个人用户提供邮箱的主要是各大网站，企业邮箱则相对集中，局限在实力更强、专业化程度更高的企业当中。

即便越来越多的多功能邮箱涌入中国电邮市场，周鸿祎时期的雅虎邮箱 G 时代依然独领风骚，在老周的带领下，雅虎中国越来越接近国际品牌的味道了。只是，这个时候是周鸿祎更需要雅虎，还是雅虎离不开周鸿祎呢？表面看上去，一切都在稳妥地进行中，但总有那么一点不和谐在从中作梗。

笑别雅虎中国

周鸿祎在接任雅虎中国后做了三笔大生意：推出即时通讯；开通门户网站一搜网；升级免费邮箱至1GB，从而引领中国免费电邮进入G时代。可以说，这是周鸿祎上任后烧的三把火，且核心的指导思想就是本地化。说到本地化，一些离雅虎中国而去的很多元老可能会视周鸿祎的本地化为一种野蛮行为，像当初的3721一样“流氓”。其实，周鸿祎就是一个草根创业者，他没有太多的资金支撑自己的企业顺应时代和自己的梦想发展下去，他也没有坚强的后盾每时每刻保护自己不受任何伤害，他只能在大千世界激烈的角逐中不断充实自己、保护自己。

周鸿祎是实实在在的中国人，他了解中国人各方面的习性，当一个跨国企业进驻中国，尤其是经过几年的经营后依然面临干不下去的境地时，他阴差阳错地接手了这个烂摊子、硬骨头，所以，他必须要把这个烂摊子收拾好，将这块硬骨头啃明白。本地化，是他所谋划的战略中，雅虎中国唯一的出路，而事实也证明了周鸿祎的眼光很准、抉择很明智，雅虎中国真的在本地化发展中走出了阴霾。这个时候，距离周鸿祎的两年任期已经接近尾声了。无论是留是离，尾声的时光都充满了纠结和无奈。

2004年，周鸿祎完成了杨致远给他的盈利任务，到2005年的时候，杨致远又为周鸿祎制定了更高的盈利任务。周鸿祎是一个时刻充满斗志的人，根本不会畏惧任何困难来袭，甚至在他的世界观里，这样充满火药味的刺激来得应该更猛烈些才好。但提出更高的盈利要求之后，雅虎总部却没有提供给周鸿祎任何资金方面的支持，这就等于让周鸿祎空手套白狼一样，此时的周鸿祎要么将自己喂食给白狼，要么离开这个是非之地。两个选择都不是周鸿祎想要的结果，他现在玩得正是起劲的时候，还有更多的战略准备迎接新一轮的竞争和挑战，突然就这么搁浅了实属不忍。

周鸿祎试图改变雅虎总部的小气，毕竟他也是做出过成绩的，曾经杨致远等人对他的行为视而不见，如今又置之不顾？

雅虎总部还真就狠得下心来，又或者说，人家根本就是当周鸿祎为赚钱机器，开始肯花钱是为了“买”得回来，而现如今，雅虎中国已经步入正轨，再多花银子不就浪费了吗？很可惜，雅虎总部虽贵为跨国企业，但却不能做到对每一个国度的子公司都了如指掌，面对有人愿意将自己的了如指掌奉献给它的时候，雅虎却动摇了。或许，他们看不起周鸿祎，认为这样一个草根如何配得起在国际舞台上对跨国企业指手画脚、布施号令；亦或许，雅虎是真的惧怕如此野蛮行径的周鸿祎，本地化固然让雅虎在最快的时间内翻身扭亏为盈，中国可能只是雅虎一个看不上眼的不入流国家，怎么会认可大手笔投资呢？总之，我们想到了多种雅虎与周鸿祎之间的纠结，结果却悄无声息地呈现在大家面前。

对于雅虎总部的吝啬，周鸿祎断然是不服气的，这就好比一个呱呱坠地的婴儿被家长抛弃在人流繁密的大街上，不给吃喝、不提供任何抚养，靠婴儿自己存活，或者自生自灭。周鸿祎哪能容许这样的侮辱侵袭他的自尊。他强烈要求雅虎总部支持雅虎中国 2005 年度的各种建设和发展，而远在美国的杨致远又开始对中国市场摇摆不定了。他们是知道的，没有周鸿祎就没有雅虎中国的今天，而一旦失去周鸿祎，雅虎中国也不会有明天。

原本只是周鸿祎与杨致远之间的隐身对峙，只是，这个对峙的时间无限拉长了，双方都不肯放手妥协。在2005年财务预算不得不制定的时候，他们日益激化的矛盾也大白于天下。2004年底至2005年初的一两个月之间，周鸿祎给了雅虎总部无限“收回成命”的机会，但最终，周鸿祎依然走上了谈判的舞台。

周鸿祎当初带着200多3721的功臣和整个中国互联网最具有创新意识的头脑下嫁给了雅虎中国，他们并没有嫌弃当时的雅虎贫穷、落后、丧失了斗志、没有崛起反战的决心……或许周鸿祎知道雅虎富有，只是在中国没有舍得布施银子罢了。如今，雅虎总部能不能在中国走大投入大产出大品牌的路线，直接影响当初雅虎收购3721这笔买卖的最终成功与否。

周鸿祎并不是要再把3721搬出来说事儿，虽然这是他呕心沥血创建起来的事业，但自从卖给雅虎之后，他一门心思地只想做好雅虎中国，过程中的很多不利因素是双方在合作之初都未曾考虑过的，谈判时，周鸿祎不得不将3721摆在面前，杨致远当初给他的任务，他也算完成得很好，且更为出色。此时，周鸿祎提出两个方案：一、1.2亿美金收购3721的金额不变，邮箱和搜索业务需要总部再提供出额外的资金支持；二、两年协议提前完结，支付周鸿祎的尾款不以之前制定的盈利目标来衡量，二者都有所让步。

两个意见雅虎总部一个也不同意，他们给周鸿祎也设定出第三个谈判方案，就是周鸿祎和原3721的兵全部继续留在雅虎中国，之前承诺给周鸿祎的收购款剩余部分会转换成股份的形式支付给周鸿祎。前半部分的条件还是可以考虑接受的，雅虎总部“但是”的后面内容可是周鸿祎无法接受的：雅虎总部在满足以上内容的同时，要求周鸿祎不得干涉雅虎收购其他股东股权时的应付款。周鸿祎是一个敢作敢当、愿赌服输的商人，即便曾经被冠名为“流氓之父”，他也没有退缩或狡辩，而是站出来对用户道歉，承认自己因为将重点放在了赚钱的目的上而忽略了用户的感受。

中国有句古话：“知错能改善莫大焉”。周鸿祎就是这样知错就改的好青年，他认为雅虎的路子走的是收买经营、技术团队，出卖股东利益的勾当，这种不良行为至少在周鸿祎这里是行不通的。尽管周鸿祎的强烈拒绝并没有为自己在雅虎中国带来多大的好处，但却深得投资圈人士的赞誉，周鸿祎的口碑又向完美的方向更进一步了。

双方面都不支持对方提供的意见，周鸿祎的唯一出路就是“走人”。人走茶凉，雅虎中国周鸿祎是没有什么可留恋的了，但这一走，原来3721的那些兄弟们怎么办？这是深刻困扰周鸿祎的一段感情牵绊，老周是重感情的领导者，工作上严格律己，生活上也是员工们的真心老大哥。大哥走了，不能不管小弟，周鸿祎接下来做了一件顶天立地又感动山河的壮举——他没有将所得余款放进自己的腰包，也不是单单与股东们分了红，而是上至管理层，下至前台接待等普通员工，都分到了数额不等的“股东赠予款”。这是一笔不小的数目，基层员工少则十几万，中层员工甚至拿到百万级别的股东赠予款。他们不是股东，却享有股东一样级别的待遇，要问他们有什么出彩的地方，最令周鸿祎骄傲的就是，他们跟着老周“出生入死”，这一点足以让周鸿祎慷慨地将收购款中一部分至少千万余元的金额拿出来分给元老。

为什么领导者在贫困潦倒的时候员工依然死心塌地跟着他，为什么企业在经历一次次艰难险阻的时候总有一群赶也赶不走的忠实员工奋力拼搏？想想周鸿祎，想想他的员工们，我们不难知道答案。

从3721到雅虎中国，再到后来的奇虎360，周鸿祎身边那些最忠诚的中坚力量从来都没有变过。老周输了3721，现在又输了雅虎，但他却赚到了这辈子做企业家、创业者最大的财富——忠诚的手下，这比任何利益都来得欣慰、恒久。

雅虎一方面不愿意将剩余的收购款支付给周鸿祎，一方面又在混淆视听，甚至认为周鸿祎分给员工的钱也是雅虎的。这次，可是真的激怒了周鸿祎，不管是谁在中间捣鬼，事实和真相永远是光明地照在周鸿祎身上的，他这次没有动粗，而是以理服人。你雅虎总部连追加自己项目投入的那点钱都不肯拿出来，又怎会大大方方地给员工分红，岂不是太笑话了？

这一系列事情到了尘埃落定的时候，包括杨致远在内的雅虎高层最终认同了周鸿祎的方案，决定在1.2亿收购款的基础上再追加500万美元用于周鸿祎的大投入大产出策略。但是，为时已晚。此时的中国互联网战场上的对手也在发生着翻天覆地的变化，新浪网迎来最大股东盛大的莅临，网易也悄无声息地锋芒着自己的产品内容，雅虎中国在雅虎总部与周鸿祎激烈对峙的期间渐渐失去了在中国互联网竞争中的四射光芒。

周鸿祎走了，在两年合同期还没有到的时候就提前终止了收购协议，除了开始支付给3721的6000万美元收购款，之后雅虎又支付了3000万美元，自此，3721彻底单纯地属于雅虎。2005年8月31日，周鸿祎正式宣布辞去雅虎中国的总裁职务。将3721卖给雅虎是周鸿祎一生创业生涯中最大的痛，但离开雅虎，周鸿祎昂起高贵的头，笑看这一切的浮云。

第五章
铁打的营盘，流血的汉

骑“奇虎”，出江湖

随着周鸿祎的离开，杨致远信誓旦旦地将雅虎中国卖给了马云换取阿里巴巴 40% 的经济利益和 35% 股权，同时还得到了杨致远给予的买卖津贴 10 亿美元；阿里巴巴在得到雅虎中国后，搞定了先前现金流不畅通的问题，还可以通过全球最强的互联网的合作壮大淘宝的背景，更好地与其他网站进行竞争。只能说，当时的马云还对互联网搜索比较迷茫，看不到发展的势头和战略上的优势，经过一系列的蝶变，雅虎中国，或者说是中国雅虎，最终没有变成美丽的蝴蝶飞翔于互联网世界，而是变成了一只折了翅膀的飞蛾，郁郁寡欢最终香消玉殒。

杨致远和马云怎么折腾雅虎中国，我们暂且不提，那应该是另一个与失败绕不开话题的严酷教训。话说周鸿祎离开雅虎中国之后，并没有一心扑到几年来的命根子——“搜索”上面，而是再次做起了杀毒软件、安全卫士。现在的周鸿祎深刻地认识到，所有涉及到百姓利益的事才是最大的关键点，当所有人都需要的东西被你信手拈来，你所掌握的才是核心技术。当然，这种相对于大众化的商品或者服务一定要是免费的，而那些只针对于少数人的服务才应该是收费的。有了这样的价值观，周鸿祎开始大刀阔斧地创办起奇虎360，这位好斗的勇士终将骑着奇虎出江湖了。

2005 年 9 月，周鸿祎创立了奇虎网，一些风投公司也大胆为他注资，专门运营社区论坛的搜索业务。有了钱又有了权的周鸿祎有些忘乎所以了，可能是打心眼儿里觉得终于摆脱了在雅虎中国遇到的窝囊气，周鸿祎大量地招聘员工、购买服务器，产品和服务也不断推陈出新，然而盲目地壮大奇虎的同时，周鸿祎失去了自己的重心，一个企业若失去了最核心、最重要的东西，那么再多的产品也终将成为祭奠品。周鸿祎的“社区论坛”就是这样埋葬了自己。

2006 年 3 月，奇虎网推出“蜘蛛计划”，旨在将奇虎搜索引擎向所有合作社区免费开放，为了吸引更多社区参与到计划中来，奇虎公司大胆尝试社区用户可依据自己的喜好和创新打造属于自己的 DIY 搜索引擎，这就使得很多没有搜索引擎的社区论坛免费拥有属于自己的个性化搜索引擎，首批开放的 5000 个免费名额以优先报名的社区论坛为主。对此，奇虎网总裁刘向东表示：“奇虎公司开放自己的技术，是希望建立一个新的搜索引擎生态链，让每一个需要搜索功能的社区都可以拥有一个自己的搜索引擎。”

奇虎的社区论坛搜索引擎并没有按照蜘蛛计划的希望走下去，就像周鸿祎所总结的，自己犯了创业的大忌——不够专注。但周鸿祎懂得悬崖勒马，经过这么多年的风起云落，老周拿得起亦放得下。2007 年开始，周鸿祎在得到一笔不菲的资金注入后，开始进军以安全卫士、杀毒软件等为代表的免费安全平台，自此，在中国互联网帝国，开始了一场免费的安全厮杀。

曾经的“流氓软件之父”对“流氓软件”这个词汇深恶痛绝，周鸿祎甚至对外界直言不讳地说：“我反对流氓软件，是因为所有的流氓软件都号称是我的学生。”所以，360 首先干掉了它的嫡亲兄弟 3721（雅虎助手），与此同时，中国互联网上很多挂名客户端的软件也在 360 安全风暴席卷过程中荡然无存了。老周就是这样不鸣则已，一鸣惊人！把看不顺眼的干掉彻底灭绝，比恐龙的消失都来得痛快，“我的出发点很简单，就是把你们给灭了，大家都别玩了。”周鸿祎轻蔑地笑答。

360 安全卫士的杀毒功效之强以其用户之多最为代表性，2007 年 9 月，周鸿祎强力打造出来的 360 安全卫士已超过金山、瑞星的用户量位居中国互联网安全软件之首。不难看出，360 安全卫士正以超强姿态成为周鸿祎新一轮盈利模式。

360 安全卫士自打出生就号称“免费”，后来周鸿祎又板上钉钉地承诺，360 安全卫士将一直免费下去，这样安全性高、又免费呈现给用户的安全软件，相信没谁会拒绝的。那么，既然全部免费，周鸿祎投入的人力、物力、财力难道就是打水漂玩的？周鸿祎可是一个经商之人，哪个商人不是以赚钱为经营目的呢，自然，老周有他赚钱的路子，这钱，绝对不能从用户的腰包里掏，或者说，不能由

360 直接收取来自于用户的钱。

周鸿祎应该算是中国互联网帝国中最会做口碑和广告的神人之一了。首先，我们都十分清楚周鸿祎是流氓软件的“鼻祖”，也就是互联网“捆绑式营销”的先驱。捆绑式营销是一种同荣共生的营销策略，指几款有联系的产品捆绑在一起进行优惠出售，再配合着一些促销活动来刺激消费者购买，从而共同赚取利益。比如一块不知名的香皂，几条销量不可观的毛巾，还有成本极低的塑料梳子和洗漱包，他们可能是几家不相干的工厂生产出来的产品，但在类似于洗浴中心这样的场所，这些产品不期而遇并产生了不可替代的裙带关系，如果只是在商品琳琅满目的商场中，等待这些产品的就是下架，如果将这些不被关注的产品组合在一起进行销售，是不是就产生了不可估量的销量呢？

最开始，360 安全卫士就走起了捆绑式营销的方式，打着 windows 优化大师的旗号，左右用户安装一些捆绑式软件，有过安装经验的用户一定遇到过这样的情况，在 360 安全卫士的“温馨提示”下被告知某个软件不安全、某个软件不能用、只能用哪一个软件等，一般用户很难准确判断 360 说的是不是真实的，反正有安全卫士的保驾护航总不会出错，这成为大多数用户的中心思想，自然，跟着 360 安全卫士一起捆绑营销的软件也就被用户所接受了。再之后，360 出了很多兄弟产品，于是，安全卫士在帮着别人营销的同时也运作着兄弟产品，这时，用户在安装 360 安全卫士的过程中又会发现，在很自然地“下一步”时，360 安全浏览器等软件也顺带着被安装了，仔细的用户会看出其中端倪，安全卫士并不是强制用户安装浏览器的，只是变换了一下用户操作习惯，在是否安装前面的对话框里系统地自动执行了“安装”程序，这也是360浏览器迅速占有大量用户的一大优势因素。

360带给周鸿祎最大的亮点是安全卫士平台，倘若没有平台及捆绑式营销的力量，360安全卫士充其量也就混成木马清道夫之类的软件，安全卫士在没有打一分钱广告的情况下获得强大市场占有率的成绩是行业的一个奇迹，周鸿祎让大家认识到了捆绑式营销的力量。首先在营销优势上可以确定，捆绑式营销降低了合作伙伴间任意一方的销售成本，也为其中每一个产品增值了服务层次，在原有服务上多了一层用户更愿意采纳的理由；合作产品之间良好的协作也起到相互提升口碑和品牌的作用；在企业经营风险上，多一个伙伴合作就等于多一层安全保障；通过捆绑式营销让合作者之间都实现产品营销最优化，可谓资源配置最优，结果最优。

说到捆绑式营销，也是对合作者之间有所筛选的，不是每个产品都可以随意组合捆绑。捆绑的目的是实现1+1>2，这就要求合作产品之间存在互补性，有一定的联系还要有所区别，不能影响对方的利益才能最优实现捆绑优势；再者，想要进行捆绑的产品所针对的用户之间也要有所重叠，太分散的用户很难实现捆绑的真正意义；价格定位也是影响捆绑合作的一大因素，掌握捆绑营销的核心理念，使得周鸿祎能准确拿捏360，这位骑“虎”的勇士，开始了一段新的创业历程。

360的顶梁之柱

在周鸿祎的创业历程中，有一个绝不能被忽略的人物，他就是齐向东。

齐向东也是IT技术出身的行业精英，他比周鸿祎大六七岁，是土生土长的东北人，早些年毕业于长春邮电学院无线电通信系，现在这个学校已经划归中国知名学府——吉林大学。1986年，22岁的齐向东大学一毕业就来到新华社通信技术局工作，一干就是17年。通信技术局统管新华社通信网络和计算机应用系统，是该领域运营及保障的终端统领，在新华社通信技术局，齐向东是最年轻的司局级干部之一，任职副局长期间在通信技术方面主管技术规划、建设计划、技术培训等工作，取得了丰硕成果，在技术团队运营管理方面尤为突出，是业界公认的网络通讯技术以及互联网政策方面的专家。这种“技术+管理”的人才，自然早早地就被周鸿祎发现并列为优先招募对象。2003年8月，齐向东加盟3721，两个月后正式被北京3721科技有限公司任命为总经理，在这个互联网领域冉冉升起的新星——3721的平台上，周鸿祎给予齐向东绝对的职权，齐向东到位后全面负责3721公司的整体运营工作及战略规划的执行，包括市场运营、营销策划，行政办公、财务等职能部门的工作和计划也在齐向东的分管范围之内。入职3721不久，齐向东顺利拿到北京科技大学MBA毕业证，理论与实践的力量让这个在IT领域技术、理论、实践、人脉都很优越的专家级人物光芒无限。

周鸿祎就是技术出身，他创办3721在注重战略和营销的基础上，仍然看重技术的研发，请得起齐向东，不能不说周鸿祎个人魅力还是有的。周鸿祎曾坦承地表示：“齐向东选择加盟3721，他17年职业生涯炼就的卓越领导能力、深厚的行业背景和人脉网络，以及丰富的大规模团队管理经验，是成功实施3721商业战略的宝贵财富。”这样高的评价不是老周对齐向东的恭维，而是来自于货真价实的肯定。

后来3721卖给雅虎中国，齐向东也是踏踏实实跟着周鸿祎一起奋力撑起了雅虎，担任雅虎中国副总裁，周鸿祎在雅虎中国各大项目的成功运作离不开齐向东和3721的原班人马。同样，尊重与忠诚都是相互的，周鸿祎对待元老们也是相当的慷慨，这种有利的循环方式稳固了元老与周鸿祎之间的关系，这种稳定的关系自然也包括老周和齐向东，两人更像是兄弟或者伙伴。

2005年9月，齐向东在周鸿祎离开雅虎中国的第二个月也抽身于这个即将陨落的跨国新星，随后出任奇虎网总裁，至今已步入第十个年头。周鸿祎的创业历程中最感谢的就是来自于齐向东的支持与信赖，同样齐向东也十分感激周鸿祎对自己的真诚相待。

谈到当初一起经营3721，那时的齐向东与周鸿祎已经认识四年有余，起初在周鸿祎创业的时候，二人关系就非同一般。“我下海我总得先找条船，先在船上适应一下。所以我第一个下海的目标就到他那个企业先给他打工。我打两年工之后，我先适应适应水性。当初我下海的时候如果没有他这条船，我也许早就淹死了。”齐向东说。

在没有入职3721之前，齐向东还只是在企业里吃“皇粮”的年轻领导者，从一个官员到一个商人的角色转换，需要齐向东自身的坚定决心，同样也离不开像周鸿祎这样给予其足够空间的合作伙伴的支持。3721是周鸿祎的“成名作”，亦是齐向东步入商人行业的过渡桥，是3721将二人紧紧联系在一起，这么多年以来的友谊与合作共赢关系，不知被业界内外多少人羡慕嫉妒恨呢。

如今，奇虎360在二人的齐心协力之下也风风雨雨走到了第十年，从一个杀毒软件做到互联网安全大全，再到美国上市，360 承载了二人太多的汗水与血水。

一个企业中领导者的身份在其价值映射下或许并不是最重要的，至少 360 的十年历程中，二人的功劳不相上下。中国互联网发展已有 20 年了，这二十年来，周鸿祎和齐向东都在互联网安全技术方面取得了功不可没的成绩。CIH 病毒、冲击波、熊猫烧香等一些互联网用户能叫得上名字的病毒跟随着互联网的发展一路走来，引发了一系列互联网安全事件，网络安全像人身安全一样成为人类社会值得关注的话题。360 用了大概七年的时间，颠覆了整个中国互联网行业的安全性能。

纵观互联网，齐向东认为，未来的五年甚至更长的时间里，网络安全问题都将是国家安全问题保障的大难题，随着科技的进步，病毒也在推陈出新。哪里有漏洞，哪里就有病毒的入侵；但凡病毒出没，势必成为互联网安全保障的无硝烟之阵地，堪称为网络完全保驾护航的安全软件也就面临着机遇与挑战并存的局面。

“我们今天做安全，就要从传统的定义跳出来，安全不再是狭义的安全，不仅仅是杀病毒、杀木马才是安全，让用户在使用手机、使用电脑上网过程中，觉得很方便、很快捷，操作很简单；在网络购物中，可以放心淘宝；在网络游戏时，不用担心账户被盗，这也是安全可以延展的理念。只有不断进化的安全体系，才能应对日趋复杂的网络环境。”齐向东说。有了以 360 为代表的中国安全软件保护，中国互联网是安全的；有了齐向东，360 的今生来世也将都是安全的。

参加 2010 年中国互联网经济论坛时，齐向东在开篇语中指出：

"中国互联网上共发生了三次"收费 VS 免费"的战争，这三次战争分别发生在电子邮箱、电子商务、互联网安全领域，战争都是以免费的胜利而告终，并带来更好的产品、服务和商业模式。"陪伴着360的成长历程，齐向东也时不时地充当着家长的角色，在360遇到的各种奇葩"战争"中保架护航，或许这些"战争"多是周鸿祎好斗与碎嘴招惹来的祸端，但面对争端之时，周鸿祎、齐向东和他们的360是一个整体，如果"免费"的"战争"还没有结束，如果互联网安全保障的义务还需要继续履行，360的敌人或许依然层出不穷。

"360应该说颠覆了便宜没有好货的传统观念，同时免费的商业模式在互联网上也是毋庸置疑的。"齐向东坚定地认为，360会一直很好地走下去，陪着中国互联网，陪着周鸿祎和他自已。

燎原的野心之火

创立360，或者说360安全卫士的横扫互联网江湖，还只是周鸿祎的开始，从搜索、浏览器，到安全软件、手机软件，再到其他360的产品，周鸿祎和他的团队似乎在酝酿一桌垄断性的互联网饕餮盛宴，而360就是这个可以燎原的火源，将周鸿祎的"野心"顺着风向烧向互联网的广袤原野里。

2012年8月16日，周鸿祎悄无声息地将360综合搜索推了出来，这样的低调显然不像老周的个性，估计是创新工场董事长兼CEO李开复的意思，刚开始做搜索，尤其搜索市场依然是百度、搜搜的天下，360的进入如果顺利也就是一个"小三"的地位。对此，李开复坦言，360综合搜索的一经推出，就让很多用户爱不释手，上线第一天的成绩已经有超越腾讯soso的趋势。第一个版本做到这样的成绩实属不易，同时也给予了360综合搜索团队极大的信心，经过几年的调整和更新换代，现在的360综合搜索已经傲居群雄，成为中国大多数互联网用户的搜索必备了。360综合搜索凭借其搜索引擎的优势检索操作，一方面把握了网络上参差不齐且多种多样的检索工具的全局性，一方面也为用户提供了新闻、网页、微博、MP3、视频、图片、地图、问答、购物、机票、汽车等主流搜索引擎的服务。整合资源走自己优势之路何尝不是一件利益的源代码？

导航是一个神奇的工具，尤其对于那些不明白自己上网要干嘛的用户，打开浏览器就能清晰见到各种网址的网址导航是很必要的，360导航就是带着用户的期盼营运而生的产物。360网址导航的产品总监吴海生，历时两年时间不断完善导航的各种功能和性能，如今的360网址导航早已驾驭着国内流量的半壁江山。在互联网时代，得流量者就等于得天下，360网址导航每一次改版都在去其糟粕取其精华，将所有二级界面以门户网站的形式呈现给用户。如果说免费是吸引用户的入口，那么增值服务就是变现的直接体现，这个便民性质的360网址导航瞬间成为流量变现的通道，也成为360最终获得上市“资本”的入口。

360以安全软件为首推上市的产品，除了我们所熟悉的360安全卫士和360杀毒之外，还有很多安全产品也顺其自然地走向了用户。360系统急救箱就是这样一个安全产品，它是一款系统救援工具，当电脑不小心受到木马病毒侵害时，系统急救箱可以在360无法安装和启动的情况下强制清除病毒，让病毒死无葬身之地，再无入侵可能。一些经常玩网络游戏的用户一定习惯了经常性地杀毒，很多病毒都看到了游戏是一块大肥肉而将自己链接过去。为此，360 游戏保险箱特别免费为用户提供防盗号功能，切实保护用户游戏、聊天、网银等账号安全，与 360 安全卫士并驾齐驱为网游用户提供安全保障。

在 360 安全卫士的内部构造里面，还有一款免费又好用的安全软件——网盾，它在有效拦截恶意网站的同时，还能够锁定主页和浏览器不被篡改，对于用户自行下载的文件采取自动检索，帮助用户保护个人重要资料不被病毒性网站侵袭。为了更好诠释“安全”的性质，360 还推出了密盘，这是一块专门为用户提供的安全加密磁盘区，区域内存放的所有重要文件、照片、视频或财务信息等都将得到最安全的保护，不知道登录账号和密码是绝对不能解密的，可防范目前出现的一切恶意篡改信息网站或顽固性病毒。针对于一些企业用户，360 公司还推出了另一个安全软件——360 企业安全。安全是所有用户永久性需要的服务，企业用户与个人用户相比较更是不法分子朝思暮想的肥肉，360 企业安全重磅打造的三法宝：天擎、天眼和天机的隆重推出，给企业用户凌乱的自卫带来了安全的保护。据悉，天擎的功效是全面保护企业的终端安全，天眼则对 APT（服务器系统）的检测做好后勤保障工作，而天机则对企业移动终端实现安全管理。360 是以安全著称并起家的互联网公司之一，一直以免费著称的 360 客户来自于企业，所以，进军企业安全是 360 战略布局中再自然不过的一个步骤了。尽管 360 公司对外表示，不会盲目地研发新产品上线，但就目前数十个产品的面世，不能忽略周鸿祎想要垄断互联网安全的野心。

显然，互联网用户和企业用户不可能满足周鸿祎团队的扩张野心，接下来，老周的法眼又聚焦在手机上面，让我们再来看看，手机的方寸之地，周鸿祎又能做出点什么名堂。

首先映入移动用户眼帘的是360推出的手机卫士产品，以好用、省电来保护用户手机安全为使命，创造出超过99.5%的查杀率。在2014年7月结束的世界杯中，360手机卫士中一款摇一摇快速清理手机内存功能推出的“全中国一起摇活动”，创造出中国范围内最大规模和人数的移动营销活动，参与人次高达6亿。手机助手也是为移动用户提供的软件产品的搜索、下载、管理的产品之一，是安卓系统移动电子产品获取智能资源的平台。然而对于任何一款手机软件的升级或改版，都会涉及到机型测试的环节，为了正常使用，这样的测试需要反复多次，导致大把大把的流量付之东流。2014年，360手机助手与Testin云测强强联合，一个是国内最大的移动开放平台，一个是全世界最大游戏真机自动云测平台，“360&Testin云测试”的成功运作每年将为开发者们减少数十亿元的人力、物力成本。最主要的是从烦琐的重复测试中抽身而出，全身心投入到软件开发中，更好地满足开发者，何尝不是360手机助手的使命呢。

手机和电脑一样，在使用过程中很多软件都需要与时俱进地革新一番，来改善手机运行慢、死机等情况。2013年2月，360公司推出手机产品刷机助手，采用一键刷机的模式减少了用户刷机过程中烦琐的程序，也保障了数据的稳定性，不会随着刷机而缩水或丢失。涉及到手机运行速度慢的问题，就一定跟手机运行软件太多和手机内存不足有直接关联。360优化大师就是专门为手机用户解决手机运行效率的一款清理手机垃圾的产品，旨在清理优化手机系统和增强系统管理，以实现“专业优化清理，使手机运行如飞”。

360 公司推出的手机产品还有安全通讯录、省电王、手机桌面、鲁大师等，前两者保障了手机内通讯的安全性能和手机待机时间的提升和改善，手机桌面则赋予了安卓手机更绚丽的外衣，屏幕的特效、主题的替换、贴心的工具与实用的性能都给手机增添了愉悦轻松的氛围。鲁大师则是一款相当专业的硬件工具，它可以简单又准确地鉴别硬件的真假，对智能手机、电脑都是一款硬件保真代码，让用户安全购机，放心使用。

互联网的终极“搅局者”

内外兼修、表里如一是周鸿祎的个性使然，也是 360 公司所推出产品的本质，当 360 在安全领域闯出一番天地之后开始向更多领域延伸，浏览器就是 360 出手的另一致胜砝码。

网页浏览器通过互联网呈现给用户文字、图片等信息，以方便用户浏览所需要的内容，也可以说它是一款为用户和服务器上文件进行友情链接的媒介，文件存在的价值是被浏览，用户登录浏览器的目的是获得相关文件或信息，这个时候，浏览器就显得格外重要。

1989，英国伦敦一个计算机技术世家出生的孩子蒂姆·伯纳斯-李，成功研发出一台 web 服务器 World Wide Web，就是现在我们所熟知的 www，这是世界上第一台文本浏览编辑器，它的出现标志着 1960 年就诞生的因特网终于得到了被广泛传播的机会。www 技术赋予了因特网强有力的生命，web 浏览器的诞生成就了互联网璀璨的生命。蒂姆·伯纳斯－李的发明，成功地将因特网烦琐的操作、严密的权限和单调的内容，通过超文本方式整合不同计算机内的信息，往返于多个服务器之间的传输，web 服务器即可发布出图片和文本信息。随着技术的进步，在软件协助下，web 服务器还可以发布音频和视频，一直到我们今天所见的缤纷多彩的互联网，蒂姆·伯纳斯-李功不可没。

浏览器被广泛应用的同时，也为电脑用户带来很多病毒方面的问题。近几年，各掌握浏览器生杀大权的互联网公司在研发浏览器功能技术的同时，也将浏览器的安全性能排在了重要的研发项目内。一款功能齐全，界面明朗，安全可靠的浏览器是每一个电脑用户赖以生存的互联网生活的一部分。

2008 年 4 月，360 公司推出了其公司旗下众多浏览器之首的 360 安全浏览器，它是国内第一款采用沙箱技术彻底拦截木马病毒对用户电脑侵害的浏览器。沙箱虚拟出一个程序环境，该环境内运行浏览器完全按照安全策略限制程序行为。早期的沙箱甚至被黑客用来测试病毒够不够毒，当然，沙箱并不是病毒的培养皿，而是比其他程序更能裁定病毒的毒性。可见，沙箱对病毒是相当了解的。360 安全浏览器还拥有国内最大的恶意网址库，这就保障了用户在操作过程中的安全性，如果是在恶意网址库中的网址，没等出现就被消灭了；倘若是库存之外的网址，360 安全浏览器独有的隔离模式也能够准确无误地将木马网站扼杀在摇篮里，就算用户访问了带有病毒的恶意网站，也不会被木马等病毒感染。随着技术的不断进步，360 安全浏览器在保障浏览网站安全的同时，还增设了许多个性化的页面，翻译、截图、广告过滤等数十种性能已经使得 360 安全浏览器占据了相当可观的市场份额。

浏览器的安全是非常重要的，但速度是否够快是用户选择使用的一个根本参考。长得很像我们小时候玩的风车的那张 LOGO 就是

360 公司在 2010 年 9 月推出的 360 极速浏览器，从 LOGO 上可明朗地看到 360 公司为这款新产品的品牌定位——风一样的上网速度。这款浏览器采用双核引擎零缝隙对接，它们，又很好地融合了 IE 的内核引擎，用户在体验 360 极速浏览器过程中真的就像是感受着在快速路上驰骋的快感。360 极速浏览器考虑到国内用户的上网习惯，在地址栏范围中增设了下拉列表、状态栏等个性化的选项，亲切又安全地保护着用户的上网过程。

2011 年 2 月，360 公司前无古人后无来者地隆重推出互联网上唯一为游戏用户亲身打造的 360 游戏浏览器。这恐怕是游戏用户最期待的一个 360 产品了，该浏览器囊括了几乎全中国所有的网页游戏，它兼具着安全浏览器的安全性和极速浏览器的稳定快速性，能够为游戏用户提供出足够空间和速度，以快和便捷为广大用户所青睐。快主要体现在其超大容量和范围的游戏库，让用户在最短时间内找到想要玩的游戏，可以最快地打开游戏界面，并且在玩游戏过程中的速度也不会输给游戏伙伴，给予用户足够的乐趣。为了更方便用户的使用，该浏览器能够同时为用户提供多个账号的使用，练小号，也不再那么纠结了。

当然，360 公司在浏览器的开发上是不会忽略掉除电脑之外的其他电子产品的，比如手机和平板电脑。2011 年 9 月，360 公司推出移动终端产品之手机浏览器，功能绝不亚于电脑浏览器，上网冲浪、搜索资料、读小说、看视频、关注新闻热点、享受云服务等，都可以在 360 手机浏览器上得以实现。另外，360 公司特别为平板电脑和苹果 ipad 用户研制出一款 360 浏览器 HD，HD 有高清之意，包含高清电视、高清电影、高清设备和高清格式四部分。360 浏览器 HD 操作便捷、运行速度快、功能丰富，如果说苹果产品是世界的，那么360浏览器HD一定是中国的，它完全遵循中国人的操作习惯而制定页面及各程序之间的操作和运行。安全、极速、云服务、云收藏、海量阅读……360浏览器HD呈现给用户的服务品种几乎满足所有用户的需求和习惯。

2011年推出的360安全桌面可以一键关闭正在运行的程序，智能设备的用户再也不用担心因打开的程序过多而影响设备性能了，该产品推出的儿童模式也深受广大小朋友及其家长的喜爱；360公司推出的产品多是为满足用户而研发出的新技术产品，而与360系列产品合作的伙伴其实也对安全性迫切需要，因为不是所有的网站都能抵御病毒，一旦遭到病毒侵害，网站直接损失的是访问量，360公司推出的360网站检测中心恰恰排解了网站对病毒侵袭的顾虑，它同时保护了用户上网的安全和站长对网站的安全监控。

针对众多软件的不断更新，360公司推出360安全认证中心，这是一个专门为软件开发者量身打造的一个免费安全信息发布平台，包括安全监测、软件更新、增值推广等一条龙服务。作为一个定位于安全的平台，360需要用户的支持也需要开发者的信赖，能够有效地将二者融入到360的世界里，实现的就是三赢的优势局面了。2011年3月，360推出压缩产品，压缩速度是传统压缩软件的10倍，具备省时省力省心且永久免费的优点。

现在的电脑、平板电脑、手机等终端产品更多是娱乐消遣的工具，不同年龄段的人都会通过智能产品选择几款适合自己玩的游戏，小到幼儿园孩子，大到中老年朋友。360游戏盒子就是应广大用户的需求而研发推出的一款专门下载和玩游戏的产品。单机游戏、网络游戏、手机游戏等都可以下载和在线使用，大大方便了用户的使用。除此之外，360公司还推出在线大容量永不丢失数据的云存储软件360云盘；外观迷你、操作简单、共享任意一款终端网络的360随身WiFi；专门为儿童设计的360儿童卫士，这是一款软硬件相结合使用的多颜色“手链”，硬件手链与家长手机上配套软件APP相连，准确做到GPS定位、单向通话和安全预警，在安全模式下还可以当做手环或手表使用。

周鸿祎的奇虎360，已向用户推出数十款产品，所涉猎的范围几乎涵盖了所有年龄段和社会层面的人，在周鸿祎的词典里，互联网绝不是单单的一张网那么简单，而他老周要编织的也是世界上最大的一张网。有人怀疑，周鸿祎是在做互联网吗？仔细分析这数十种产品，似乎很多产品跟互联网没多大关系，但又不能完全脱离这张网。周鸿祎这个名字出现在互联网世界以来，成了太多人的勉励、激进、向往、陶醉、愤恨的词汇。他的出现总是给同行致命的打击，但又让大家眼前一亮，甚至感慨：“哦，原来还可以这样做！”至少在我们生存的这个年代，周鸿祎确实是一个互联网的终极“搅局者”！

第六章
天使之路

天使投资人，让创业者少走弯路

2005年，周鸿祎离开雅虎中国后开始走上了一条“不归路”，这条路上，他是上帝派到人间的天使，拯救那些初创业的年轻的新生一代少走弯路，直奔成功！是的，周鸿祎做起了天使投资人，而且一做就是一辈子，周鸿祎曾坦言，未来甚至会放弃如今叱咤风云的奇虎360，转职做天使投资。这条“不归路”上，周鸿祎走得坦然而坚定。

投资是一种未来收益的积累，前期通过人力、物力、财力和知识产权等有价值的资产投入到某个项目或企业当中，经过一定时期的运作最后回报经济利益。当今社会，广为人知的投资方式大体有三种：

天使投资、风险投资（VC）和私募股权投资（PE）。

风险投资（以下简称VC）一般眷顾那些新兴的、有巨大发展前景的高科技产业，以职业金融家投资给新创企业的方式在企业初创阶段进行风险投资。称之为风险，关键就是这是一个初创的企业，企业未来能否为VC带来经济效益的回报是未知，所以这样的投资是有很大风险存在的。VC的注资并不会跟着所投资的企业一路走下去，他们一般在企业发展相对成熟稳定时期退出，将投入的资金以股权形式转化成资本连本带利地收回来。风险投资与传统的投资形势不同，它除了注入资金给创新型产业之外，还对所投资企业进行金融、管理及市场营销等方面的服务与支持，在企业种子期、扩张期全方位提供资金和知识的注入，包括国外很多先进的创业理念和成功运营机制，可以说，风投的存在是初创小企业迅速成长甚至一步登天的天梯。

私募股权投资（以下简称PE）广义上在企业各个时期均可以注资，狭义上更看好那些经历过萌芽期，有一定稳定现金流的较成熟公司。PE做的大多是创业投资后期，也就是企业相对稳定时期的私募股权投资，它们通过收购所投资企业的股权，从而得到该公司的一定控制权，再进行重组改造。一般被PE瞄准的目标企业都是非上市公司，PE对其进行权益性投资一定时期之后，再将所持有的股权通过上市、并购、管理层回购等方式出售所持有股权以获得一定经济利益。

周鸿祎选择的天使投资行业与VC和PE有很大的区别，PE和VC都习惯性控股，掌握一定生杀大权之后再同步运营，最后撤股获利。天使投资则是个人为代表的出资给缺少资金的企业家创业或过渡期发展之用。天使投资算是风投的一种，因为它也承担着企业一定的风险性，但天使投资人却不属于任何一家投资公司。天使投资人所选择的目标企业多是概念独特、年轻活力又缺少资金的企业。天使投资的“风险”在于，投资人一次性将资金注入公司后只等着最后收益，不控股不掌权，甚至对企业的运营和战略都不发表任何意见。天使投资人多为成功企业家，他们自身经历过企业的萌芽、发展、扩张、成熟等各时期的喜怒无常，所以他们愿意助初创业者一臂之力，顺利度过创业萌芽期。也因为投资者本身是商人，他们更知道什么叫“见好就收”，这样的“天使行为”可能历时长短不一，主要取决于被资助的企业营利情况。

周鸿祎走上天使之路，不得不提一个叫做王功权的人。周鸿祎在最初创立3721的时候遇到很多困难，也走了很多弯路，就在支撑不下去的时候，他遇到了王功权。那时的王功权已经是IDG（一家进驻中国的美国信息技术服务公司）的合伙人，曾任职南德集团投资公司和万通集团的王功权在这个时候伸出了援助之手，25万美金对于王功权来说不算多，却是3721最困难时的一把救命稻草，也让3721在未来的时间内有机会得到风险投资的帮助，最终成为中国互联网界的一面旗帜。在周鸿祎的世界里，王功权是朋友亦是恩人。多年以后的今天，周鸿祎又是在王功权的引荐下走进了IDG技术创业投资基金。

IDG并不是周鸿祎的归宿，此刻的周鸿祎需要恶补风投所有知识与技巧，IDG正是这样学习的好地方，半年的时间，周鸿祎迅速成长，熟悉了如何运作风险投资、掌握了很多关键性的投资技巧。半年之后，周鸿祎离开了IDG，成立了自己的天使投资基金，从此，开始了天使投资人的生涯。

回忆3721最潦倒的时候，周鸿祎坦言，那时的自己只有一个创意，其他的品牌、推广、战略、策划统统没有，王功权就在这个时候奇迹般地出现了。为什么说在周鸿祎接受众多投资当中最感激王功权，是因为周鸿祎经历的、没经历的，王功权都经历过并且能够毫无保留地与周鸿祎分享经验教训。如今的很多小企业的创业者们，就如同当年创办3721时的周鸿祎一样，有迷茫、有困惑、有不解，甚至濒临倒闭。周鸿祎说过，他更适合做一个天使，为那些有技术、有想法、有追求的年轻创业者引航。

或许外界会有很多不解，同样是做天使投资，为什么周鸿祎放弃IDG而自己单干，野心是一方面，角色定位也是一方面。在IDG期间，周鸿祎亲身经历了迅雷上市这个项目，也让自己明白了，他想要的是天使投资人的角色，水深火热的募股上市老周干不来。在周鸿祎的观念里面，他深信，有一大票的初创企业家们在等待着他，让企业家们少走弯路，是天使投资人的使命。

2006年，周鸿祎投资奇虎，并帮助奇虎引进了包括红杉、IDG、美国高原资本在内的多家风投公司的资金注入，随后自己也从投资人变成了打工者，他说他不能让投资人的钱白花，要把奇虎打造成一个成功的代名词。

周鸿祎一边执掌着奇虎，一边做着天使投资人，不过，入得了周鸿祎法眼的公司目前还仅限于互联网圈子。老周说，他只投资他熟悉的产业，只帮助那些需要帮助又愿意受教于他的人，周鸿祎坦承地说，除了互联网，他不了解其他行业，自己又怎么授人以渔呢？周鸿祎选择做天使投资人，他所看重的是那层比钱更重要的东西。

在风投领域，并不是有钱就可以随意成为天使投资人的，这些从大洋彼岸美国引进过来的新词汇，在中国的经济观念里还没有充分发挥出作用，或者说没有完全融入中国。而周鸿祎，这个十分注重地域性营销和运作符合中国人习惯之产品的天使投资人，正在将适合中国的模式发扬光大。

最好的不一定合适，合适的不一定最好，正如鞋子舒不舒服还得脚知道，有钱的人很多，但绝不是有钱的人都能做天使投资，这里面有很多跟钱没有关系的因素。周鸿祎认为，成为一名成功的天使投资人至少要具备三个优势：首先是对市场熟悉，洞悉深刻、策略精准，熟悉环境才能一矢中的；其次是对目标企业所处行业熟悉，很多建设性的建议都是基于事实基础上的，只有亲身经历过才能准确判断，理性支招，具体指点；再次，天使投资人本身最好是成功的企业家，除了有钱还要有地位、有圈子、有人脉，还要跟VC有良好的接洽关系，这样对目标企业就可以提供更多更大更全面的支持，才算得上是一个合格的天使投资人。

你烧青春我烧钱，50%的失败投资

“在我看来，创业本身就是一件很了不起的事情，但投资比创业更有意义。如果我自已去创业，只能做一件事，但如果学会投资，投很多公司，就能同时做很多事。”这大概就是周鸿祎决定做天使投资人的初衷吧。

周鸿祎是本着不了解不投资的态度行事的，在下决心投资之前，老周经历的是痛定思痛的失败投资。周鸿祎对很多创新型产业兴趣颇丰，往往那些初创业年轻人的热血沸腾极易感染这位天使投资人，导致后来的投资项目中也有与互联网没有血缘关系的行业，只要创业者足够激情澎湃地打动周鸿祎，他都会得到启动资金。这样的头脑发热之后，最直接的结果就是投资失败，在这里，我们分享一下老周惊天动地的一次投资失败案例。

之所以称这次失败的投资为惊天动地，是因为这个项目与互联网八竿子也打不着。这是一个羊奶创业项目，当创业者绘声绘色地向周鸿祎描述羊奶是如何地与人奶指标接近，牛奶市场不景气之下的羊奶市场是如何的有前瞻性，还信誓旦旦地表示已经研发出一种针对羊奶祛除膻味的专利技术，并且可以带动一大批奶农养殖奶羊以脱贫致富。于是，周鸿祎头脑一发热就带着两个伙伴一下砸进去几百万。不到两个月，创业者又来找周鸿祎“要钱”了，称之前的投资全部花光。

此时的周鸿祎终于算得上清醒了，他带着疑惑来到了这个企业寻找问题，这一找又找出了太多的问题和弊端。首先，这是一家家族企业，老板安排一些亲戚在公司挂职开工资却不干活，这样多少就懈怠了其他员工的工作积极性；其次，公司虽然养殖一部分奶羊，但这些羊干吃饭不干活，导致所有的奶源都依靠外采，这就很难保证奶源的质量和安全，奶源问题要是存在纰漏恐怕破产就是明天的宿命了；再者，寻找到周鸿祎进行天使投资的这位创业者所说的“专利”，其实就是在羊奶中添加一种化学制剂，这种化学制剂对人身体是否有害是未知数，让老周困惑的是，这算得上是专利吗？

这位创业者本身就存在很多问题，至少对投资方没有坦诚相待，在他看来，就是这个地方融点资，那个地方再融点资就成了，而自己就这样当着衣来伸手饭来张口的如意老板，甚至不考虑销售渠道和策略。只能说，羊奶的点子是不错的，市场也是有的，但创业者自身懈怠、消极，而冤大头周鸿祎又不了解羊奶行业，在最初的投资中也不够理性，更没有深入了解和考察市场。最终这次天使投资以失败而告终，虽然周鸿祎从这个羊奶项目中抽身出来不再注资，但最开始投资的那几百万也打了水漂。一些失败总是听上去很可笑，仔细回味总结又能得到真谛——看来，投资也是有很多技巧的，这是一个理性的行为，千万不能感情用事，更不能头脑一热就不瞻前顾后了。了解行业是最关键的因素，不了解的行业绝不能轻易投资。

周鸿祎最开始投资的十个项目中，有一半最后都失败了。就像从来不回避自己的过错一样，周鸿祎面对自己最初创业的那50%失败能做到坦然面对，直面失误，善于总结，勇于进步。起初，周鸿祎与初创业的企业家一样都很亢奋，创业者亢奋的是自己创业了，周鸿祎则是亢奋自己有机会投资新产业。这样的亢奋会让周鸿祎忙于搜寻可投资的项目，渠道则包括网络搜索、朋友介绍或者一些行业内外的交流会等。来自于朋友的推荐虽有一定的市场机遇，但最大的弊端就是不容易拒绝，关系越好越难开口说“不”。据周鸿祎总结，这些很难拒绝的投资最终也都失败了。

人总要在惨痛的代价之下有所彻悟，周鸿祎很经典地总结出三点失败因素：第一条就是不熟悉的行业决不能进行投资，到头来损失惨重的就是自己，对那些不熟悉又没有经验的行业投资就等于把钱扔进一个无底洞，扔多少没多少；第二，倘若自己对目标项目存有疑虑，即便好友强力推荐也一定要坚定自己的初衷，决不能逾越自己投资定位的底线，否则，失败就是注定的宿命；第三，天使投资不等同于赌博，决不能带有任何侥幸心理，要理性对待目标企业的背景、愿景并多角度的分析，尤其不能只看项目不看人，很多项目点子是不错，但创业者自身致命的弱点往往会让一切好点子功亏一篑，比如周鸿祎投资的第一个羊奶项目。

周鸿祎对待目标产业的态度热忱又积极，更像是对待自己创业的项目一样一丝不苟，业内因此定义周鸿祎的投资方式为“用创业的心态去投资”。带来这样投资方式结果的因素当属周鸿祎曾经多次创业的经历，很多初创企业更愿意引起周鸿祎的注意力，也是因为他们希望能够拥有一套完整的创业体系，周鸿祎恰好能提供这些东西。周鸿祎也不枉费创业者的期许，投资过程中毫不吝啬地携带着自己宝贵的创业经验和社会阅历，很多目标企业中，周鸿祎都是投资者和创业者两重身份并存的角色。“能帮助他们少走弯路是天使投资人的责任”周鸿祎不断告诉自己：“其实，我对他们（初创业者）很重要！”

在周鸿祎的天使投资概念里，资金注入已经不足以夸夸其谈了，他总结，自己在投资过程中帮助企业做战略规划，做商业模式和品牌营销，帮助创业者建立起来一套相对健全的资本架构和人员架构，指导他们如何与VC合作更理想地融资，就连产品细节中的战略战术，周鸿祎也会将自己成熟的观点无偿与创业者分享，随着企业发展到不同阶段，包括运营、管理等方面的瓶颈，周鸿祎都给创业者做好了预期和解决方案。

天使投资不比任何风险投资来得安逸，这其中的风险周鸿祎看得是清清楚楚。他说过，创业者砸进去的是青春，而他扔里的是大把大把的金钱。在这场金钱与青春的碰撞中，老周只能不遗余力地无偿奉献多年的创业经验，如此这般才能最终获得可观利益。在经济社会，没有利益存在的关系恐怕是最不稳定的了，包括天使投资在内的任何投资最终的目的不都是取得一定利益回报吗？

周鸿祎对投资和创业有自己独到的见解，他说，他跟一些不服老的企业家观点不同，一个人是不可能始终站在时代的风云榜上的，创业打拼是年轻人的梦想和追求，像褚时健这样的公众人物全中国仅此一枚，一般人到了50岁应该不会再想着创业的事情。相反，做投资就不一样了，只要有钱有头脑有精力，这是一份可以一直干到老的职业。

被天使拯救过的他们

在周鸿祎的天使之路上，有众多的互联网公司得到过他的帮助，迅雷就是这样一个被周鸿祎恩泽过的企业。

2002年，美国杜克大学计算机科学硕士毕业的高材生邹胜龙和他的校友程浩一起在美国硅谷创办了迅雷，并于次年一月回国在深圳发展。二人想着每人出点资合伙创办一家软件公司，当时他们带回来的是来自于美国硅谷的技术和世界最好的大学之一——美国杜克大学授予的渊博知识。二人在亲友团的支持下创办起了深圳三代科技开发有限公司，随后更名为迅雷。很难想象，当初只有两个人、一个软件、6000美元资金创办起来的小公司，历时四年之后可以令中国千万网民爱不释手。

此时的迅雷已经走到了迅速膨胀的十字路口，要么注入资金迅速发展，要么偃旗息鼓放弃广大用户，显然，PE和VC们也不会让迅雷走下坡路的，这么大的一块蛋糕自然引起众多投资者的垂涎，迅雷获得的第一份100万天使投资就来自于周鸿祎。周鸿祎作为天使投资人，或许不是投资最多的一个，但绝对起到了抛砖引玉的作用，在周鸿祎的帮助下，迅雷随后又得到了来自于 IDG 的数百万投资、晨兴投资注入的1000 万美元、富达亚洲与谷歌联合奉上的2000 万美元。

邹胜龙与周鸿祎一样都是从骨子里对计算机充满热爱的人物，周鸿祎自然乐于帮助像迅雷这样的佼佼者。2014 年 6 月，迅雷在美国纳斯达克成功上市。

康盛创想是诞生在中国硅谷——北京中关村的议价互联网公司，是中国早期的社区平台与服务提供商，专业致力于软件的研究和产品的研发。创始人戴志康是一名 80 后，在互联网越来越火的年代，戴志康还是一名中学生，但他在计算机领域的光芒很早就显现出来了，他和周鸿祎不是一个时代的人，但却是一个世界的人，周鸿祎是人才，他更惜才、爱才。2001 年戴志康还在哈工大读大二，就开始研发自己的免费软件 Discuz 了，这是一款应用于社区论坛的软件，起初全部免费提供给互联网用户，一定时间后，戴志康开始收费，从 500 到 2000 再到更多，毕业时戴志康赚到了人生第一桶金——50 万元。

25 岁的时候，戴志康成为中关村最年轻的网络新贵，年营业额 500 万的佳绩吸引了诸多风投。周鸿祎就是这个时候投资了 8 万美元，后来又协助康盛创想获得红杉数百万美元、谷歌 100 万美元的投资。一个企业往往在经历过比较辉煌的膨胀期之后，不可避免地遇到管理等方面的瓶颈，康盛创想不幸中招，最后腾讯以 6000 万美元价格收购康盛创想，康盛创想成为腾讯旗下全资子公司。有人说，康盛创想成功被腾讯收购幕后的始作俑者是周鸿祎，当初 8 万美金换来的康盛创想15%股权，无论康盛创想卖给谁，只要卖上价，周鸿祎就稳赚。

2007年，王欣，这个曾经用P2P打造过一家软件公司的成功人士，再次运用P2P创业，打造了专注于视频的快播。王欣最先得到的是周鸿祎和腾讯创始人之一曾李青的天使投资，二人各占有快播10%的股份。在快播的成长历程中，周鸿祎付出的不仅仅是金钱上的支持，他还承担起快播创业导师的角色，毫不吝啬地将360一些软件技术奉献给快播，快播也与360玩起了捆绑式营销。王欣曾用“靠谱”两个字评价周鸿祎，可以看出，王欣和快播一路走来，周鸿祎这位“老大哥”是何等的重要。

快播如日中天地辉煌了一阵子，然而却因为“淫秽色情”信息被罚款、被谴责，甚至在IPO的路上摔倒了。有人说，快播是被腾讯投诉的，投诉的真正原因是腾讯之前预收购快播但没有成功，所以一时生恨便使出了狠招儿。也有反对声音表示，周鸿祎的投入远远高于曾李青，这里面除了资金投入之外还凝聚了很多技术和知识的投资，可以说，快播的一多半努力来自于周鸿祎，这也使外界认为，快播是周鸿祎的，那么腾讯要收购快播怎么着也得经过周鸿祎这一关，显然，老周不会允许这样的事情发生。那么也就谈不上腾讯忌恨快播的谣传了。

周鸿祎作为“大家长”，在快播发展路上也是有疏于监管的责任的，仔细想想，有多少互联网公司在“色情”问题上打擦边球，然而他们懂得悬崖勒马，或者说及早“洗白”、转型，以免受到牵连。快播的监管力度是不够的，最终导致今天的局面。

2006年，周鸿祎做天使投资的第二年，总结说出他当时或者未来都可能绕不开的话题，他说他将不再关注大企业，他的目标是缔造下一个盛大或者QQ！不久之后，迅游出现了，它作为互联网产业链上一个成长迅速的企业深深吸引着周鸿祎，而更加令周鸿祎垂涎的是网游加速器这一市场缺口。

迅游创始人袁旭，也是一个80后，小学三年级开始对电脑情有独钟，初中时赚得人生第一桶金20万元，高中时以优异的成绩考入北大计算机系，同时袁旭赚得人生第二桶金40万元，但这个计算机小才子不甘心在大学校园里浪费青春，即便是中国最高学府也难收住这颗跳动的少年之心。仅仅在北大读了一年，袁旭就选择了辍学创业，最终诞生了迅游，这是一款专门针对网游的加速器。

四川雅安是一个小城市，当时全城的网速也就155兆，袁旭的个人机房就可占用100兆，迅游并不能满足游戏玩家日益提升的用户体验，尤其速度跟不上导致的"卡机"，越来越多地引起用户的不满，此时的袁旭决定放弃迅游，还在金山的雷军愿意收购袁旭的迅游，这让袁旭很欣慰。就在袁旭赶赴金山之前的几个小时，他遇到了周鸿祎，同样是计算机奇才的周鸿祎对袁旭的项目产生了浓厚的兴趣。我们都有过这样的感受，两个志同道合又心有灵犀的人在一起谈判，成功的几率几乎是百分之百。袁旭深深被周鸿祎感染着，他放弃了迅游被金山收购的计划，周鸿祎也奉献出1000万元"购买"了迅游不足五分之一的股份，对于二人而言，这是一件互利互惠双赢的选项，二人一拍即合。三年之后，迅游又得到了挚信资本、盈创动力、达晨创投、亚商新兴四家公司联合奉送的1亿元融资。想必此刻，袁旭是感激上苍的，让他在关键的时候遇到了关键的人。

在互联网领域，周鸿祎投资了乐宝游戏、火石软件，还有他至今仍没有放手的奇虎。比起最初做天使投资人时候10个目标企业有5家最后失败的惨痛代价，周鸿祎后来的选项都是比较准确的。

天使之行，始于“诚”下

周鸿祎不是第一个做天使投资的人，但他绝对可以说得上是最有见地的天使投资人。做天使投资，他愿意同年轻的创业者交流、沟通，愿意将自己多年的经验和资源与其分享，从这些与年轻新秀的交流中，周鸿祎也可以得到一些崭新的观点、最鲜活的资讯和当下互联网用户最迫切的需求和真实的感受。周鸿祎坦言，他需要不断掌握市场动脉，只有接了地气才有谈未来谈理想的资本。

“天使投资人”一词源于美国，特指有钱人出资帮助具有社会意义的公益行为。在中国，这个词的引入发生了一些具有中国特色的变化，更多地指成功的企业家个人出资帮助年轻的创业家进行创业的行为，同时提供给创业者的还有社会经验和人脉、渠道等资源。这样一来，天使投资人的资金支出可能不会很多，或许只能够帮助企业短期内渡过难关，但天使投资人还有一个重要的职责，就是帮助目标企业完成后期大量的来自于VC或PE的融资。

周鸿祎做天使投资，其实很简单，卖了3721从雅虎中国获得收购费之后，他就决定连钱带智慧一起进行投资，是他认为自己乐意也有责任去帮助那些需要帮助的年轻创业者们。天使投资让周鸿祎乐在其中，他甚至找到了那种创业的干劲儿和满腔的热忱，他说他就是创业者背后的创业者，充当企业的教练和全职保姆，这样的角色和地位大大满足了周鸿祎的成就感和归属感，或许，这个企业不姓周，但骨子里流淌的血液有着周鸿祎的因子。

做天使投资，周鸿祎相信诚信和诚意决定一切，这个“诚”字时刻雕琢在周鸿祎天使之路的信念中。一个天使投资人一定要摆正自己的姿态，在目标企业中自己可以是军师，但绝对不是指挥官，不能给创业者做出任何决定，“你可以讲很多东西，但是最后做决策的一定是创业者自己。”周鸿祎说。分寸拿捏得当，投资关系就会处理得很融洽，这个投资环境就会很明朗。

世界上最不缺少的就是投资机会，但作为投资人，一定不能急于求成，钱是好东西，好钢就一定要用在刀刃上，否则，问题没有解决自己还损失惨重，那就得不偿失了。周鸿祎一点也不贪心，他从没有奢望过自己投资的公司有朝一日会成为百亿美元身价的大公司，能够为年轻的创业者提供帮助，培养他们是老周最大的乐趣。对于企业，他已经有了360，这已经够了，在行业内，经其手培养出一个个互联网精英，成就中国下一代互联网帝国，这就是周鸿祎此刻做天使投资人最大的期许。

比尔·盖茨很富有，在他最富有的时候选择了做慈善事业，也许对于一个有钱有地位的人来说，精神上的满足远远比金钱上的富有更吸引人。

第七章 绝地反击

树大招风

周鸿祎和他的3721正如日中天的时候，CNNIC横空出世了，在周鸿祎看来，CNNIC就是一只披着羊皮的狼——挂着中国互联网信息中心的名号想垄断整个中国的互联网，一面高喊“非营利”，一面又忙碌着市场运作。在中国互联网帝国，CNNIC算得上是周鸿祎的第一个敌人。

CNNIC是中国互联网信息中心的简称，1997年6月开始行使中国互联网管理及服务职责。从正面意义上看CNNIC的诞生的确整合规范了中国互联网，它有意收编周鸿祎的3721，但却始终未能如愿以偿，它越是对3721虎视眈眈，周鸿祎越是不将CNNIC放在眼里，进而口水不竭、“战争”不断。

他们“战争”的源头来自于3721的网络实名。1998年，3721迈出的第一步就是主打网络实名的招牌，一直以来做得顺风顺水，几乎占据了中国互联网半数以上的用户。树大招风，3721就是这样被CNNIC瞄上了，可周鸿祎是何许人也？怎么会妥协于CNNIC呢。于是乎，CNNIC开始拿3721的网络实名与自己的中国域名“说话”了。

3721首创的网络实名很容易理解，就是用户在上网的时候无需输入烦琐的www、com、net等前缀后缀，只要将所要查找的公司或者其他产品的关键词输入进去就可以了，尤其适合普通的网络用户，不用考虑任何计算机语言和高科技。对于那些被用户搜索的企业，网络实名还是一种“免费”的营销广告，能更方便用户的记忆和搜索，大大提高了企业的访问量，直接带来的就是相应的经济效益。网络实名是展现在用户和企业中间的一条绿色通道，双方都在便捷和简易的情况下获得来自于对方的有效互助，是很注重实效的一款简洁好用的软件，实打实地拥有了一批忠实用户。

中文域名可以说是互联网上的门牌号码，由CNNIC全权负责运行和管理，域名的结尾包含cn、中国、公司、网络四个中国域名，比如“中国互联网络信息中心.中国”“中国互联网络信息中心.cn”“中国互联网络信息中心.公司”“中国互联网络信息中心.网络”，其中以“中文.cn”为代表。中文域名的出现壮大了互联网域名的队伍，在英文域名纵横沙场的时候，时常出现域名资源供不应求、读音相同而释义不同的注册冲突。中文域名同时也与商标权产生了极大的冲突：首先，中文域名中的商标字符发音极有可能与英文域名中所使用的英文字母相吻合从而产生冲突；其次，企业注册中文域名的名称多与企业名称一致，这就引发了很多相似名称企业之间的不必要麻烦，相似名称企业之间又具有一定的差异性，显然会造成很大的障碍和麻烦，在没有一款合适的法律约束或定格这样的冲突时，麻烦只会愈演愈烈。

那么，为什么在矛盾、冲突并存的情况下，依然有很多企业挤破头地要注册中文域名呢？这里面似乎有用“国人品牌”的象征性意义。在中国人观念里，中国域名是符合国情的，也顺应了企业的发展和用户的需求。它更像是中国企业的身份证，使用和记忆都方便；而网络实名并不局限于中文字符，它可以是企业的电话、企业名称的拼音缩写等等，只要是属于这家公司的真实数据，都称之为“实名”。这样的“实名”虽然用着极其方便，但在国际互联网上还不是“通用”域名，中文域名与其最直接的区别就是可以在国际舞台上自由使用。在这一点上，周鸿祎不服 CNNIC 是不行的。

存在差异就可以进行竞争，周鸿祎认为，3721 的网络实名有自己的服务市场，并没有抢走 CNNIC 中文域名的用户，当然，二者也会有用户重叠的现象，这个时候就各显神通了，谁的服务做得好谁就会得到用户的信赖和高频使用率。一段时期过后，中文域名雷打不动地没有多少进步，网络实名却迅速扩张，这时候，CNNIC 和 3721 就是彼此的眼中钉、肉中刺。

2001 年 8 月，3721 在自己的网站上公开指责 CNNIC 在媒体上对自己的宣传严重不符合事实，CNNIC 自称是非盈利机构，却通过不正当的手段进行商业运作以谋取利益，以自己“正规军”的姿态谴责民营企业的良性发展，甚至要一手遮天不给民营企业喘息的机会。

3721 倡导全社会公平竞争，让用户用雪亮的眼睛自己识别孰是孰非。

作为服务行业，只要做好用户的服务工作就好，干吗总是要针对他人呢？说句公道话，中国民营企业对国家经济的良性发展功不可没的，未必要被收编。况且，一个民营企业在发展最鼎盛的时期眼光和心态优势都是很高的，他们都会希望有更广阔的发展空间，而不是被圈在小范围内。当 3721 突飞猛进的时候，尤其用户远超百度傲居群雄的时候，CNNIC 不干了，非要“整合资源”推行“通用网址”，并明里暗里多次与 3721 谈判，想要争取到 3721“实名”的源代码，周鸿祎能答应吗？人家团队辛辛苦苦创造出来的产品，你 CNNIC 打着国家统一的旗号说收编就收编？

周鸿祎没有同意任何条款，而 CNNIC 却公开声明将推行通用网址的试验，3721 也参与其中。随后，3721 便发表声明，其旗下首创的网络实名是符合中国特色的自主权益产品，拥有国际专利 4 项，否认参与莫须有的“通用网址”计划。

对于 3721 发表的声明，CNNIC 解释说，作为始终致力于英文域名和中文域名的机构，CNNIC 有必要统一互联网通用网址，在互联网发展自由又迅速的时期，自然是为用户创造最便捷的体验服务为佳，其实，互联网就像一个大家庭，家里有不同名字的兄弟姐妹，但他们骨子里流淌的是一样的血液，对于网络访问技术，只是不同机构的命名不同罢了，有的称为网址，有的称为实名，还有的称之为关键词。为了方便用户的使用，实现统一是有的放矢的。

看到 CNNIC 此段言辞，您是否也有些不解，CNNIC 到底扮演着什么样的角色？是政府还是企业？关于 CNNIC 的身份，一直以来都是比较纠结的话题。首先，它的确在行使一些政府职能。在网络领域，CNNIC 拥有实名数据库，也控制着实名解析，简单说，CNNIC 就是厂商，而其他的网络访问机构就是代理商，这个领域只有这两种身份。而作为厂商的 CNNIC 也是一个做网络技术的实体机构，它的产品中很多服务项目与 3721 雷同，这就不可避免地形成了竞争的局面，这时候的 CNNIC，其企业行为更为突出。所以，周鸿祎会认为，CNNIC 是一只披着羊皮的狼，言外之意就是 CNNIC 既想坐在管理的岗位吆五喝六，又想分食技术和销售部门的高额利润。

也难怪会有批评者认为，CNNIC 在提供服务和市场监管两个角色中摇摆不定了。在实名市场的有序竞争环境内，CNNIC 有点“搬起石头砸自己脚”的意思。可是，为什么 CNNIC 唯独看 3721 不顺眼呢？最明显的因素恐怕就是 3721 巨大的市场份额了。

别拿“规范”说事儿

CNNIC 收编 3721 的事情看来是无法实现了。于是，在不考虑 3721 立场的情况下，CNNIC 开始单方面着手运作“统一战线”，这场战役的直接导火索就是 3721 与广东互易断绝关系！广东互易与 3721 是在 2002 年签订合作协议的，广东互易作为 3721 在广东地区的独家代理商，将行使网络实名的各项权益。

广东互易是将企业资源有效整合的服务商，所提供的服务包括互联网、知识产权、线上线下综合服务等多方面，在与 3721 签署合作协议之后，广东互易觉得 3721 存在欺诈行为，是一家不守诚信的机构，最终决定放弃这次合作。

理由有三：其一，广东互易认为，二者在最初合作期间，互易对网络实名的市场拓展立下了汗马功劳。当时的市场机制不完善，是互易凭借着多年诚信经营的原则和一部分忠实的用户共同为网络实名撑起一片蓝天，网络实名才得以自由翱翔。可3721的网络实名实在有些“自由”过分了，在取得市场，尤其是广东地区做大后，3721开始忽略互易的存在，不仅直接挖互易二级代理商成为其直接代理，还恶毒地煽动互易销售团队众叛亲离向3721靠岸，这种过河拆桥又不留余地的做法让广东互易忍无可忍，决定通过法律途径终止合作关系。其二，互易觉得，网络实名其实就是一种关键词搜索技术，而且3721的网络实名并未得到相应的法律承诺，这就让网络实名多了一层风险。网络实名在管理上也缺乏权威认证，至少互易认为自己与这样的公司合作是不靠谱的。与此同时，3721要求代理商开展一个主题为“买十年赠终身”的服务套餐，只要用户缴纳十年的费用，网络实名将为其提供终身的服务。别说当时的互联网刚刚兴起没几年，就算有几十年历史的大企业在市场经济中也可能随时消失。据说，3721注册资本只有30万元人民币，一旦3721宣布破产，全国的网络实名用户只能获得这可怜数额中很小的一部分，谁又能保证3721十年甚至更久的时间内不破产呢？因此，为了长久的诚信和利益，广东互易是一定要与其解除关系了。其三，互易认为网络实名存在严重的抢注行为，首先是出现恶意抢注闹上法庭的事件；其次是不法分子注册网络实名之后公然竞拍，引起社会不良风气，遭到群众广泛不满；再次就是3721曾经将一个网络实名同时卖给两个用户的奇葩事件。广东互易看见的都是广大用户对网络实名的质疑和职责，所以自然不愿意再趟这个浑水了。

评论冲突的双方，不能听取一面之词。其实，广东互易在进行以上反驳的起因是，此事之前，3721在各大媒体的优势版面发布一条显著的消息《关于取消广东互易科技有限公司代理商资格的通告》，理由是深圳地区的一家广告公司向3721投诉，广东互易以高出正常价码6倍的价格向其兜售网络实名。对此声明，广东互易自然不能接受，于是便出现了上面我们看到的反驳内容。无论二者谁先放弃谁，不容忽视的事实是，3721改变了渠道策略才最终导致这样的结果。

广东互易的总经理黄雄伟表示，广东互易网络实名的直销人员多达千余人，直接把握市场的动脉，再加上发展的40多个二级代理商，互易离开任何人都能过得很好。然而3721并没有看到广东互易的优势，或者说熟视无睹。

2002年底，3721决定改变渠道策略，取消总代理商，实行渠道扁平化策略，并扶持一些成绩优异的二级代理商，这样就等于直接放权给二级代理，削弱了广东互易的势力范围，也导致了互易收入的下跌，互易自然是不干的，也就引发了二者的纷争。对于3721改变渠道的策略，明眼人一看就知道，确实是3721想削弱互易的势力。在周鸿祎看来，广东互易一点点地垄断着市场，当所有的二级代理商都臣服于广东互易门下，其实3721就彻底败了，市场资源都被互易垄断了，还会有3721什么事呢？经济社会中，谁掌握市场谁就是老大，互联网世界里，谁拥有用户谁就说了算。

3721和广东互易前脚刚解除合作关系，互易后脚就迈进了CNNIC的大门，CNNIC为广东互易开出了3721不可能给予的价码——收入分成比例50%。很快，CNNIC的队伍里容纳了五位超强实力的队员，分别为：网易、百度、搜狐、腾讯和爱思美，并联合推出一个叫做“关键词寻址技术规范”的项目，以此孤立3721，也象征性地宣称，只有与 CNNIC 合作的机构才算得上规范的，像 3721 的网络实名这样孤军奋战的体系将不受任何保护。

3721 根本就不承认所谓的什么“规范”，周鸿祎极其愤怒地表示，CNNIC 像小丑一样滑稽。对于“规范”，周鸿祎有三点认识：“一是厂商自己弄了一个‘自娱自乐’的标准；其次，是由政府相应管理机构制定的行业规范；其三，谁在市场上占有率高，谁就形成了事实标准，比如 QQ 在国内就是一个事实标准。”3721 可是当时中国互联网最大的一家关键词寻址服务提供商，按照周鸿祎的观点，3721 才是实至名归的“规范”，又怎会认可 CNNIC 呢？

周鸿祎最讨厌 CNNIC 打着符合国情的旗号搞垄断的做法，有实力的话请拿技术和服务说话！周鸿祎是纯做技术和管理的尖端人士，自然看不起只说话不干实事的 CNNIC。在中国关键词访问市场上，3721 的网络实名所获得的支持与殊荣远远高于 CNNIC 的中文域名，3721 的中文用户位居世界第一，这是铁一样不容撼动和扭曲的事实，更不是 CNNIC 随意编撰出来一个“规范”就能抹杀的。CNNIC 提出的“规范”只能算得上是对某一个“通用网址”的约束，在市场和法律社会完全没有取得实际意义。

广东互易只是 3721 合作代理商中前十名之一，算不上是最大的代理商，互易的营收也就占 3721 的 8% 左右，所以，失去这一个代理商，3721 照样正常运转。而且，3721 还与全球著名的负责. com 和. net 域名解析工作的互联网基础服务公司 VeriSign 合作，该公司则对 3721 进行战略投资，与此同时，中国移动也与 3721 协议合作，手机用户可以通过手机客户端进行实名搜索。

无论是广东互易还是 3721，他们对失去了彼此并不介怀，会有更好的选择等待着他们。广东互易，只能算是 3721 与 CNNIC“战争”中的一枚导弹，真正看 3721 不顺眼的是 CNNIC。谈及始作俑者的 CNNIC 时，周鸿祎直言不讳地称：“CNNIC 将关键词服务定义为互联网名称地址资源，并表示要统一管理，这无非是想借着其长期被质疑的‘权威机构’的名义，垄断这一业务，打着‘非营利机构’的牌子追求最大商业利益罢了。”在这场争论之下，我们不得不奉劝 CNNIC，请你以国家利益为重，请尊重互联网用户的真正需求和选择，如果你不能踏踏实实地为中国网民做点实事的话，也请不要诽谤和排挤可以为用户做更好服务的机构。如果 CNNIC 真的要以“国家事业单位”自居的话，就请先摆正自己的姿态。

当“口水”战到了法庭上

CNNIC 和 3721 的这场口水战并没有就此告一段落，甚至有愈演愈烈的趋势。2003 年 6 月，CNNIC 一纸诉状将 3721 告上法庭；7 月，CNNIC 与 3721 的官司还没有终结的时候，广东互易也起诉了 3721。正式对薄公堂。

CNNIC 诉称，3721 公司以及周鸿祎自 2003 年 4 月起分别在成都、广州等地媒体上多次公开发表言论诋毁 CNNIC 是“未经授权私刻公章”的非法机构。他们有理由认为，3721 的言论以及周鸿祎的口无遮拦严重影响了 CNNIC 在公众心目中的良好形象，侵害了其名誉权。诉讼要求 3721 公司及周鸿祎对 CNNIC 公开赔礼道歉并支付其 20 万元经济损失费。CNNIC 副主任刘志江作为原告诉讼代理人，愤怒地指责 3721 作为一家商业服务公司为达到盈利的目的，违背法律和道德的约束，利用媒体恶意诋毁身为国家事业单位的 CNNIC，

CNNIC与3721对薄公堂的目的，就是要维护自身的合法权益不被侵害，以及还给社会一个规范的秩序。

从刘志江的言谈之中我们似乎又看到了两个争论不休的话题，一个是CNNIC以国家事业单位自居，另一个是所谓的“规范”。对于CNNIC的控告，3721公司的发言人舒迅则表示，3721公开说明的“CNNIC是未经授权私刻公章的非法机构”等言论是符合事实条件佐证的。舒迅是中国搜索引擎领域的先驱，是国内最早从事中文搜索引擎研发的人员之一，所以，在搜索引擎领域确有发言权。在任职3721公司公关总监、市场业务总监期间，负责3721全线产品的市场推广工作，因此，对于CNNIC所谓的“规范”和其纠结的身份有着中肯的评价。他表示，CNNIC的主任毛伟自称CNNIC是国家事业单位，但又无法解释利益上与3721的竞争和矛盾冲突，况且，国家事业单位不是“自称”就算数的，需要经过国家有关部门的认证才行。

2003年7月，CNNIC与3721的官司还没有结束，广东互易一纸诉状将3721告上法庭，引发3721这次成为被告的原因就是3721在5年合同期未满的情况下终止了与广东互易的合作，关于二者的争论我们之前已经有所分析，他们也是经历过激烈的口水之战后转入法庭上继续战斗的。诉讼中互易要求3721赔偿361万元人民币的精神损失费，同时列举出3721三宗罪：一是未经过互易的允许，拉拢广东省内外地区其他二级代理商直接与其开展业务往来，无视互易的存在；二是抢夺互易发展的用户，直接将对其服务转嫁给其他代理商以取得对方的信赖与忠诚，将他们的共赢建立在互易经济损失之上；三是不听互易的劝解，聘用被互易辞退的业务员开展业务工作，有损互易在广东地区用户及二级代理商心目中的名誉和形象。

其实，3721作为网络实名关键词搜索引擎服务提供商，选择谁来合作是有其自主权利的，就像一个服装厂商，人家愿意将产品供给哪家店面是人家的自由，不能因为某家店面没有得到供货就说三道四、吆五喝六的。之前没有走上法律途径的时候，广东互易坚持说是3721从互易市场开发团队中挖走核心人物，而此时到了公堂之上又称3721聘用的是互易解雇的不合格员工，这样说辞是不是有点自相矛盾？这个被互易称之为“被辞退”的员工就是互易的副总经理水沛。水沛2001年7月至2003年4月期间任职于广东互易，2002年底，水沛还属于互易的时候以30万元启动资金注册成立广州禾盛计算机有限公司，并利用互易副总经理的身份，在3721暗度陈仓的帮助之下进行大量“走货”。摸清了套路之后，水沛走出了广东互易的大门，禾盛便以3721网络实名的核心代理商身份公开于世。这样看来，互易自然不愿意承受“内外勾结”的憋屈了。

在广东互易的案子开庭审理期间，CNNIC状告3721的案子有了结果。2003年10月20日，北京市海淀区人民法院宣判了案件的审判结果——3721侵害中科院计算机网络信息中心（CNNIC）名誉权成立，判决3721公司在其网站首页连续10天刊登致歉声明。除此之外，驳回了CNNIC要求的3721和周鸿祎赔偿其20万元人民币精神损失费的诉讼请求。

这样的审判结果，刘志江表示“比较满意”，钱不钱的他们不在乎，但名誉是一定要挽回来的。舒迅在这一审判结果下达之后也曾对媒体表露过，如果CNNIC继续以授权之外的谋利行为和“特殊身份”排挤3721的话，他们的“战争”恐怕不会就此结束。CNNIC

的“胜诉”燃起了其他搜索引擎服务商对3721的明火暗火，一时之间让周鸿祎和他的3721成为公堂之上的常客，这位好斗的勇士充满期待地迎接着每一场战役，对于老周而言，很多案件虽败犹荣。

多年以后，当周鸿祎回首此生第一次战役就是来自于CNNIC的“无理取闹”，周鸿祎坦言：“我这个人比较硬，不管遇到多大的压力我都不怕。当时的3721还是那么小的一家公司，我都敢跟CNNIC这样自称为国家事业单位的机构对着干，还有谁是我不敢叫板的呢?”

2004年，广东互易控告3721的案子也出了审判结果，北京仲裁委员会做出了裁决，认定3721公司在与互易合作期间违反了《合作协议》中应履行的义务，但对互易提出的361万经济补偿不予支持。

2003年是3721的“被告年”，2004年，周鸿祎一定要扭转这个局面。1月7日，3721公司方面表示已正式起诉CNNIC的不正当竞争。理由是，3721公司认定CNNIC不具备法人资格却通过见不得光的手段阻止网络用户正常使用3721的网络实名软件系统，要求CNNIC赔偿3721公司100万元人民币的经济补偿。北京市第一中级人民法院受理了此案件。案件起因是用户在安装了3721的网络实名后，同一台电脑上若再安装上CNNIC的通用网址，则网络实名无法正常使用。如果在一台已经安装过CNNIC通用网址的电脑上试图再安装网络实名软件则是不可能安装得上的。

很明显，这是CNNIC恶意阻止用户使用网络实名的一种手段，CNNIC方面表示：“由于IE地址栏财富巨大引发各方利益竞争，IE地址栏软件的‘排他性’应当是‘排他性使用’，而不是‘排他性存在’。”在事实面前，这样的说辞显得很站不住脚。

受到恶意阻止使用的软件，除了网络实名之外还包括3721旗下的其他服务产品：中文邮、IE 修复专家、短信助手等，给 3721 造成了巨大的经济损失。CNNIC 作为“事业单位”还是第一次被以不法竞争告上法庭，但凡有点风吹草动，3721 和 CNNIC 之间的纠葛就更上一层楼。

树欲静而风不止

有市场就有竞争，有竞争就会有利益趋向，网络搜索是一块大蛋糕，谁也不愿意轻易放弃嘴边的美味。周鸿祎的技术团队真是不错，让 3721 凌驾于中国互联网历史舞台的风口浪尖。起风了，周鸿祎想低调也很困难，如今已是树欲静而风不止了。

战场上的敌人数不胜数，但第一个劲敌总会阴魂不散地时常出现在梦魇里，3721 是周鸿祎的梦魇，CNNIC 就是 3721 的梦魇。世界上没有无缘无故的恨，这句话不无道理啊！周鸿祎对 CNNIC 的恨那可是真恨，以至于很多年的岁月里，即便周鸿祎辗转雅虎中国、任职于奇虎又创办 360 卫士之后，与 CNNIC 的纠葛仍没有结束。这一切的根源都来自于竞争，互联网的竞争。

竞争也是有底线的，来自于法律的约束，更来自于网络用户和消费者的利益保障和互联网行业的标准。在这样的底线约束下，任何一家互联网公司想要做大做强，不能着眼于短期的利益，要有长远的考虑。3721 时候的周鸿祎没能走到最后，但至少 360 现在完全在稳步前行着。企业当中，核心领导者的个人魅力和素质绝对会影响企业的最终走向，或蓬勃发展或逐渐衰亡。从周鸿祎与 CNNIC 一直以来的战斗中，可以肯定的是，他们都是强者中的强者。一次次的“战争”没有击垮彼此的斗志和意念，更没有影响他们的发展之路，反而对他们来说是彼此都赚到了。每一次成为被告，每一次走上法庭，每一次成为公众眼中的战神，周鸿祎的存在感都是那么的强烈，俨然成为中国互联网发展史上一个标志性人物；而CNNIC也没有被周鸿祎的口水淹死，历经多年，也成为互联网企业中的佼佼者。所以，良性的竞争是社会的必需品，有竞争才会有优胜劣汰和推陈出新，才能满足人们日益提升的服务体验和需求。

“垄断”这个词汇无论出现在哪里都会产生强烈的不满，倘若周鸿祎当年臣服于CNNIC，是不是就很难有今天的360了呢？可见，完善的竞争对互联网的发展百利而无害。首先，这样的竞争能够保持互联网的净土，涵养水源，促进行业内各阶层企业的同步发展，而不会轻易出现“顶端优势”的现象。马云说过“中国互联网不能被几家公司所控制。”齐向东也表示“竞争是保持市场鲜活的根本，搜索行业需要保持充分的竞争环境”。其次，良好的竞争可以保障消费者的切身利益，比如价格战、促销战、线上线下活动战等都能为百姓带来最经济实惠的服务体验和产品，老百姓对此何乐而不为呢？再者，充分的竞争可以促进企业内外兼修的水准，所谓适者生存不适者淘汰也就是这样表现的。任何企业若想长久稳定地生存下去，就一定要提高自身服务质量，拿得出好的产品，这是他们竞争的唯一筹码，也是最实在的出路。

在有序的竞争环境里，一定会有底线。竞争是市场行为的最高境界，倘若偏离了边框的约束，对企业、对消费者、甚至对整个市场环境都是损伤元气的。企业只有在尊重法律，尊重竞争伙伴，尤其尊重消费者利益的前提之下，它的竞争也好服务也罢，才算有意义。

之前我们分析过，周鸿祎和他的敌人们都是有序竞争中的异类，只因有着“打不死的小强”一样顽强的生命指数，才能够颠覆互联网世界的乾坤，才能够百战不殆，越挫越勇。是什么样的格局造成这样的“异类”呢？

是绝对有高度的战略竞争优势！我们知道，持久生存离不开长远的战略部署，同样影响最终格局的还有战略的高度，战略规划者要有足够开阔的视野和高瞻远瞩的深谋远虑，才能全局把控企业发展，在市场竞争中抢占先机，把握主动。就像3721推行的网络实名，就是早于CNNIC的中文域名面世使用的，CNNIC确实有能力创造出符合国人上网习惯和需求的中文域名这个产品，但是它的速度没有周鸿祎快，这就导致了后来很多次产品推广的被动局面，包括周鸿祎将网络实名从免费提升至收费的做法，CNNIC也是考虑过的，毕竟这是个充满利益诱惑的途径。也正是因为周鸿祎广度、高度都足够凌驾于其他同行之上，才引出这么多年都没有停下来的纷争。

很多时候，周鸿祎都充当着挑战者的角色，他好斗，他口无遮拦，他敢于打破行业巨头早已划定的格局。在老周的血液里，流淌着一股倔强的血液，这股血液时刻提醒着他，做自己认为对的事情，无须瞻前顾后束缚手脚。这样的放任自如在互联网拟定的垄断格局之下也就成为了“严打”对象。好斗是周鸿祎的特有属性，其实，他并不是有意破坏已有的秩序和所谓的规范，只不过那些条条框框不是老周的菜，只有实打实的产品和服务才有真正的话语权。周鸿祎是纯技术出身，过硬的行业技能和足够创新的头脑，让他对“站着说话不腰疼”的“他”和“他们”不屑一顾。

从每一次官司的背后不难看出，周鸿祎在战略战术上的优势是显而易见的，尤其对火候的拿捏和战术的运用都恰到好处。有行业分析认为，周鸿祎的战略布局有点缺乏章法，往往有出其不意的招数横空出世。但这就是周鸿祎能够在互联网“战争”中始终立于不败之地的根本因素，高科技产品，一定要拥有敏锐的市场洞察力和绝对优势的创新意识。

周鸿祎被业内认为是终极搅局者，他总是在领域内赚足了眼球却又让业界其他领航者疲惫不堪。现在，就算周鸿祎有意低调行事，公众和业内竞争者也不会让他轻易溜出视线，经历过了太多的纷争，周鸿祎已经成为业内“公敌”。

一个行业，尤其是发展迅速的互联网经济社会，有竞争就一定要有合作的配套存在，通俗地讲，钱不是一个人赚得完的，一个企业也无法将这个行业市场撑起来运作，产品是用户的，行业是大家的，互联网不需要一枝独秀，它需要百花齐放。企业，需要做的不是如何诋毁竞争者，而是要努力成长为众多竞争者中最优秀的那一个，不知周鸿祎的多元化战略产品的推出，互联网大佬们有没有注意到？

第八章 老死不相往来

千方百计搞到3721

马云和周鸿祎的个人感情都十分强烈，二人的关系也似乎从来没有真正友好过，阿里巴巴和360的争端一直没有停下来，这两个互联网领域公认的怪胎怎么就纠结在一起了呢？他们矛盾的根源由来已久，时间还要追溯到2004年，从马云那次经典又迅速的融资开始。

2004年2月18日这一天，是中国互联网上最具代表性“富有”的一天，马云在这一天仅1分钟就实现8200万美金的融资，这个数字是中国互联网孕育之日至今最大的一笔融资数目，分别来自于软银、富达、TDF风险投资邮件公司和Granite Global Ventures。“其实在当时，光是我们阿里巴巴根本用不了8200万美金这么多钱的，我们计划将其中很小的一部分约1300万美金用于淘宝网的发展和建设，另外的一大部分则准备收购一家有相当大企业用户和收入可观的公司。”马云对这笔巨额融资的去处介绍说。那么，哪一家公司能被马云和风投们如此看好呢？想必当时正如日中天的3721恰好是这样的备选答案了，对此，马云点头称是。

2003年5月10日创建起来的淘宝网，在经过一年左右的运作之后，已经有模有样了，对于C2C网络平台上的“前辈”易趣网专注于北京市场有所不同的是，马云打算走差异化路线。有了1300万美金既定数额的融资，淘宝网将市场铺设在江浙地区，这一带中小企业密集，导致他们的产品成本压力和销售压力大得惊人，淘宝网这样特色性的电商新生平台如其所愿地实现了他们“减压”的希望。多年以后的今天我们仍然坚信，马云的战略战术真的很有味道。如果当初周鸿祎的3721顺利被阿里巴巴全资收购，现在会不会也改名换姓活得悠哉呢？

可周鸿祎没有将3721卖给马云，至少当时的3721还是中国互联网佼佼者，心高气傲的周鸿祎为这个互联网新宠设计了更好的未来。也许，对于越强大的个体上帝就会施加其越严峻的磨难，在激烈的竞争中，3721这个年轻的生命有些承受不住了，最终不得不贱卖给雅虎中国。

马云自始至终也没有放弃收购3721的想法，当3721跟着周鸿祎一起搬进了雅虎中国之后，马云开始将目光锁定在了雅虎中国的身上。其实，早在2000年，雅虎CEO杨致远就曾向马云抛出过橄榄枝，但当时的马云有自己的新想法——创办阿里巴巴需要迫切去实现。转了一圈之后，雅虎中国还是在2005年8月11日这一天交到了马云的手中，但不同的是，这次是阿里巴巴全资收购雅虎中国，杨致远可不算是马云的老板，如果马云5年前接受杨致远的邀请，恐怕也没有今天执掌雅虎中国来得真实。

关于阿里巴巴为什么收购雅虎中国这个话题，恐怕有太多的版本来描述这件事情了，有声音怀疑到底是阿里巴巴收购了雅虎中国，还是雅虎中国收购了阿里巴巴？当阿里巴巴声称全资收购雅虎中国之后，还额外获得了来自于雅虎中国“馈赠”的10亿美元投资，当然，杨致远也从阿里巴巴手中获得新生后的雅虎中国35%股权。阿里巴巴“迎娶”雅虎中国之后，获得了包括搜索、通讯、广告技术平台、内容咨询、遍布全球的渠道资源于中国的无限期使用权以及3721网络实名服务。最后一点似乎彰显出马云对收购雅虎中国最直接的野心，也终于达成了阿里巴巴间接收购3721的夙愿。

大家都绕了一个大大的圈子，马云一心创办阿里巴巴，结果与雅虎中国失之交臂，周鸿祎摒弃阿里巴巴的收购却阴差阳错迈进了雅虎中国的大门，雅虎中国收购3721后为了更好地生存，下嫁给了阿里巴巴，马云、杨致远、周鸿祎三人的关系和角色总是这么充满趣味地变换着。三个人中，还不能判定谁输谁赢，这是一场持久战，“战争”一天不结束就一天都分不出胜负。不过，马云和周鸿祎的矛盾似乎才刚刚开始。

阿里巴巴在收购雅虎中国之前只能算是一家掌握浙江一带核心用户资源的网购平台，一家没有多大空间驾驭的电商而已。与雅虎中国实现战略合作之后，阿里巴巴终于可以站在中国互联网最顶端与竞争伙伴们尽情厮杀了，这或许就是马云一次战略布局的开始吧。

全面接手雅虎中国的业务后，马云相继砍掉一搜、门户业务、雅虎无线事业部，对3721只是做了改名换姓持续留用。当时的3721是雅虎中国众多业务中最赚钱的一个产品，90%的中国互联网用户覆盖率是任何一家中文上网服务企业都无法企及的业务目标，2004年来自于3721的营收就高达2个亿，算得上是雅虎中国当时70%以上的营收总额了，到了2005年还没有完全走完的时候，3721网络实名就创收4亿，不仅是雅虎中国的“台柱子”，也是中国互联网领域的“香饽饽”。

这样的优势产品让马云爱不释手，但他也认识到，太优秀的产品总会引起祸端，决不能让手里的宝贝变成垃圾，所以封存了3721. com、更名3721网络实名为阿里巴巴网络实名、更名3721上网助手为雅虎助手。马云宣称3721太流氓，现在已经引起很多用户的强烈不满，日后也会引起不必要的祸端，为其更名是让好的产品再继续发挥好的作用。然而九个月之后，马云声称，将放弃“阿里巴巴网络实名”业务，如果网络实名真的很赚钱，那么马云跟钱过意不去的缘由是什么呢？

马云对外的解释有些让人难以理解，他说，雅虎中国目前的主要收入来源是搜索引擎和门户品牌广告业务，网络实名的创收已经从过去的70%下降至50%，而且还将持续下降，现在他暂时性保留网络实名是因为还要为网络实名十几万的用户继续提供服务，但这个产品现在根本不能产生利润，只是“雅巴”（收购雅虎中国的阿里巴巴）需要巨额维护的成本罢了。这样的话，网络实名总有一天会被马云抛弃的。

其实，马云在成功掌握3721网络实名之后，是想通过改名字来继续使其“摇钱”的，但随着“IE 桌面王者”微软和“中国网络接入垄断者”中国电信双双终止合同，网络实名利润严重缩水。更名之后的网络实名和上网助手甚至还被网民认为是仍然流氓着的产品，阿里巴巴甚至作为第二被告成为“反流氓软件联盟”针对的对象，最终的结局就是，3721 的产品太烫手了，只能放弃。

此时“马云时代”的雅虎中国并没有“周鸿祎时代”的雅虎中国光鲜，砍掉网络实名的做法与其说是维护互联网的安全和稳定，不如说是杨致远为马云的败笔埋单。

我和你不死不休

周鸿祎铁了心认为马云要借助雅虎中国的手铲除自己，自然不能轻易放过马云。既然马云拿网络实名说事儿，他老周为何不能对自己首创的产品做出动作呢？知子莫若父，周鸿祎能够让 3721 诞生，也就能让它灭亡。

当初，周鸿祎为 3721 设计出的那条行走路线的确很流氓：利用插件弹出和不可卸载的方式走上了一条不归之路，以至于阿里巴巴收购雅虎中国之后，马云想通过改名字来摆脱“流氓”恶名的努力也最终惨败。周鸿祎此番对付马云的方式就是推出 360 安全卫士干掉 3721。马云自然是读懂了周鸿祎的策略，所以才在网络实名尚存的时候宣布未来有放弃的可能，其实也是给自己留了后路，自己放弃总比被干掉听上去好受一点。

其实，马云和周鸿祎的“战争”中，最大的败笔是田健，他原是 263 网络集团副总裁，2004 年 3 月成为雅虎中国区的副总裁，同时被任命为 3721 公司营销副总裁，2005 年荣升为雅虎中国执行总经理。在他任职于雅虎中国期间与周鸿祎相处的并不算好，可能各自有各自的算盘吧。不过，周鸿祎离开雅虎中国时，还是赠予田健 250 万元，所以，当周鸿祎被田健指责，雅虎中国的 3721 旧部正在为其“还债”的时候，周鸿祎很是怀疑，难道田健忘了当初他也拿到 250 万元钱的事情了？

周鸿祎认为，360 安全卫士的推出威胁到了田健的利益，所以他才冲出来“诽谤”周鸿祎，对此，老周直言，奇虎不会因此而退却。

雅虎和奇虎的破口大骂已经进入白热化状态，马云及阿里巴巴团队称周鸿祎是伪君子、缺乏职业道德，这样的人身攻击着实触碰到了周鸿祎的底线。马云执掌雅虎中国之后，对于“阿里文化”不能适应的很多周鸿祎的旧部都选择回到周鸿祎的身边，而马云和田健则认为，是周鸿祎通过金钱利益收买的手段，从雅虎中国挖走人才。其实，公道地说，周鸿祎也是给了田健钱的，只能说，田健留在了雅虎，而其他拿了钱的人选择跟周鸿祎走，本来很简单的事情，如今却到了破口对骂的地步。2006 年，不愿意夹在周鸿祎和马云之间的田健卸任雅虎中国，至此，马云和周鸿祎的矛盾也摆在了明面上。周鸿祎声称，除非他死，否则与马云的“战争”不死不休。可能，一些人忽略了周鸿祎好斗的本质，以为二人也就是口水战对骂而已，殊不知，周鸿祎已经考虑通过法律来解决这件事了。而马云也表示，阿里巴巴旗下所有公司都将不再与 360 公司进行任何合作。

被周鸿祎一纸诉状告上法庭的有雅虎网咨询有限公司、3721 公司以及田健，3721 公司成为被告似乎有点乌龙的架势，这是因为雅虎中国在国内没有实体，利用 3721 公司使用租借 ICP 牌照和域名授权以在中国经营互联网服务，所以，3721 公司这个时候就充当起了雅虎中国侵犯360和周鸿祎名誉权的主体了，自然也要成为被告的。

周鸿祎的诉状中称，2006年8月15日，雅虎中国在多家媒体以召开新闻发布会的形式刊登出《旧同事首度公开揭露周鸿祎诸多罪状》的文章严重歪曲事实，对周鸿祎进行人身攻击，因此周鸿祎请求法院判处雅虎中国以当初诽谤过周鸿祎同等篇幅和版面刊登道歉声明并索赔360万元人民币经济补偿。

起诉之后，周鸿祎还强调，这次争执的根本原因就是360安全卫士触犯了雅虎中国的经济利益，所以雅虎方面才进行人身攻击。不过，像雅虎这样比较有威望的美国跨国互联网公司，公开在中国多家媒体上对竞争对手进行人身攻击的行为还是有史以来的第一次。难道，这就是雅虎中国所谓的本地化营销方式?

不管是什么原因，只要是不正当的竞争关系在法律面前就是站不住脚的，法院判处是三方被告公开向周鸿祎和360安全卫士致歉，但被告均不服，又经过上诉、维持原判等过程，直到2007年11月20日，网民们才看到来自于阿里巴巴对360的道歉声明。在这个一年多的等待过程中，周鸿祎和马云的“战争”还在激烈进行中。

2006年9月，雅虎中国正式起诉奇虎网站运营者北京三际无限网络科技有限公司用不正当关系竞争侵犯了雅虎中国的权利，要求其立即停止这种侵权行为，公开向雅虎中国致歉，并索赔经济损失费260万元，北京第二中级人民法院受理了此案件。据雅虎中国的指控，360安全卫士以免费的手段吸引用户安装，但用户安装之后会被“提醒”：雅虎助手属于恶意软件，误导用户需要卸载雅虎助手电脑才能获得安全。

三个月后，法院进行了一审判决，原告雅虎中国胜诉，奇虎360

公司需承担相应法律责任，具体内容为：赔偿雅虎中国经济损失三万元及诉讼合理支出四万零二百七十九元，并在其网站首页上连续二十四小时刊登声明以消除影响。这也就是为什么网民朋友先看到360对雅虎中国的致歉，之后再看到雅虎中国对360致歉的原因所在了。

我们都知道，周鸿祎与马云的恩怨就是因为3721，可是，雅虎中国为什么死死咬住360不放呢？当广大网民朋友以为周鸿祎和马云的口水战上升至法庭后本该告一段落的时候，殊不知，他们的口水战不是终止，而是延伸为“口水+技术”综合战役。

这次综合战役首先由雅虎中国出招，2006年国庆期间，雅虎助手在没有任何征兆和询问用户的情况下，偷偷地在用户电脑内植入一款特殊的软件，该软件特殊就特殊在其“间谍”软件技术上。网民这个时候如果仔细观察，会发现在电脑C盘Program Files目录下还有两个子目录360safe和baigoo，且这两个子目录均处于不可访问的状态。当网民用360安全卫士对电脑进行恶意软件查杀时会误导用户，电脑中已经安装了“百狗”软件，但因为其不可访问所以也就自然而然地“无法卸载”了，当然，这一切都是雅虎助手呈献给用户的一种假象，目的是反击360安全卫士对雅虎产品的反击。消息爆料两天之后，360安全卫士开始定义“百狗”为恶意软件，并有奇虎公司出面向腾讯公司展示雅虎中国排挤360安全卫士的一系列证据。

恐怕，经济利益是雅虎中国死咬360不放的根源。阿里巴巴曾投资一亿元以开发和推广雅虎助手，帮助用户清除恶意软件，但这个行为被周鸿祎指责为是专门针对360竞争的工具，也验证了周鸿祎说过的一句话："现在谁不做谁傻，我用流氓软件弄流量，你不弄你就吃亏，或者是咱俩竞争，他用流氓软件干你，你不反击你就是傻。"

借刀杀人还是顺水推舟

马云对付周鸿祎可不仅仅局限在雅虎的系列产品上，阿里巴巴旗下全资子公司还有一个叫做"淘宝网"的宝贝。2012年9月，使用360浏览器的用户突然发现，在360浏览器页面无法对淘宝订单进行付款了，联系淘宝客服后得知，360浏览器可能存在"安全隐患"。是的，马云出手了，这次使用的武器是淘宝网，直接针对的是360公司的命脉"安全性"。

众所周知，360公司起家靠的就是安全：浏览器安全、杀毒安全，推出的所有产品都绕不开安全的话题。几乎所有网民一听到360的名字就自然地联想到"安全"二字。包括周鸿祎在内的360公司成员，恐怕都没有想过360会在"安全"问题上被质疑。很明显，这是欲借助淘宝网来抹杀360的安全概念。

360浏览器遭遇淘宝封杀门之前，曾被质疑违背Robots协议，该协议起到约束和引导搜索引擎"爬虫"的作用，当搜索引擎"爬虫"访问某一站点时，第一时间检查该站点根目录下是否存在Robots. txt文件，若存在就对该文件设定的范围进行访问，若不存在则会抓取该站点没被口令保护的所有页面。也就是说，Robots协议会告诉搜索引擎们，哪些内容可以被抓取，哪些内容不可以被抓取。而360浏览器这次遭封杀就是因为曾被怀疑：肆意抓取用户隐私和资料，存在不法行为。

一些淘宝店为了自身和用户的安全，纷纷开始通过某种技术手段屏蔽了360浏览器的访问，虽然360浏览器是否真的存在安全隐患网店店主们还不得而知，但为了保护数据和账户信息，他们采取了“宁可杀错也不放过”的态度。对此，360公司也曾发表过公开声明，但这样的声明却悄无声息地被百度“拉黑”了，不能不让人怀疑，马云这次不是一个人在战斗。

不可否认，周鸿祎在互联网领域已经成为了公敌，虽然还没有遇到多家联手对抗360的事件，可每次一方有难总会得到八方支援，这是不是间接说明周鸿祎受到全业界的排挤了呢？不可否认的是，360的安全系数在经历此番言论、卸载、屏蔽之后已经在网民心目中大打折扣了。直接带来的影响也显而易见地让360公司营收直线下降，彻底实现釜底抽薪之功效，因为该公司最大的资金来源就是360搜索引擎带来的巨额财富。

当时，淘宝一天的访问量就多达千万，借助淘宝来封杀360简直是一招毙命！在网民看来，最需要得到安全保护的除了个人信息之外就是跟金钱有关的交易信息了，连淘宝都屏蔽的浏览器，网店店主们又岂敢再用？在众多浏览器中，失去一个360，还会有更多个百度、搜狗……出现的。

2012年9月13日，360安全卫士在其官方微博上对这次遭屏蔽的事件做出回应，称360浏览器违背Robots协议窃取用户隐私纯属幕后黑手诬陷，是根本不存在的事情。据360公司方面透露，自推出搜索以来，360迅速成长为中国第二大搜索引擎，然而另外一家搜索引擎却为了维护自身的利益诬陷和诽谤360的安全系数，甚至将360公司辟谣的内容全部屏蔽。360方面虽然没有直接说明这家幕后黑手是百度，但此时说辟谣内容被该搜索引擎屏蔽，而之前在别的地方又称辟谣内容被百度屏蔽，显而易见所表达的内容有多么直接了。

淘宝网这次是否被百度当刀使了我们没必要深究，但关于安全性的话题却不容小视。从客观角度说，不能因为周鸿祎曾经的身份是“流氓软件之父”，今天我们就质疑他的安全软件不安全。周鸿祎推出的360安全卫士的“免费”手段打压了很多竞争对手，而我们则必须明白，在免费的话题下，打败传统杀毒软件的不是周鸿祎，也不是360，而是当下这个互联网时代。

百度借刀杀人，而马云又顺水推舟，屏蔽360浏览器，对于这件事，网友们不禁反问，为什么周鸿祎的敌人那么多？为什么大家都要跟周鸿祎过意不去？

从心理学上分析，或许周鸿祎的好斗性格多少有点强迫行为，虽然竞争可以理解为是“战争”的一种，但毕竟不是所有竞争者都像周鸿祎这样打打杀杀、斗得你死我活的。

从周鸿祎经历的大大小小官司看，可谓败多胜少，至今我们也没有找到任何一个公司或者个人，能够像周鸿祎这样经得住一直以来的失败官司，百战不殆。周鸿祎的嘴“恶毒”地伤害了一些人，但同时也收获了很多尊重和赞许，敢爱敢恨的性格还是比较受欢迎的，周鸿祎的“毒舌”真正的优势不在于舍与得，而在于营销。这也就可以理解，为什么周鸿祎总是对谁都打打杀杀的了。

没有永远的敌人

在周鸿祎的作战方案里面，根本没有“老死不相往来”的解释，他认为，所有的强者都可以被挑衅，打得赢就打，打不赢就认输，要么战斗，要么和解，就这么简单。马云和周鸿祎打了十年斗了十年，从老死不相往来到不死不休，多么狠的词汇都解释不清二者之间的恩怨情仇，然而戏剧性的是，2014 年 1 月起有一条消息惊动了整个中国互联网——阿里巴巴要注入 360 了。

2014 年 1 月 24 日，多名了解内情的相关人士透露，阿里巴巴将入股 360 进行战略投资，最终结果也很快就会公布出来的。

早在 2010 年，马云与周鸿祎就开始有了合作。当时，从 360 收购了淘宝旗下的郑州红泥巴村开始，二人已经在利益的“怂恿”之下化干戈为玉帛了。对于 360 此次收购之举，周鸿祎所表达的意思相当之明确——进军电商。其实，别看周鸿祎做杀毒很有一些头脑和技术，但在电子商务领域可谓一窍不通。在电商横扫互联网的当下，做互联网却不做电商者必死！别看周鸿祎和马云恩怨颇深，但老周对马云这个怪胎在很多方面还是非常认可的。据说，周鸿祎为 360 所定位的“免费”，就是参考了马云淘宝的免费商业模式。淘宝因此灭了 eBay 荣升为电商 C2C 领域最大东家，360 走免费之路至今，我们也看到了它划时代的意义。

郑州红泥巴村是一家致力于童话创新事业的机构，旗下拥有以泥巴村为主题的童话玩偶，如星巴克熊、毛绒玩具、生日礼物和其他创意用品等，拥有一群时尚女性、学生和小情侣为代表的忠实粉丝团。360 收购红泥巴村后特别支持其在电影城项目的发展，刚接手时就已经在郑州新区选址了。

当然，这次合作只能算作二人的间接拉手言和，毕竟是红泥巴村和 360 看对了眼，马云想不同意也不行的。但这次决议入股 360，却是马云经过深思熟虑后的选择。

马云将360作为阿里巴巴下一个战略目标，其根本意义是他看到了360在搜索引擎领域做出的好成绩，与周鸿祎一起搭把手，阿里巴巴至少会在移动和搜索领域有更前景的未来，而周鸿祎也将借助阿里巴巴的平台，更有实力与腾讯和百度展开进一步厮杀。对于阿里巴巴的“实力”周鸿祎还是信得过的，首先其一手创办起来的淘宝网就曾经是360商业模式定位的好榜样，其次，阿里巴巴此前与UC、新浪微博、高德、美团、友盟等也有过或投资或收购的关系，成功的运作模式使其在移动互联网和O2O领域取得了很好的成绩，甚至推出“来往”和手游平台。可见，马云也看好了游戏和IM等领域，不排除同腾讯、百度成为劲敌，就冲这一点，周鸿祎和他就值得合作一回，为了共同的敌人，为了更好的自己！

360经过近十年的发展，在搜索引擎领域占有绝对的市场份额，可毕竟还是“第二”，这个排名是周鸿祎一直以来的痛。为了更上一层楼，周鸿祎开始将搜索业务放眼于战略层面，一旦与马云合作，360就可以与阿里巴巴相互借助对方的用户、流量、广告等所有可共享的资源强强联合、所向披靡了。

一直以来，中国互联网三巨头——百度、腾讯和阿里巴巴之间的角逐就没有停止过，但始终难分伯仲，对他们而言，360就是那个可以让天秤有所倾斜的砝码，周鸿祎选择和哪一方合作，就等于刷新出这个竞争局面的头把交椅。搜索引擎是360的优势，但却是阿里巴巴的软肋，二者的合作似乎显得不谋而合了。

江湖上流传着这样一句至理名言：敌人的敌人就是朋友。虽然周鸿祎和马云在不死不休的打斗中一路走过来，但比起三巨头之间的霸权争夺战，他们俩的争执也就是小打小闹，一旦有利益可图，合作也是可以实现的。360 公司的安全产品在 PC 端的市场覆盖率在 2013 年底时已经达到 95% 以上，在无线端也有七成以上的覆盖率，仅 2013 年一年的时间，360 搜索就将市场份额提升到了 23.1%，如果与阿里巴巴顺利合作，其 2014 年实现 35% 市场份额的目标根本就是十拿九稳的事情。

然而，半年的时间过去了，360 与阿里巴巴的合作消息还没有进一步落实，就在网友们开始怀疑年初时的“知情人透露”可能是谣传的时候，2014 年 7 月 10 日，360 与 UC 浏览器达成合作协议的消息不胫而走，让周粉和马粉兴奋起来，似乎 360 和阿里巴巴合作近在咫尺。同样做搜索，360 为何要牵着 UC 的手一起走？其中的玄机仔细斟酌便一片明朗了。

2009 年 8 月，UC 得到过一次战略性投资，随后，UC 在另一轮投资中再次得到更大的眷顾，这位对 UC 浏览器大手笔支持的“东家”就是阿里巴巴。虽然阿里巴巴持有 UC 的确切股份我们不清楚，但从马云出任 UC 董事来看，这股份的比例绝对不会太小。2014 年 6 月，阿里巴巴全面收购 UC，并组建 UC 移动事业群，UC 的董事长兼 CEO 出任该事业群总裁，同时成为阿里集团战略决策委员会一员。

从 UC 和阿里巴巴的关系上可以看到，360 与 UC 合作是第一步，第二步就剩下跟阿里巴巴合作了，虽然这个最后结果目前没有公布出来，双方也没有直接肯定这最终的结果，但很多事情往往在没有公布结果的时候，已经将最初的梦想和最终的期望完全呈现于公众面前了。一般情况下，像阿里巴巴入股 360 这样的大事件最终出结果之前，当事人双方会选择透露一些消息，营造一些所谓的传闻来对市场反应做一个试探，并且在媒体的迫切关注之下还低调地表示“不知情”“没听说”，这样没有从正面直接否定的词汇是不是可以理解为是间接的肯定呢？至少是给网民勾勒出一个大大的想象空间。

或许会有网友怀疑，说敌对就敌对，说言和就言和，周鸿祎和马云是不是忒不靠谱了？还是那句话，一切都是利益的驱动。周鸿祎曾扬言“不会涉足杀毒领域”，后来不还是推出了360杀毒服务了吗？而且承诺要永久免费；马云也曾坚定地表示“阿里和淘宝绝对不会做物流”，这个誓言在2010年就被淘宝网推出的大物流计划不攻自破了，而且，随着2013年初阿里巴巴菜鸟网络计划的推出，阿里集团已正式公布，其与物流企业、金融和资本企业达成一致，将共同筹建中国智能物流网，未来的十年，中国智能物流网能实现日均300亿的网络零售业绩和全国范围内的24小时各地达。

从即将合作的阿里巴巴和360来看马云和周鸿祎的关系，真的印证了那句名言：没有永远的敌人，只有永远的利益。

第九章 刀剑相向

逐步升级的口水战

商场如战场，商人之间的恶斗，本来没什么奇异的。怪就怪在为什么一个人可以如此轻松加愉快地成为众矢之的呢？

2010 年 6 月，搜狐刊登了一则消息，标题为“卡巴斯基张立申致 360 周鸿祎的一封信：回头是岸”。消息称，虽然时至六一儿童节，安全与杀毒软件领域的硝烟仍然在弥漫，没有因节日的到来而休战。此次战事的爆发，是由于周鸿祎持续在微博平台对遨游、金山、瑞星等发布系列言论。在激战正酣之际，张立申作为卡巴斯基董事长兼大中国区总裁，也不由自主地加入到口水战的行列。

消息称，卷入这场口水战的 CEO 及企业包括周鸿祎（360 董事长)、王欣（金山安全CEO)、陈明杰（遨游浏览器CEO)、傅盛(可牛软件CEO)。至于江民杀毒，该公司声称口水战非其所爱。瑞星则以沉默对之。

促使卡巴斯基参战的根由，却是源自周鸿祎的一句话。在一次站长大会上，周鸿祎说："没有360，在中国卡巴斯基根本没有机会。"面对这样的言论，张立申是不得不发表一下意见了。但他似乎不想卷入这场似乎永无休止的业界骂战之中，于是发布了一封不温不火的信给周鸿祎，提醒他要"回头是岸"。意为快快悬崖勒马，否则贻害无穷。

面对周鸿祎从"华山论剑"到"舌战群儒"的角色转变后的斗志不减，终端用户的呼声可是越来越强烈。他们呼吁所有公司尊重用户，让用户拥有自行选择的权利，而不是以这种口水战的方式表现他们对用户的熟视无睹。这场口水战的始作俑者，将电脑用户拉进被多方蹂躏的主战场，频频交手，不眠不休。

在致周鸿祎的信中，张立申称周鸿祎为"周总"。来信首先肯定了卡巴斯基在大中华地区、亚太地区、乃至全球的优秀业绩。张立申说，当周鸿祎在第五届互联网站长年会上说没有360，卡巴斯基在中国根本没有机会的时候，他正在布里斯班参加公司澳大利亚的渠道大会。卡巴斯基的业绩在以往的十年时间里，一直维持全球性持续发展和增长态势。

到当时为止，该公司已经成为全球第四大互联网安全企业。在互联网行业的全球性企业中，卡巴斯基的增长速度仅次于谷歌。特别是在个人用户安全领域，该公司更是取得了令人震惊的全球性大发展。在法国、德国都稳居第一，并且2010年第一季度，在美国市场也占据头把交椅。这些成绩说明，卡巴斯基即使在美国的市场上，也成为最受消费者青睐的品牌。

但是，张立申话锋一转，谈到360熟悉和仰赖的中国市场上，卡巴斯基的显赫地位。他将卡巴斯基称为专业安全软件的排头兵，并肯定了卡巴斯基每天为大量的中国学校、企业、政府和金融机构提供的网络安全服务的专业性。他还提到了QQ邮箱、网易邮箱，并称包括上述两种邮箱在内的中国主流邮箱都是由卡巴斯基提供反病毒引擎保护的。所以，有数以亿计的互联网使用者在享受卡巴斯基的安全服务。

显然，张立申在提醒周鸿祎，360只是一个中国企业，尚未迈出国门，岂能同卡巴斯基这个跨国企业相提并论？不要以为你360在中国取得的这一点小小的成绩，就是你周鸿祎出言不逊的资本。跟卡巴斯基比起来，你还只是小弟，等哪一天你在世界市场上做出成绩，再回过头来对我评头论足不迟。

张立申以一个循循善诱的大哥哥的姿态开始谈做人的底线。他觉得，为人和经商都要遵循两个基本底线，一个是不做恶，一个是诚信。他比周鸿祎年长十岁，而且以前打过交道，所以他凭借对周鸿祎个性的了解和掌控，指出他急功冒进的毛病，说他可能是急于做出一个伟大的产品或成就一家伟大的企业，并且可能急于得到跟别人平起平坐的地位。

他对此表示理解，肯定周鸿祎的聪明勤奋。但是他认为周鸿祎针对卡巴斯基的言论纯属无稽之谈。什么叫“没有360，卡巴斯基在中国没有机会”？至此，张立申才谈及当年360与卡巴斯基合作的事情。

张立申没有在这封公开信里说出当年合作的具体细节，也无法让大众了解更多的详情。但是他表示，自己无法再保持沉默，因为周鸿祎的话有违一些“事实”。

显然，用户看到这里，可以察觉卡巴斯基同360之前是有一纸协议的。虽然协议的具体内容未被公布，但张立申表明，卡巴斯基进入中国的时间，比周鸿祎首次发布360的日期早三年多。也就是说，卡巴斯基赢得中国客户信任是在周鸿祎发布360之前。显然，张立申是在强调卡巴斯基先于360在中国发展的事实，以此说明卡巴斯基的成长是不可能被360左右的，也并不是依靠360的帮助才在中国市场上驰骋的。

那么周鸿祎的言论的根源又在哪里呢？据张立申透露，似乎是周鸿祎当年先找到的张立申，请求与他合作。张立申在公开信里表示，周鸿祎显然是看上了卡巴斯基在中国网友中间的影响力。

说到这里，不免让人心中疑惑，当初是周鸿祎想利用卡巴斯基，而非卡巴斯基利用了360。显然，作为年长的老大哥，张立申远比周鸿祎会做人得多。他的信写得有理有利有节，并且保持了谦逊和隐忍的姿态。他又用数字说话，引用了百度搜索排行榜作为佐证：到2010年5月30日，卡巴斯基在该榜的累计上榜时间是2462天，而360是1189天。显然，卡巴斯基被中国网友搜索的时间比360早大约四年。

接着，张立申在这封公开信里的话语显得愈发“义正词严”起来。他指责周鸿祎总是把自己摆在卡巴斯基最大帮手的位置并以此自居。他说，卡巴斯基公司之所以没有辩解过，是因为不想把有限的资源和精力浪费在公关、炒作，或者践踏和打压别人方面。

相反，这些资源应该被用来做好产品。他说出自己这次忍无可忍地站出来说话的理由，是周鸿祎的言论伤害了卡巴斯基的中国员工、经销商和终端推广员。张立申指责周鸿祎无视这些人在过去七年中的辛勤耕耘，并且挑衅他们为中国互联网安全做出的卓绝贡献。

说到这里，张立申透露了当年360同卡巴斯基的合作项目——把卡巴斯基的激活码免费赠送给下载360的网民。这个举措让360获得了大量装机量。

张立申认为，360卫士后来的用户规模都是当年独家赠送卡巴斯基的结果。可是卡巴斯基说过没有我们，360在中国根本就没有机会的话吗？因为张立申认为，二者的合作关系是建立在互惠双赢基础上的，是同当时的外部环境密切相关的，时至今日已无法复制。

张立申再次以年长周鸿祎十来岁的合作过的伙伴身份挑明了周鸿祎动作的目的性。指出360安全卫士在同卡巴斯基合作期间，曾经大力推动同卡巴斯基竞争对手的合作。而现在360免费推出的杀毒软件，也从根本上打破了以往的承诺。他表示卡巴斯基和360不是竞争对手，而且预言卡巴斯基将继续维持其世界专业安全软件领导者的地位。

张立申一再强调卡巴斯基的跨国公司地位，显然是在提醒周鸿祎不要总是摆出一副盛气凌人的姿态，毕竟360只是一家中国企业，在中国的地盘之外，未见得有太多的话语权。而卡巴斯基则不然。如果你真行，也在国外市场上做出一些成绩让大家看一看，否则就不要这样咄咄逼人，四面出击，其结果一定会以四面楚歌收场。

这次，周鸿祎的确是被老大哥张立申抓住了把柄。他一向口无遮拦又直言不讳，而且说话很少躲躲闪闪讳莫如深。可是张立申的一席话语和摆出的高姿态，也着实令他无言以对。在信的末尾，张立申劝说周鸿祎把聪明才智用到对用户真正有利的方面，对互联网发展真正有利的方面上来。他把周鸿祎说成是一个不甘停下，奋不顾身向前跑的人。但是，他觉得，人生有必要暂时停下来，才会发现原来回头是岸。

信的结尾显得意味深长，颇有劝周鸿祎悬崖勒马的暗示。周鸿祎也许也感到了这件事情发生得无厘头，可是他是不会服输的，也不会软下来。他始终是要保持自己斗士的姿态。于是他在微博里不无讽刺地做了简短回应，称张立申是“收费杀毒厂商老总”，并说自己仔细拜读后，领会到这封信的真正用意是：放弃免费杀毒，和他们一起收费，那就一切 OK。之后他反问网友：你们希望我回这个头吗？

他指出卡巴斯基想把市场的方向引领向收费的轨道上去，而他赚的主要不是普通用户的钱，搞起了免费，从而为未来杀毒软件市场确定了另一个截然不同的运作模式。这样必然遭致同行的排挤和打压。

张立申也许很会做人，有长者谦逊和循循善诱的品质，但是，互联网行业是高科技产业，行业科技进步和发展瞬息万变，即使是百年老企业，面对汹涌澎湃的科技大潮的侵袭，都无法永葆健康活力。科技和现代商业需要建立在最大限度满足用户需求的基础上，而不是单纯地做人处事圆滑周到这么简单。

周鸿祎的回复虽然简练，但切中要害，直击卡巴斯基的软肋。他这个互联网行业搅局者的登场，似乎预示着任何想阻止时代和科技潮流，违背客户意愿的行为和企业，终将要被大浪淘沙般逐渐推下历史舞台。

2014 年 9 月 24 日，在新一届互联网安全大会上，周鸿祎做了发言，阐明了未来互联网安全领域面临的严峻形势和对策。他指出，大数据时代信息安全有三个基本原则，第一是保护用户数据和隐私；第二是明确用户对数据信息的所有权；第三是保障用户在信息使用和交换时的知情权。如今，360 在周鸿祎及其战友的领导下，已经成为互联网安全领域的领头羊。卡巴斯基时代一去不复返了，就连瑞星似乎也无东山再起的可能。互联网市场上的风云变幻，又岂能轻易被阻挡?

免费的用户是制胜的法宝

面对周鸿祎的言论，卡巴斯基 CEO 访华对周予以反击。可是周鸿祎仍然把免费的 360 做得风生水起。但是，他的对手可不这么认为。在他们眼里，他是一个搅局的“异类”。

早在 2008 年，周鸿祎就接受过一次媒体采访。他用严肃正统的语调，耐心详细地为记者解释关于 360 推出免费杀毒的梗概。面对记者的询问，他曾表态，360 跟卡巴斯基之间没有冲突，但是一台电脑不可能使用两套杀毒软件，这是没有办法的事情。不过他想让用户自己选择，并且提出一个大的概念，就是监控引擎和查杀引擎应该分开。

可见，在 360 推出伊始，虽然业界人士敏锐地察觉，奇虎 360 将大力冲击杀毒市场，但是 360 尚未引起业内巨大的震动，所以，此时的针锋相对还掩藏在风平浪静的外表之下，并没有形成像 2010 年那样剑拔弩张的局面。周鸿祎在 2008 年推出 360 安全卫士，并宣布 360 将对用户永久免费，这还只是一个开始。

采访时，记者对周鸿祎透露，江民、瑞星、金山都对360的免费举措提出了一些看法。老周似乎不知道他们是怎么说的，都是什么态度。于是便直言不讳地问记者。记者回答，瑞星的毛一丁说需要先看到360的产品，才能说话。金山的王欣则说，先要关注360的技术引擎、病毒库的来源，然后再看商业模式。他说他们也探讨过很多免费的模式，但感觉长时间的探索是必须的。

此时大家对于360的未来，还仅仅处于探讨阶段。记者于是问老周，去年他曾说过不做免费杀毒软件，为什么今年就开始做了？老周回答，时至今日，每个上网者都面临安全威胁，而安全服务网络化的趋势也越来越明显。如果不推出免费杀毒，整个服务链里面就会缺失一块。老周又提及了跟卡巴斯基沟通过，卡巴对此稍有顾虑。而事实是，免费版本的推销对他们的销售有帮助。而且瑞星也在推销免费版本。

周鸿祎说，他想他们有必要找一家技术比较好但没有用户的厂商，一起合作来推出一个免费版的杀毒软件。

周鸿祎在接受网易科技这名记者的采访时，话语还是比较平淡，不露锋芒的。可是转眼到了2010年，形势就有了深刻的变化，也让许多人始料未及。在这一年，周鸿祎被媒体称为在中国市场上四面树敌的奇虎董事长。媒体形容他喜欢“破坏性创新”，在中国互联网界一直被视为斗士，并且得到“红衣大炮”的雅号。原因皆由于他跟几乎所有意见不合的人士起争执。

联想到他自幼喜欢打仗，这也许是他个性中的一个因素，任凭岁月的流逝也抹杀不掉往日的痕迹吧。可是如今的他，在公众面前，是一个个子不高，不修边幅，笑起来像孩子一样憨态可掬的中年人。

似乎看不出是个爱打仗的人。形象同个性之间的反差，为他的个人魅力加了分。

然而360还是对卡巴斯基的销量造成了严重的冲击。据张立申透露，由于一段时间之内受到免费杀毒软件的强大威胁，卡巴斯基的销量下跌了几乎20%。因为一般新购置电脑的用户，会选择免费的杀毒软件。

当然，卡巴斯基是不会放过中国市场这块日益成长的肥肉的。为了遏制360的冲击，俄罗斯人决定给周鸿祎来一记重拳。2010年8月29日，卡巴斯基这个来自于俄罗斯的全球杀毒软件巨头的创始人兼CEO尤金·卡巴斯基来华访问，并且宣布推出卡巴斯基2011版。张立申也表示，360的免费杀毒市场将被越来越多高质量的收费杀毒产品瓜分。卡巴斯基似乎要和其他厂家联合起来对付360。

看来，周鸿祎的奇虎360这次是真的迎来了一只大老虎。以往中国杀毒软件公司对周鸿祎是一副无可奈何的架势，可源自俄罗斯的卡巴斯基可不屑于只周旋在口水战的阵地上。相反，它重拳出击，对360的挑衅进行反击。

而且，360的原总经理傅盛2010年也正好结束了竞业禁止期，得以重获自由身。他选择返回杀毒领域，推出了免费的“可牛杀毒”。张立申说，可牛的杀毒内核正是卡巴斯基的。

这虽不能被定为真正意义上的内讧，但也足够辛辣和讽刺。

其实，除了可牛，中国以及世界市场上必将有越来越多的免费杀毒产品推出。可是卡巴斯基逆潮流而动，坚持收费原则。尤金·卡巴斯基对记者说，安全是一个严肃的话题，免费杀毒软件无法给数千名工程师提供帮助，进行持续的更新和使用。

也许，从某种意义上说，尤金是对的。但是，360模式一出，在普通用户端，收费版本大势渐去终成定局。

早在2008年，记者就问过周鸿祎，王江民说杀毒市场只有几十亿可赚，市场并不大，360会不会吃不饱？老周首先表达了对王江民的尊重，称他为王老师。

周鸿祎说，360在这个市场里，可能一分钱都赚不到，因为他们不想卖杀毒软件，只是想通过免费的安全途径促使更多的人上网，保障他们的安全。他当时给360的定位是将来的互联网公司，而不是一个杀毒软件企业。也就是说，此时的周鸿祎脑子里有一个宏观的规划，就是在一个大的互联网环境下，先为客户提供免费的安全保障，然后再逐步探讨其他的盈利模式。

周鸿祎的回答初看上去似乎让人很难领会他的用意。但是细细品味便可知，正如他自己所说，他想做的是为整个互联网的安全系统提供服务，而不是单纯地销售安全软件。很明显，周鸿祎在网络安全的问题上，眼界比卡巴斯基开阔。虽然他没有像卡巴斯基那样行销全球，但他追求中国上网人数的增加，大力推动网络市场的膨胀，在这一点上，他具有高瞻远瞩的商业头脑和超前意识。

扩大整个市场的容量，就等于给一个行业中的企业创造更多的盈利机会。

可见，经过多年的历练，老周的仗打得是越来越精了。他指出，收费软件的出路在于中小企业市场。如果把这块阵地开辟出来，收费杀毒产品的市场还会扩大。

生命不息，战斗不止，一直是老周无言的口号。与CNNIC的争斗，被马云招安，与阿里巴巴集团口水战的爆发，与百度李彦宏几乎爆发肢体冲突，等等，这一切都无疑给他的周身披上了一层圣斗士的光环。互联网改革强烈地冲击着老周的革命行为和斗志。

大家可以看到，老周一直是进步着的。虽然他靠流氓插件起家，但是3721毕竟被他自己亲手“干掉”了。360清理了各种流氓软件，用户和业界的认可又回来了。可是他自食其言，毅然进入免费杀毒领域，就不可避免地与老牌杀毒厂商诸如瑞星、金山和江民等公司产生剪不断理还乱的利益纠葛。口水战也像一日三餐一样稀松平常。

与此形成鲜明对照的是，虽然商家的口水战此起彼伏，战祸却没有殃及普通用户。很快，360系列产品就占据了中国电脑用户的桌面。

其实，360在周鸿祎心目中，只不过是一座桥梁、一个纽带和一个过渡而已。他认为免费的思路其实被很多家公司应用过，比如搜狗输入法就是免费的，网易的词典也是免费的，这些都是长久互联网模式。他说，因为我们是“互联网”，所以不会在意一款软件能不能收费，而在意能不能得到用户的使用，再探讨新的商业运作方式。

周鸿祎是搞技术出身，他的话和思路也许一时不能被一些人领会。这里有几个关键词：长久、互联网、忠诚用户、新的商业模式。是不是可以理解成：若想长久，必得免费；互相联网，必能收费；忠诚用户，利益保障；商业模式，建立其上？

基于这样的思路，才有了后来的“没有360，卡巴斯基在中国根本就没有机会”这句话的脱口而出。

那还是在2010年5月29日的第五届中国互联网站长年会上。周鸿祎表明，360拥有巨大的用户量，而且开放流量和用户平台。紧接着，就道出了那句点燃卡巴斯基这门超级俄罗斯大炮的话。他说，世界之窗在360的帮助下正在飞速成长。显然，他是在推广自己扩大用户的理念。只要有用户，大家强强联手，什么都可以搞，什么都能实现。

可是，也许他根本没有顾及到自己的这一个论据即将得罪人了。所以，他仍然慷慨激昂地宣讲着自己对互联网的规划大计。只是搞技术出身的他，如果不试图将自己的想法用更加形象生动又浅显易懂的语言表达出来，就会造成了门外汉一时听不懂，业内人士又觉得受到他的言语攻击的局面。

他骄傲地对台下听众们说："我在中国改变了互联网浏览器的格局。"的确，他说得没错，很多格局确实是他一手改变的，就像将电脑硬盘格式化一样简单。可是他的个性使他忘记了不张扬的好处。枪打出头鸟，木秀于林，风必摧之。你功不可没，别人如果说出来，就已经把你摆在一个很显眼、很醒目的位置上了，更何况是你自己信誓旦旦夸下海口这样一味地标榜自己呢？

于是，互联网上的看客们又有热闹可瞧了。

不管怎样，老周在普通职工和网民眼里，像明星一样炙手可热。因为他提倡的互联网免费服务理念，得到广大网络用户的认可和支持。他为网民打造了便利廉价的安全产品，他改变了一个时代，也造就出另一个新的时代。

替天行道

当初周鸿祎争取到同卡巴斯基的合作，共同做推广，但代价是每年要支付给卡巴斯基一定的补偿。他有自己的打算，就是通过做免费的杀毒软件而扩大市场占有率。

面对媒体质疑，老大哥张立申曾在2010年8月29日回应，其实卡巴斯基同360的关系并没有那么差，是互惠互赢的。而且他说，当年是周鸿祎给我很多钱，才能免费向用户送卡巴斯基的软件，而不是我给他钱。

张立申在这件事情上显然不想言不副实，夸大其词。而对于像卡巴斯基这样的国际厂商的漏洞，周鸿祎早就先知先觉地指出来了。2007年，老周针对卡巴斯基和诺顿的误报误杀现象评论说，根源在于本地化程度不够。他在接受新浪科技采访时说：杀毒产品已经从单一的产品变为一种服务，从而对本地化提出了更高的要求，但是国际厂商在这方面步履缓慢，没有跟上发展。

周鸿祎对于卡巴斯基弊端的了解，源于360和卡巴斯基之间曾经的亲密合作关系。在2006年，360同卡巴斯基合作，网友安装360就可以免费获赠卡巴斯基，从而令双方借助对方的市场达到了飞速发展的目的。从此，默默无闻的360安全卫士成为仅次于QQ的免费客户端软件，而卡巴斯基也成为中国最大的盒装杀毒软件公司。

了解强化认识。周鸿祎在2007年指出，卡巴斯基的本地化错误是这个行业问题的证明。他认为不同地域的用户对安全类软件的需求差别很大，而卡巴斯基的测试人员在俄罗斯不会用QQ，诺顿在美国测试时，也一定不知道中国人在用什么样的软件。他说在同卡巴斯基合作时，曾遇到过一些本地化问题，就连病毒样本都要报到俄罗斯那边去。也就是说，中国公司无权决定经营上的问题。虽然误报不会影响二者之间的合作，但老周表示，奇虎会建议卡巴斯基多关注本地化。

周鸿祎以他敏锐的嗅觉和观察力，指出了国际安全软件厂商的弱点。他表示，杀毒软件就跟药一样，是有副作用的，如果判断规则太严格，就容易出现误报现象，可是如果规则太松呢，又容易出现漏报。要根本解决这些问题，就要建立本地化团队，或借鉴 TOM 和 eBay 的合作方式，跟一个本地企业共同成立合资企业，然后放权给该企业自行运营。

他认为中国的流氓软件和美国的流氓软件很少能跨越国界在彼此的国家泛滥，所以杀毒软件的研发测试和市场营销以及管理方面，都需要把本地化摆在很高的位置。

如果误杀事件演变成口水战，整个杀毒产业可能会被毁掉。所以，出现问题以后，企业必须以最简单最直接的方式先帮助用户解决问题，而不是互相推诿。否则，用户会对整个行业失去信心。而且企业要积极认错和道歉，同行也不能抓住小辫子不放，只有这样，信任危机才会被化解。整个行业好做了，才会出现很多赢家，否则都是输家。

360 和卡巴斯基的合作却只经历了短短 20 个月。就在周鸿祎对误报事件发表看法之后一年多，在 2008 年，360 推出了免费杀毒软件，逆袭卡巴斯基的杀毒市场。从此二者关系日趋紧张。为此，卡巴斯基停止了同 360 的合作，不再允许其免费赠送卡巴的杀毒服务。但 360 安全卫士的网站仍然可以购买到卡巴斯基。

之后二者的分歧越来越大。周鸿祎坚持走免费路线，卡巴斯基却推出了全功能安全软件 2009，旨在强调“全功能，才安全”的理念，并持续走收费路线。

互联网是海，是天空，那么周鸿祎就是海洋里尽情跳跃的鱼，天空中展翅翱翔的鸟。他不愿让“收费”二字束缚住自已的手脚。

对于同卡巴斯基合作的缘由，后来周鸿祎本人透露出一部分实情。原来，早在2005年，当周鸿祎还在为雅虎效力时，他就有了一个想法，推出一个上网安全软件。他给这个软件起了个名字叫“上网助手”，并在头脑里产生一个雏形，就是“安全软件+免费杀毒”。可是他这个概念太过超前，以至于没有多少人理解。

为什么这样说呢？因为当时占据国内几乎全部市场份额的瑞星、金山和江民，都不可能接受他的提议。他们的软件销量都很不错，每家公司一年都能盈利几亿元，收钱都忙活不过来，又怎么会去尝试免费赠送？所以，他对这些公司的说服教育，没得到半点效果。他提议这些公司给他提供一个免费或半免费的杀毒软件，跟雅虎上网助手捆绑在一起推出，哪怕是试用版、简要版也行。然而他无一例外地遭到了拒绝。

后来他想到了卡巴斯基。这款软件处在中国市场的夹缝里。因为它的技术好，所以对电脑的性能要求比较高，只在一些小众市场和高端用户中间享有比较好的口碑。可以说它的杀毒技术很好，但是在大众客户中没什么市场。

考虑到卡巴斯基的窘境，周鸿祎决定去找这家公司的负责人试一试。他知道卡巴斯基大中华区总裁是张立申，便找到他，向他表达了自己的意思。有鉴于卡巴斯基目前的形势，想战胜瑞星、金山和江民是不可能的，所以，不如背水一战，跟雅虎合作做免费推广，先扩大知名度，等大家免费试用以后觉得不错，肯定会有一些用户自己掏钱购买正版。

他还建议张立申借助雅虎的在线平台搞网络营销，可以节省很多成本。张立申虽然感觉这个建议可取，但却下不定决心。周鸿祎推断，也许张立申是考虑现在再怎么差，也能卖几万套产品出去，创造几百万元的经济价值。如果推出免费版，还有谁会那么轻易掏钱买正版，那卡巴斯基可就惨了。

在几次交谈无果之后，周鸿祎在不得已的情况下，自己到电脑科技城做了实地调查研究，从而估计出卡巴斯基当时一年的销量大概是低于1000万元。所以他跟张立申说，可以跟卡巴斯基各自分担一半的风险。雅虎每年会固定给卡巴斯基500万元人民币作为补偿。张立申考虑再三，最后答应了。

但是想得到雅虎总部的支持，却比争取合作者还难上加难。为这件事，周鸿祎曾亲自兴致勃勃地跑到雅虎美国总部，向公司高层管理者描述网络安全市场未来的前景。他建议公司同卡巴斯基合作，甚至建议雅虎收购卡巴斯基。以这种途径，雅虎可以和其他公司在安全方面形成差异化的竞争优势，就不怕跟谷歌竞争了。因为雅虎可以打出“安全”这张王牌。

可是，对于周鸿祎的思路，不但国内同行难以领悟，跨国公司的老总们同样是摸不着头脑。

这完全不符合这些西方管理者的逻辑。所以，雅虎总部指示雅虎亚洲：终止同卡巴斯基的合作。

由于种种不合，老周在2005年离开了雅虎，开始自己创办公司。有一天，他接到了张立申的来电。张在电话里问他，答应过的事情为什么办不成了。周鸿祎很无奈，只好实话实说：雅虎不是我自己的企业，人家老板不同意，我也没有办法。他一拍胸脯表示：算我欠你的，以后如果你有需要，我肯定找你合作。

后来在2006年周鸿祎开始推出360安全卫士的时候，张立申来找他了，希望能继续上次的合作。周鸿祎也想合作，但拿不出雅虎那么多钱。于是，他们最终签订了一个协议，360 每年补贴卡巴斯基 300 万元人民币，用来购买卡巴斯基半年的激活码。两家公司联合做推广。如果网友最后选择付费使用卡巴斯基的话，销售收入按比例分成。

原来事情是这样，大家恍然大悟之际，发现老周为了推销他自己的互联网理念，真是承受了不少误解，一路走来，也经历了不少“化玉帛为干戈”的事件。然而胜利需要斗争方能取得。没有斗争，没有革命性的推翻和再造，商业神话不可能一蹴而就。他一再强调，卡巴斯基的半年免费政策是由 360 买单的，这说明 360 从一开始就是致力于做免费的互联网安全。

在他的人生轨迹里，战火是不可能停息的，并一直绵延至今。2012 年，他被雷军指责为与华为、TCL 合作以培育自己的品牌，为自己进军手机行业作先锋。雷军公开提醒手机厂商，周鸿祎待时机成熟以后就会把你们一脚踢开，自己单挑，故伎重演：利用卡巴斯基建立杀毒品牌然后将其踢掉。后来，果然 360 跟华为不合作了。

从周鸿祎和张立申的互惠共赢的合作来看，双方都认可是在借彼此之力成全彼此。雷军这样的判断显得有些武断了。商人怎会不懂商业规则。商场上的合作甚至利用都是必须的，本无可厚非。怪只怪雷军和周鸿祎都是个性鲜明的人，所以，一个被网友称为 IT 劳模，一个被称为“战争之王”。老周就差被捧上“战神”之坛了。网友又给他们冠以“雷不群”和“周冷禅”的名号。

IT 不仅是一个行业，一个战场，更是一个比娱乐业还娱乐大众的笑料滋生地。周鸿祎带领 IT 精英们掀起的一次次战火，等于有意无意为自己的公司做了最好的广告宣传，而且还带有炒作性质的爆炸性效果。这不，雷军又在往周老板头上泼冷水，告诫他：商人赚钱就赚钱，做生意就做生意，不要搞得好像在替天行道一样。

2014 年，有人感觉周鸿祎变了，变得不那么爱搅局，爱做斗士了。也就是说，360 好久没有推出具有杀伤力的新发明创造了。老周现在已经把著书立说当成工作之一，总结以往成功的经验。外界质疑他这个互联网斗士怎么了，其实可能只是想得太多太复杂了。老周无非是以出书的形式，“给公司省点费用”罢了。毕竟，书也是宣传的一大利器嘛。

第十章 “免费”的新对手

持久消耗战

周鸿祎推出的免费杀毒软件，点燃了同瑞星口水战的导火索。他受到马化腾的启发，通过免费的方式积累用户群体，只不过在这条道路上，不会再像马化腾当年那样一枝独秀，他需要在现有杀毒厂商手里抢客户。这样一来，一场恶战就再所难免了。

周鸿祎与瑞星的恩怨，还要从他发布免费360安全卫士开始说起。就在瑞星卡卡6发布的第二天，周鸿祎推出了360免费版。

彼时，国内杀毒软件市场的形势是：瑞星、金山、江民三大厂家三分天下。也就是说，国外杀毒软件已基本被排斥在外。瑞星高踞榜首，在15年的成功运营之后，瑞星的市场份额是6000万，而当时国内全部电脑使用者是1.62亿。也就是说，近一半的市场都是瑞星的。瑞星是当之无愧的老大。

剩下的市场几乎全部被金山和江民占据了。中国杀毒软件市场是这三家共分天下的局面，共同占有75%的市场份额。其余25%才是其他品牌的市场。这三家电脑公司的营业收入高达10亿元，是一块大蛋糕。

可是周鸿祎推出了免费的360，无异于是在砸成功杀毒软件公司的饭碗。于是，360和瑞星之间的矛盾几近白热化，口水战愈演愈烈。周鸿祎和瑞星的毛一丁，环环相扣，你来我往，虚虚实实地过着招。看客们观战可是眼红心热。

有人评价说，周鸿祎真厉害，骂人都不带脏字。还有网友表示，中国人的那点聪明，全都用到算计竞争对手上了。其实，这些调侃似的评价未免片面。360和瑞星之间的争斗，绝不是简单的口水战或者修理竞争对手那么简单。

面对逐步升级的口水大战，有人对周鸿祎颇具微词。博客里有人说他偷换概念，抓了他的小辫子。他曾说过，他是个互联网原教旨主义者，他认为互联网最基础的服务都应该免费。这句话对于网友来说是非常好听，极具吸引力的。

于是他们说，你周鸿祎所说的基础服务，无非是包括你举例的杀毒、邮件、搜索和即时通讯。毫无疑问，这些本来都是可以赚钱的，但你现在偏要将他们都搞成免费的互联网基础服务，这是什么意思？砸别人的饭碗有什么好处？

恐怕很多人还没搞懂，都断定他是个骗子。免费杀毒，那360怎么赚钱？一定是想偷用户的资料。所以对手讽刺他：如果高兴，周鸿祎会把医疗、交通、餐饮也看作互联网基础服务。

那可坏了，那就一切生意都可以免费，“免费”一词就将无所不能。所有现代商业盈利模式都将变成社会福利，以免费服务的形式提供给大众。真是岂有此理！对手们现在唯一的想法，是周鸿祎要借此取得舆论和市场上的优势。可是，优势指的是盈利。不盈利不赚钱，周鸿祎的优势在哪里？

有人分析周鸿祎和毛一丁之间的过招，是瑞星用自己的二线产品——瑞星卡卡，来对付周鸿祎的一线产品——360 安全卫士。而这时如果周鸿祎用自己的二线产品打击瑞星的二线产品的话，他就不是高手了。他当然是用自己的二线产品打击瑞星的一线产品。那周鸿祎的二线产品是什么呢？是 360 杀毒。而杀毒软件正是瑞星的一线产品。

无疑，周鸿祎再次成为搅局者。杀毒市场本来是有着很好的盈利模式，而且随着中国互联网用户的增加，这块蛋糕将会越变越大。守着这样有发展前景的市场，偏要进来搅局，周鸿祎不能不说是瑞星的眼中钉，肉中刺。2008 年，周鸿祎以一句：“对不起，算我食言了。”出人意料地宣布同罗马尼亚 Bitdefender 公司合作，推出 360 永久免费杀毒软件。

瑞星像被用尖刀架在脖子上一样坐卧不安，大有外星人侵占地球的恐慌。口水战之中，周鸿祎的“算盘”被抖落了个底朝天。有人说他做奇虎，本来是因为妒忌百度取得的成绩。可是几年的时间一晃就过去了，他距离百度还是十万八千里。所以他猴急了，在 360 安全卫士出乎意料地成功之后，他拿捏到进攻的方向，瞄准了瑞星的有利地位。

他曾说过自己是将竞争对手当成磨刀石的人，这次他看准了瑞星，而且知道瑞星一定会一如既往地“像一根弹簧一样跳起来”，屁颠屁颠地尾随着他。

总之，竞争对手认为他的出现，真像一个灾星一样。可是对互联网用户而言，免费的360代表福星高照。

当然，除了瑞星方的一面之词而外，支持360的网友还是替周鸿祎说了很多公道话。瑞星跟360死磕，就是因为免费二字。他们认为周鸿祎的做法不厚道，让杀毒厂商无利可图。而最可怕的不是奇虎本身，因为奇虎的免费软件不盈利，它支持不了多久。真正最可怕的是，奇虎推出的免费软件影响了现有杀毒厂商的利益，搅动了行业格局。

他这一招，是瑞星没有想到的，所以瑞星晕头转向了，形容他画了一张大饼给众人看，好对得起浪费掉的时间和手里的4500万美元。

据此来推测，周鸿祎这一做法似乎是为自己过去的失误找一个借口和出路。否则他不可能使出这样“疯狂”的招数。其实，他还不至于仅仅为了弥补以往的过失而用阴招破坏整个市场的游戏规则。他只是在找出路。就像当年腾讯的马化腾一样，先用免费来打开巨大的市场局面，即使家财散尽也在所不惜。而当QQ的用户群上升到一定规模，比如2亿，这时，这款软件就成为人人必备的通讯工具。于是，滚滚财源就如期而至了。

这个思路是再简单不过的。但马化腾当年搞QQ的时候，并没有其他类似QQ的软件厂商以盈利模式搞这类东西。所以，马化腾几乎不会触及任何人的利益。他的QQ也在静悄悄地潜移默化的成长之中慢慢做大。

可是周鸿祎不一样。他受到马化腾的启发，也想走这条简单易行的路，就是先培养庞大的客户群，然后盈利模式自然会建立其上，到时候不愁赚不到钱。可是关键是，已经有很多有实力的厂商在做收费杀毒软件，他这么一搞，这些厂商的利益立刻受到前所未有的巨大威胁。于是，所有人都对他群起而攻之。带头大哥当然是瑞星。

瑞星首先登报声明，360推出的免费版杀毒软件，在功能组件方面是严重缩水的。换句话说，这样功能不全的杀毒软件，并不能有效地帮助用户解除后顾之忧。

360方的回应是：用户在意的不是杀毒软件缩不缩水，他们在乎的是软件能不能有效杀毒。

瑞星于是又开始为奇虎的盈利模式担忧。而360指出，既然我是你的竞争对手，我不盈利倒闭了，不是正中你下怀吗？你替我担惊受怕什么？哦，你担心的不是我盈不盈利，而是我的盈利模式，会不会对你的盈利模式造成巨大的冲击。

其实，360并不是一点不盈利。因为在360推出的免费杀毒软件中有被植入的广告。

360在这场争斗中，优势并不明显。最重要的一点就是360在技术方面的薄弱。它不可能搞云安全技术，因为该技术是需要五年以上的技术积累才能搞。瑞星卡卡的装机量是5000万，360是大约8000万。如果卡卡成功，二者之间的差距很可能被缩小。

现在瑞星和360的一切动向，明显是在争夺市场占有率。马化腾当初面对的市场是一片空白，而周鸿祎只因迟来一步，就需要全情投入战斗，才能从对方的阵营之中抢夺客户。瑞星为了阻击周鸿祎，推出了云计划的概念，却让大多数人摸不着头脑，什么是云计划？

用户在一头雾水的同时，突然看到周鸿祎提出的“免费”计划。这回他们一下子看懂了，而且眼前一亮。而周鸿祎知道，你可以在一时欺骗所有人，或者永远欺骗一些人，但你不能永远欺骗所有人。想占领市场，你就要真正让用户满意。所谓水能载舟亦能覆舟，得人心者得天下。在这么严肃的问题上，他是不会跟用户开玩笑的。

瑞星还记得，一年前周鸿祎曾许诺过，不做杀毒软件。怎么现在这小子突然变卦了？就在 360 推出免费版之后的一个月，奇虎的下载量增加了 20%，而瑞星则下降了 15%。瑞星彻底恐慌了。照这么下去，自己的领地会被一口一口吃掉的。根据地被蚕食，意味着以后会几无立锥之地。

直到 2013 年，360 和瑞星之间的战火仍然没有平息。5 月 5 日，有部分瑞星用户向瑞星客服中心报告，他们下载了 360 安全浏览器之后，电脑系统崩溃并蓝屏。瑞星借此提醒用户，如果你正在使用瑞星 2008 版杀毒软件，请不要安装使用 360 浏览器。如果要使用的话，就只能卸载掉瑞星杀毒软件 2008 版。

客户满意度和忠诚度，是现代企业力求达到的战略目标。有了客户的认可，你就有了市场，就有了取之不尽，用之不竭的盈利源泉。而且，做老客户比重新赢得新客户成本更低，更划得来。不过想做这笔划算的买卖，企业就需要真正重视客户体验，把客户满意放在第一位。想把市场做大，没有什么比免费赠送产品更能让客户满意了。这便是老周的基本思路。

2014 年 9 月的第二界互联网安全大会上，周鸿祎预言：未来所有的东西都有可能变成一个外形不是手机的手机，因为它们都会被植入一个智能操作系统和智能芯片。他志在引领万物互联时代安全领域的潮流。这比当年跟瑞星以及众多杀毒厂家的恶斗更加具有挑战性。

战火绵延

为了推广免费的理念，360 公司必须首先承担收入归零的风险。这后果对 360 本身的影响，比对瑞星等老牌杀毒厂商更大。那么是什么驱使着周鸿祎这样做呢？

面对外界的质疑和声讨，周鸿祎不可能无动于衷。他感慨当年就是因为自己选择了一条错误的商业模式，才导致 3721 被称为“流氓软件”。现在既然这款流氓软件已经被自己彻底消灭了，又岂能重蹈覆辙呢？知错能改，善莫大焉。如果明知“作恶”的结果是伤害了用户的感情，逼着他们背叛自己的产品，那他宁愿不采取这样的商业模式。照他自己的话说：一种不适当的商业模式，会逼着人去作恶。

为此，他连发九条微博，表示 360 上的文字广告已被砍掉。那么 360 靠什么盈利？问题转了 360 度，又聚焦在这一点上。

其实，周鸿祎即使是对瑞星，也曾抛出过橄榄枝。他说过，如果瑞星能给出比卡巴斯基优厚的条件，360 也可以跟瑞星合作，同瑞星杀毒软件一起捆绑。他表示一切都有机会谈。一直以来，他都争取跟瑞星的合作。

可是瑞星却无论如何也没有接这抛来的橄榄枝。业内人士也一再强调，不能再相信这小子。先是脱离卡巴自己做杀毒，然后用 360

杀自己的3721，把杨致远和马云都得罪透了。甩开卡巴之后，又找来罗马尼亚的BitDefender，卡巴斯基一气之下，把360当病毒杀。360俨然已经成了互联网公敌。

在这种情形下，周鸿祎表示，他一直不赞成互联网采取广告模式，因为互联网不应该把自己当成媒体。广告是最容易做的盈利模式，但不是所有互联网服务都能成为媒体。

这种定义恰当与否另当别论。重要的是，免费杀毒软件对360自己来说，比对瑞星的冲击更大。因为在没有推出免费杀毒软件之前，360可以靠卖国外杀毒软件赚钱。2009年的时候营业收入是一个多亿，如果2010年接着卖，应该能超过3亿。可是自从推出了360安全卫士，现在这方面的收入几乎一点也没有了。他解释说，瑞星和金山老认为我砸了他们的饭碗，其实我损失比他们大。因为360以前是在自己的用户群体里面卖卡巴和nod32，可现在有了360杀毒，谁还会买收费的产品？所以，如果说360对整个杀毒市场造成冲击的话，这冲击还不及对360公司本身的冲击来得猛。也就是说，推出免费杀毒软件，360的损失一点不亚于瑞星。

可以说周鸿祎走的是马化腾当年的路，却要承受比腾讯多得多的质疑和挑战。

首先，瑞星以行业翘楚的地位发表声明，这是360同外国公司一道发动的一场抢占国内市场的“战争”。瑞星势必以其人之道还治其人之身。瑞星卡卡的免费推出，就是为这场“战争”打响第一炮。瑞星将这次行动命名为“跨过伪军打鬼子”。“鬼子”应该是罗马尼亚厂商，那“伪军”无疑就是360了。江民公司也随后跟进，发表声明说自己已经研制了许多360没有的反病毒功能，并且开始了幅度超60%的大降价。

价格竞争，等于把利润直接让给消费者。所以价格战是不能再继续了。而周鸿祎的“免费”，等于拿同行祭旗。金山一开始是反对这样的自相残杀的，可是面对瑞星和江民做出的响应，金山公司不得不免费赠送金山毒霸升级服务。

对手的跟进并没有阻止周鸿祎在免费的道路上继续走下去。他不但提出对用户永久免费的新概念，而且连通过广告的形式来弥补损失的想法都没有。他认为，即使一个人主观上善良，本不想去作恶，可是正像军人要服从上级命令一样，商人的天职是要对股东负责，对投资人和市场负责。所以，道路的选择非常重要。如果你选择了一种不恰当的策略，就会被钱牵着鼻子走。为了提高广告的效果，就走向了另一个极端。

可是不做广告，靠什么盈利？其实，瑞星卡卡也不是纯粹免费的。因为它要同瑞星杀毒主程序捆绑，卡卡虽然可以免费杀毒，但如果客户要在线杀毒，还是需要付费。这意味着，如果瑞星卡卡想在真正意义上免费，以遏制360，它就必须放弃既有的捆绑销售模式。然后大家就都没得赚了。

现在瑞星的出路，似乎只有植入广告。可是周鸿祎又开始以实际行动提出互联网安全软件不应该变成广告软件。这样的话，360虽然可以杀毒杀流氓软件，其本身却在打扰用户。如果赚钱的开关一旦被打开，局面就控制不住了。如果无论什么广告都去做，客户的感受就会非常差，他们就会用脚投票。如果失去了用户，软件是没有任何价值的空架子。

无疑，周鸿祎认为要开辟市场根据地，用户体验是最重要的。他因为经历过几次互联网泡沫的洗礼，拥有了比其他创业者更成熟的心路历程和感受。他的眼光变得比做3721时更长远了。他认为，一个互联网产品，如果赚钱太快太容易，创业者的眼睛就会被蒙蔽，只顾着赚钱，而不在产品质量和用户体验上过多地投入。

他对广告模式是非常警惕的，以前的3721不注重用户体验，已经给市场留下非常不好的印象。他说：被别人革命，当然很痛苦，那不如自己来革自己的命。

看来，在3721的问题上，他是记忆犹新并且痛定思痛过。他认为人都是置之死地而后生。为此，他决心从长远的角度出发，逼着自己和360去做健康的增值服务。

可以说，以往失败的教训，对周鸿祎内心的震动和伤害，远比旁观者想象的多得多，根本不是他表面上流露出的那样轻松。

他想起以往瑞星跟他打过的保卫战。30多家高校，上千个电子广告屏，1000多家渠道商和4万多家装机商共同协助瑞星展开广告战。还有投资60多万元同某门户网站的合作，投放规模空前的网络广告。

可是这一切都不太奏效，瑞星的装机量还是没有明显回升。因为他们忘了一点，就是互联网用户们最大的爱好是上网。只要开辟好网络宣传的阵地，周鸿祎就不愁360没有出路。

周鸿祎开始指挥这场互联网宣传攻势。首先，他以用自己开发的搜索引擎为各大论坛作免费推广为条件，促成各大论坛给360一定的广告位，并在舆论和话题上支持奇虎。5000多家论坛的管理员和版主都被360笼络了。招兵买马之后，360蓄势待发。部下们也是斗志昂扬，杀声震天。

如此一来，当用户打开各大论坛时，360的话题就铺天盖地，讨论的热烈程度更是空前。而且各大论坛还在每周四定时播报360查杀流氓软件的报告。这种借助舆论炒作的方式，使瑞星的老用户产生了动摇，也让瑞星的阻击战以失败告终。

后来，面对杀毒市场由于云技术带来的挑战而隐现的巨大危机，周鸿祎在马化腾那里取经，决心把360打造成一个种类繁多的包括商务、咨询、交易在内的全方位平台。有了这样一个平台，奇虎就能够靠收取佣金找到未来的利润点。

可是他的计划遭遇到瑞星的全方位阻击。2008年7月30日，瑞星对外通报，瑞星个人防火墙遭到360恶意攻击拦截，还在各大网站上贴出铁证：360攻击瑞星的截图证据。

周鸿祎立刻反驳：这是瑞星故意在自己的产品里放一段特征码，造成360误报，用这种苦肉计来诬陷360。

孰是孰非，用户们也不甚了了。瑞星又回击道：这是360在推卸责任。面对各种谴责之声，周鸿祎坐不住了。他开辟了一个网络谣言曝晒场，与瑞星公开叫板。

瑞星随后开始抓奇虎短板，并发现奇虎原来并没有上市资质。于是瑞星在8月5日发帖，360无证上岗，根本就没有取得《计算机信息系统安全专用产品销售许可证》。

老周这次是被击中了命门。无奈之下，他挂起了免战牌：奥运来临之际，奇虎360呼吁网络安全行业停止无聊的口水战，集中精力做好产品和运营。

而其实，他是在为自己的下一步棋争取时间，并且让对手轻敌。8月26日，360突然对外宣布，向北京市朝阳区人民法院起诉瑞星，要求瑞星公开道歉，恢复名誉，并赔偿360公司200万元人民币。

战事愈演愈烈。周鸿祎是决不会就此罢手的。因为仗一旦打起来，你就没有缴械投降的道理。出路只有一条——坚决同敌人斗争到底。周鸿祎摆出战阵，只等瑞星来过关斩将。

他给内部人员发了邮件，慷慨陈词，向瑞星搦战。战书一下，公众嘘声四起。原来，他揭露的是瑞星不久之前亲手制造的一起冤案，也就是微点公司的案子。他揭露道，瑞星在2005年买通司法机关中的腐败分子造假证，报假案，出具假报告，陷害栽赃对手微点公司，制造了中国互联网史上最大的冤案。微点的员工妻离子散，背井离乡，有的还被非法拘禁了11个月。

除了震惊还是震惊，而且简直是骇人听闻。

老周一直提倡互联网要成为真正开放的平台，因为仅靠360一家开放，是远远不够的。不开放会导致封闭和行业垄断。一旦形成垄断，用户就没的选择，这会导致用户和中小厂商的利益严重受损。所以，消除行业垄断是一件利国利民的大好事。也许，跟瑞星由于免费之争而打的这场口水战，就是他在消除垄断的道路上走出的第一步吧。

自卫反击战

周鸿祎为了迎头痛击冲杀过来的敌人，单刀直入地发文谴责瑞星的行为。在口水战逐步升级的同时，360的装机量也在直线上升。

360是如此遭到对手的嫉恨，不能不让人替周鸿祎捏一把汗。虽然他先发制人，抢先一步把瑞星告上法庭，但这次起诉即使胜诉，也只是在舆论界挽回了一点面子，或者说制造了一些扩大知名度的机会。没到最后时刻，谁输谁赢还难有定论。

现代企业都十分看重无形资产的价值，其中最重要一条就是商誉。在互联网风行的今天，你的出名可能就在一天之内，你的身败名裂也是一天之内就能发生的事情。可以说周鸿祎和瑞星的口水仗，打的无非是双方各自的名誉保卫战。谁能左右舆论导向，博得公众认同和支持，谁就能赢得更多的市场机会。

既然瑞星指责360无照经营，我同样能以牙还牙，以眼还眼。周鸿祎决定避实就虚，全力一搏。他把当年瑞星同微点的案子翻了出来。

老周给大家分析瑞星的性质，指出瑞星的惯用伎俩不是在技术和产品上超越竞争对手，而是如何利用非法手段，把对手一下子置于死地。瑞星潜心研究如何造谣，练就了一身造谣的看家本领。它有三个杀手锏：第一，在媒体上挑竞争对手的毛病。第二，在网络上把对手的商誉和产品抹黑，甚至直接张牙舞爪地跳出来，亲自攻击、造谣、谩骂。第三，也就是最致命的一招，他们会买通司法机关里的少数腐败分子，制造冤假错案。比如对微点，他们就制造假病毒；对360，就制造假后门，妄图将对手一举歼灭，一劳永逸。

瑞星的名誉在周鸿祎的揭露下不可能不承受巨大的损失，当舆论再次倒向360之时，瑞星在2010年初召开了瑞星第二届安全技术大会，有模有样地由客户服务中心经理钟玮做了《2009年度中国大陆地区互联网电脑病毒疫情报告》，在报告中，瑞星公布，据其“云安全”数据中心的记录，易遭攻击的软件排名中，IE浏览器排名第一，占比58.9%，而奇虎的360安全浏览器位居第二。

钟玮在这次会上称，病毒的传播已经互联网化，在网上下载免费软件是不安全的。

瑞星的告诫不无道理。但是网络媒体对这次大会的报道，还是有意无意地提到瑞星和360之间的恩怨情仇。那么，360浏览器排名第二的用意，似乎让人颇多联想。

而在周鸿祎看来，像这次大会这样的事件，同微点冤案比起来，根本就是小巫见大巫，不值一提。

他认为，瑞星抹黑360的真正目的，是想把公众的眼球吸引开，让大家对它一手制造的冤案无法知晓。瑞星表面上装疯卖傻，其实是在掩盖自己罪恶的事实。瑞星是黑恶势力，因此它非常不愿意大家知道真相。所以，在微点案还没有开始审理的时候，它就用钱操纵媒体，打击迫害报道真相的记者。而在微点案就要开庭之前，瑞星恶意攻击360，目的就是把公众视线从这个案子上移开。另外，它企图用口水战的方式让公众对360和瑞星起反感，从而达到公众很少理会自己在微点案中的行为的目的，同时抹黑了360，一箭双雕的目的就达到了。

周鸿祎这一招用得又狠有准。瑞星一下子傻了眼。于是，有人以“狗日的360”为名开通了博客，里面用短短几行字句谴责周鸿祎。就算瑞星在这件事情上做错了，试问谁又不会犯错呢？难道瑞星从此就失去改正错误的机会了？你当初开发了3721，网民们也没有揪着不放啊！

网民是网民，他们用的正是周鸿祎免费赠送的杀毒软件，又怎么会跟他对着干？没有这个必要。可是瑞星就不同了，瑞星在周鸿祎眼里，是竞争对手，是敌人，敌人的错误正是周鸿祎的子弹。子弹出膛，没有再收回来的。因为你不打它，就要被它打。

聪明的看客，早在2008年就已经挑明，瑞星跟周鸿祎的口水战，如果再一味持续下去，等于给周鸿祎打了免费广告，落入他的圈套了。周鸿祎被称为口水战高手，而且口水战对于他，绝不是吵吵架那么简单。那是他战无不胜的不二法门，是经济实惠的推广大计。

比如，如果不是因为他指挥3721同CNNIC大打口水战，就没有中文网址市场的迅速崛起。老周不但骂赢了CNNIC，而且还骂来了雅虎的1.2亿美元。话说CNNIC可是名义上的国家主管部门批准的服务代理公司，代为行使国家互联网信息中心的职责。连国家机构都不怕，周鸿祎还会怕谁？

其后，周鸿祎跟雅虎的口水战让360像星火燎原一样迅速一统天下，阿里巴巴也不得不公开向他赔礼道歉。而且通过这次对骂，老周给自己来了个咸鱼翻身，从流氓软件之父一跃成为反流氓软件斗士。

这次，周鸿祎又开始跟瑞星对骂，还不知有什么好处等着他呢。

可是以老周的个性，一旦被他认定为敌人，你想罢手，他也不会轻易罢手的。更何况这次瑞星也是在死磕。于是周指责瑞星是一家没有人格，蔑视法律的公司。他列举出瑞星这些年来的“事迹”，诽谤卡巴斯基，赔款45万元，诽谤王学武，只赔了5000，陷害微点，只赔了一个员工替罪羊坐了牢。是因为中国的法律没有严格到对其产生足够的震慑力，所以它才敢于这样肆无忌惮地攻击、谩骂、陷害竞争对手。

除了揭露对手的“罪行”，周鸿祎还用讽刺的口气欢迎瑞星积极响应组织号召，加入免费阵营。而且他希望瑞星既然免费就要彻底，不要来个不彻底的革命，把免费杀毒软件搞成广告软件。他肯定了瑞星的做法是响应奇虎号召跟进，就如同当初奇虎联手卡巴斯基的时候，瑞星也曾经响应号召一样。

同时他表示担心，因为瑞星那个免费版软件可以被称为“广告版”，所以瑞星似乎有革命不彻底之嫌。对于瑞星的“360 是阉割杀毒软件”的说法，他表示不回应，因为用户的眼睛是雪亮的，这需要用户自己来评判。而他，只想多花点时间在产品上。

老周迎战瑞星，表面游刃有余，不慌不忙，其实他内心也是非常气愤的，像一头被激怒的狮子。这次他是真的发作了，确切地说，是发威。

他认为瑞星低估了用户的智商和判断是非的能力。瑞星在炮制微点冤案时，显示出了极强的造假能力。可是五年之后，这件事情已经败露，人们还会再相信瑞星吗？既然这家公司能制造出那么多假口供，假证据，假鉴定，还有什么事情是它干不出来的？谎言遮天蔽日长达五年之久，可是纸里包不住火，即使瑞星继续制造谎言和欺骗，公众也不会轻信。

老周表示，中国有 3 亿多网民，群众的智慧和力量是无穷的。他相信用户具有明辨是非的能力，所以他告诫公司职员，用不着纠缠在跟瑞星的无聊口水战中，否则就中了它的圈套。只有用户才是 360 公司最宝贵的财富，才能敦促 360 不断前进。至于竞争对手，就让它一边凉快去吧。

老周的陈词，可谓入情入理、慷慨激昂，让人看后不觉义愤填膺。原来瑞星竟是这样一家黑公司。网民心中对瑞星的认可度就大打折扣了。

有人对该事件作了总结，认为360推出永久免费杀毒，是在瑞星高调推出卡卡和云计划之时，可谓上上策；而瑞星随后宣布免费一年，是中策。360误杀瑞星防火墙，是小插曲，只不过周鸿祎此时有点气急败坏了。主流媒体是瑞星占上风，论坛是360占上风。但无论如何，瑞星卡卡是被周鸿祎打了阻击。

不管舆论的风向如何，360的市场占有率说明了一切。无论是从市场的角度，还是从商誉的角度而言，周鸿祎都略胜一筹。他赢了商战，可是要付出被同行记恨的代价。商场如战场，没有破坏性创新，便不会有实质性的改变。

他勉励公司职工，要一如既往地做好技术、产品和服务，因为这些才是决定一家公司成败的关键。360正像任何其他公司一样，既不会被骂垮，也不会被谣言压倒。所以，360应该踏踏实实地做好产品、技术和服务。产品才是360和用户之间沟通的桥梁。只要产品好，有价值，自然有市场。因为用户喜欢你，信任你。他相信免费杀毒能够让互联网更安全，能够阻遏病毒的猖獗肆虐，从而更加有效地保障用户的利益。

第十一章 谁是“口水战”的始作俑者

微博大战

随着同金山口水战的升级，老周不顾公司同事的劝阻，赤膊上阵，在微博上同金山CEO展开激烈对战。其间，他揭露了不少互联网行业的内幕和怪现象。

周鸿祎的免费杀毒新概念得罪人太多，不但跟业界老大瑞星开战，而且同金山的仇恨也是与日俱增。2010年5月的一天，周鸿祎在他的新浪微博中透露，放金山一马，完全是由于最近这几天劝和求情的人太多，听得他耳根都磨出茧子了。他寻思杀人不过头点地，就这么算了吧。可是金山竟然半夜三更地对360进行突袭，大规模强制金山网盾升级。结果360就打不开了。而且在周五晚上干这事儿，分明是趁着360周末休息，攻其不备。

金山与360之间的战火，一直到2014年也未彻底平息。网友评论说：金山现在就是一恶意软件。也有反对360安全卫士的网友表示，即使使用付费杀毒软件，也不用360。可是立即有另一网友回应：那说明你跟一般人不太一样。总之双方各执一词。到底是不是两个公司雇佣的枪手所为，只能凭猜测了。

作为行业内的直接竞争对手，金山和奇虎360的口水战，爆发在2010年5月。这次，周鸿祎和金山把主战场设在了最“时尚”的微博平台。此次战火的挑起，是金山在微博上发表的对360的讨伐檄文，说360公司的安全软件诱使网友强行卸载金山杀毒软件。面对这样的责难，周鸿祎岂能善罢甘休。他立即在微博上迎战，说金山的行为分明是“贼喊捉贼”，并在三天内发表了近80条微博。据周鸿祎透露，两家公司是有宿怨的。

那么，金山这次无疑是在故意找茬儿了。敌人的挑衅，从来都是老周的磨刀石。在5月29日举行的2010年第五届中国互联网站长年会上，周鸿祎在会议现场，向大家展示了金山网盾升级版拦截360的视频证据。这预示着金山与360之间矛盾的升级。

在微博大战中，金山以官方微博的形式宣称“清者自清，浊者自浊”。一时间，网民们也不知道究竟孰是孰非。金山官方虽与周鸿祎未打正面遭遇战，王欣作为金山安全公司的CEO，却一直同周鸿祎对峙。她在微博上对周鸿祎的轰炸做出连续回应，并认为“群众的眼睛是雪亮的”。

显然，金山不想在这次事件上让公司的名誉受损失。他们的回应跟瑞星同360的过招比起来，也显得不那么狠。

面对金山背后捅的刀子，周鸿祎在站长年会上做了主题演讲，并且在演讲之后，再次走上主席台，给大家播放了刚刚抓取的视频证据。铁证如山，金山处于极其被动的局面。而周鸿祎乘胜追击，发表了360最新公告，内容有关金山网盾强行破坏360程序。

奇虎公司在公告中称，360在5月28日深夜起，接到大量用户投诉，在金山网盾升级后，360程序不可用。经过360公司的工程师验证，是金山网盾的突然强制升级破坏了360安全卫士，引发了一系列反常现象，比如，360程序不能运行，360safe目录下的所有程序不能运行；重启电脑后，360防火墙的盾牌消失，360程序不可用。

公告中强调，这是金山网盾对360的又一次完全公开化的破坏。由于该破坏导致的360程序功能丧失，用户电脑的安全将受到威胁，面临木马的入侵和隐私被盗的危险。这是金山公司继“漏洞门”“笔误门”之后，对用户的又一次公然撒谎。因为此前金山一直告诉网友，金山网盾可以与360安全卫士兼容。

公告提供了紧急处理方法，即卸载金山网盾。周鸿祎想让金山偷鸡不成反蚀把米。而且他还在公告中忠告用户，不要同时安装金山网盾和360安全卫士，否则兼容问题会影响电脑安全。并且，由于金山可能随时升级以毁灭证据，360公司保留了金山网盾的原始安装包，并作了公证。

周鸿祎的行动可谓神速，这样一来，金山原来的目的非但没有达到，而且会承受一定的名誉损失。并且，用户自行选择的权利，可能会选择不使用金山公司的杀毒产品。

这次过招看上去是周鸿祎略胜一筹。而他在微博上同金山CEO

的掐架，也引来大量网友围观。周鸿祎的微博一天之内增加了两万名粉丝，而他的腾讯微博粉丝数量也增加了近一万。网民的总关注人次达到了十万。

无疑，这是一次很好的炒作和商业宣传。虽称不上是名利双收，但对360公司也决不构成损失。

就在这样一次次事件的影响下，周鸿祎带领360安全卫士和一帮创业小兄弟一路走来，脚步越来越踏实稳健。

免费足以抗击收费杀毒厂家的竞争，而好的功能又会把新进入杀毒领域的竞争对手排挤在外。正是凭着这两点，360得以成为一家上市公司，以及中国互联网行业的四座大山之一。

周鸿祎在微博上对金山的回应，揭露了金山作伪证的事实。那还是在瑞星同微点打官司的时候，金山就扮演了极不光彩的角色。他揭露道：如果瑞星能把微点击败，金山可以借刀杀人，坐收渔翁之利，借此消灭一个强有力的竞争对手；可是如果事情败露的话，瑞星就会臭名昭著，那么瑞星的市场正好由金山来接管。事实也正是如此。可见金山的心机有多么深重。面对这样一箭双雕的买卖，金山只需要在火炕边上点一把火，作个小伪证就可以了。所以，金山没有仗义执言，拉微点出火坑。

周鸿祎的揭露展现的是杀毒这个产业的黑幕，对于大众了解其中的事实有一定的帮助。然后他又讽刺王欣，说金山董事长求伯君“这两年用了些年轻人，不知道为什么就那么爱搞暗箱操作……搞得现在的金山还像金山吗？我看倒像黑山”。

在口水仗不断升级，而金山又不占任何优势的情况下，金山使出杀手锏：起诉360。2010年5月31日，金山宣布正式起诉周鸿祎。

罪名是：周鸿祎侵害金山公司声誉，要求周鸿祎除赔偿经济损失1200万元人民币之外，要个人公开向金山道歉。

金山此时反咬一口，说5月21日有许多360安全卫士用户收到提示，称360与金山网盾存在兼容问题，并诱导用户卸载金山网盾。而5月6日周鸿祎开始在微博上发言攻击金山公司及其产品，并指责金山网盾有漏洞。金山公司认为，周鸿祎这些言论严重损害了金山及其产品的商业信誉。在金山表示对周的微博言论不回应之后，周仍然继续对金山进行攻击。

有鉴于此，金山向法院起诉，周鸿祎在微博上的言论被指诽谤，并且已经作为证据保全并都公证了。

金山杀了个回马枪，用起了周鸿祎之前用过的方法。老周也一点不含糊，在腾讯微博上表示：鉴于金山故意破坏360安全卫士，危害用户电脑安全，我们决定正式起诉金山。就这样，两家公司同时起诉对方，被网友称为可以载入中国互联网史册的一次争斗。

其实，如果不起诉360，金山也使不出什么其他招数了。周鸿祎的嘴皮子实在太厉害。这次口水战，他揭露了不少互联网公司之间的纠葛。同时，他也一针见血地指责金山，360浏览器本来就是安全浏览器，你金山网盾凭什么插进来？在接到大量用户投诉后，我们决定把金山网盾的插入拒之门外。结果金山就采取暴力手段，非要强行插入，这不是流氓软件是什么，第一次口水战就是这么打起来的。

按照老周的说法，首先公然挑衅的，应该是金山。而且，周鸿祎还道出了公司同事对他的忠告和劝说，说他这样在微博上发表言论，会损害自己的公众形象。而且还批评过他，说话太随便，老让人抓住把柄。可是，如果“有话不能讲，满口违心话，那还是周鸿祎吗”？

有人说周鸿祎太聪明，也有人说他胆子大，什么都敢想。其实，他的聪明只是一方面，他的个性才是决定性因素，想说的话必须要说出来，如果谁不让他说心里话，并劝他要矜持，要维护个人形象，他只能以一个字回应：烦。

微博大战，显露出的是老周鲜明的个人形象和好斗的性格。互联网公司一直在进行商誉保卫大战，而且还在不断地破坏对手的商誉。中国现代互联网行业的格局就在这一次次口水战中逐步形成。

激战正酣

与金山的对垒，给了周鸿祎一个一吐为快的绝佳舞台。也许，很多话在他肚子里憋得太久了。他在微博中表示：大家鼓励我接着写，那我就不客气了，让个人形象见鬼去吧。末尾，还打上“呵呵”二字，一副乐在其中的神气。

周鸿祎不是什么事情都非要争个面红耳赤，但是也绝对想分出个高低。他这种较真的脾气，着实让竞争对手咬牙切齿，欲置之死地而后快。

这不，他又在微博上大肆揭露互联网行业黑幕了。

首先是造谣。他说，2008 年和瑞星为了免费杀毒而打口水战的时候，注意到网上曾冒出一些攻击瑞星的文章，写得还真挺好。连他自己都以为是 360 员工写的。结果一问，根本不是。后来他从某些渠道了解到，瑞星也发现了同样的情形，就是支持瑞星反对 360 的文章，他们也不知道到底是谁写的。这事儿多奇怪啊。

老周这条微博显然是有所指的，所谓醉翁之意不在酒。他不是单纯地只想提一下这件怪事，而是指明有人在背后捣鬼。

明枪易躲，暗箭难防，这伙人在瑞星和360激战正酣之际，趁火打劫，发文损害瑞星和360的形象。目的何在？老周没有挑明是同行干的，但是顺着逻辑的方向推断下去，还有谁会没事闲的做这种事情？

然后老周又为自己辩解，说只怪自己平时说话太直，不考虑后果，所以才会得罪很多人。比如有一次，在会上说了句“手机杀毒是骗钱的伪概念”，就得罪了某手机杀毒公司。后来，这家公司雇用网络打手公司在网上连续搞了360三个月，制造了著名的“360上传用户隐私”的谣言。

对于360公司官方微博的软弱立场，周鸿祎是有不满的。否则他也不会亲自操刀，以个人名义发表微博言论。可见，周鸿祎与金山之间的微博互动，不是360公司集体决定的策略，纯属他个人发动的一场战事。

这样，可以让公司脱离干系，自己对该事件负责。可是，毕竟他是公司的董事长兼CEO，不可能完全摆脱360公司以纯粹的个人形象示人。所以，公司同事才劝诫他要注重个人形象。但这一切老周只当耳边风。在他眼里，有些事情是不得不说的实情。

他指出，金山一直在利用其软件漏洞，干扰和破坏360的运行，这才是金山一直不修补该漏洞的原因。对此，金山打死也不会承认。他打了个比方，两个警察在一起办案，但是甲老在背后给乙捅刀子，而不顾用户的死活。乙不管是为自己还是为用户，都必须坚决和甲说再见，不能再与金山网盾兼容。

金山在周鸿祎的这条微博里，被周鸿祎形象生动地描绘成一个徇私枉法，谋财害命的坏警察。

所以，金山不惜重金聘请了著名律师杨大民受理其诉讼。杨大民曾以告倒娱乐圈大嘴宋祖德而闻名。并且，这次的被告不是360公司，而是周鸿祎个人。金山看来是恨透了周鸿祎的这张嘴。

在此之前，周鸿祎就在微博上公开表示，如果金山继续这样给360泼脏水，他就要继续一层一层地剥金山的画皮。他首先说的是金山把“倒数第一”写成“全球第一”的“笔误”，然后说王海掌握的金山问题，只不过是冰山一角。

直言不讳的老周，这次真是又捅了一个马蜂窝。他随后保持了4到5分钟的更新频率，让网友有些眼花缭乱。

老周注定是一个颇具争议的人物。在这场官司还未打响之前，杨大民在接受记者采访时说，对于1200万元的索赔金额，是按照周鸿祎发表微博言论第二天金山股价下跌了6亿元的百分之二计算的。

老周揭露的都是些什么呢？有“五毛党”，有“网络打手”，还有作假视频，离职员工揭内幕的谎言等等。这些情况，如果没有他的大胆揭露，圈外人很难知晓。可是周鸿祎说，对这些阴招，自从360推出免费杀毒，就一天也没停过跟它们打交道。

周鸿祎是个炮筒子，可是同行又奈何不了他。不过这些黑幕的揭露，对网友的知情权来讲，可以说是一件好事。只要是对网民有利，对互联网发展有好处，就算冒着枪林弹雨冲锋陷阵，他也再所不惜。所以，当《IT时代周刊》记者在360公司食堂里跟他聊起这次微博大战时，他丝毫不以为然地说：微博挺适合我这样的人，不装，有话直说。

周鸿祎言语犀利，不留情面，是非常具有斗志的人。随时都准备着举起炸药包去炸敌人的碉堡。相比之下，他并肩战斗的老战友齐向东显得稳重得多。他不紧不慢地向媒体解释，360 公开提示与金山网盾不兼容不是一时兴起，而是经过半年的纠结才不得已做出的选择。因为 360 在 2010 年初的时候就发现金山网盾一直在破坏 360 安全卫士的运行，造成 360 拦截木马率急转直下。360 曾跟金山公司数度沟通，都没有得到任何回应。

在犹豫不决半年之后，360 公司决定把矛盾公开化，因为如果 360 和金山网盾在技术攻防方面展开斗争的话，用户的利益会受到损害。所以，360 才提示用户两者需卸载其一。

齐向东是慢性子，但周鸿祎可没那么好脾气。性格火爆的他，用讥讽的口吻，在微博中报料：前些天有人在网上说 360 窃取用户个人隐私。他以为又是某星在干这种龌龊的事情。但是经过追查却得出结论，竟然是某山在背地里捣鬼。某星至少是公开站出来明刀明枪地干。某山呢，当面锣背面鼓，而且每次都要嫁祸于人，真不愧是杀毒行业的岳不群。

为了更好更快地作战，老周不惜刷屏，连发 30 条腾讯微博，指责金山和遨游相互勾搭耍流氓，还拉上第三个跟着一起遭殃，暴力强行插入其他浏览器，导致其他浏览器变得比遨游更卡，更慢，更崩溃。他表示，360 本来就是被骂大的，真要打起来，会极大地影响用户对国产安全软件的信任，对谁都没有好处，是个双输的事情。

老周在 3721 之后，改邪归正，再没犯过同样的错误，而且他那时是初生牛犊不怕虎，是缺乏经验导致的盲目推销，可是如果明知故犯，性质就不一样了。金山现在的这个举动，其实跟 3721 当年的做法没什么两样，甚至更流氓。可是，金山死不承认，而解释说，360 封杀金山网盾，是为了他们的浏览器市场覆盖计划。

要知道，浏览器处于整个互联网阶梯的顶层，等于互联网的入口，所以是兵家必争之战略要地。对浏览器首页的锁定，和对搜索的引入，都是 360 安全浏览器、搜狗浏览器和遨游浏览器的竞争领域，因而也应该是周鸿祎下一个利润来源。

双方还是各执一词。不过想必事情的真相在公众眼里应该越来越明朗了。金山有三个“门”是无法回避的，“笔误门”前面已经做了简要介绍，也就是周鸿祎在微博里面揭露过的。“漏洞门”指的是金山故意在用户电脑中留下一个高危漏洞，这在前面也提及了。这两个“门”金山多次否认，最后却在王欣的微博里予以承认。而对破坏 360 的“破坏门”，王欣却始终没有任何回应。

其实，周鸿祎在免费背后，一直在积极探索健康的互联网盈利方式。无非是与杀毒公司合作，拿销售分成；360 浏览器与搜索引擎合作，拿流量指向分成；做推广平台和下载门户盈利；搭载广告；然后再同其他公司合作分网页游戏这块大蛋糕。

世界上没有无缘无故的爱，也没有无缘无故的恨。周鸿祎心知肚明，他们对自己的恨，来源于免费的概念抢走了他们的奶酪。一套软件卖 300 元，一年卖 100 万套就能收入几亿元，多么惊人的数字。可是如今，免费杀毒一出，巨大的市场转瞬化为泡影。他们能不记恨他吗？但是老周表示，无论对手如何打压，360 都会一如既往地把免费杀毒做下去。

他在微博上揶揄金山：免费的 360 来了，不但免费，而且各项指标都比金山大幅领先。这不是砸了金山的饭碗吗？金山还怎么上市？金山高层的汽车、洋房、高尔夫都成了泡影，能不恨360吗？

周鸿祎以免费的概念，推动了互联网划时代的大发展。任何创新和突破，都会带来一些企业的崛起，但也意味着另一些企业的逐渐落寞。柯达公司就是如此。如果说倒下的公司是技术创新与革命的牺牲品的话，那么越来越好的用户体验和一些新兴公司的良性运作，就是在这代价之上实现的利益共享。瑞星和金山在竞争中的败阵，很好地证明了在科技日新月异的今天，如果不加快商业创新的步伐，一个企业的巅峰和低谷，会在很短的时间内相继到来，不会给它留任何回旋的余地。商业竞争的惨烈，由此可见一斑。

围剿与反围剿

周鸿祎是个理想主义者。不过他的理想并不是建立起像腾讯和阿里巴巴那样的帝国，而是做一个优秀的产品经理，可以有一个好的平台去设计、开发和推广好的产品。他认为金钱只是过眼云烟，因为当你有一亿的时候，你想要十亿，当你有了十亿，你又想要更多。而且，如果用有好车来衡量一个人是否成功的话，那成功岂不是太容易了吗？更何况，永远有人会比你开的车更好。

正因为他是个理想主义者，注重的是实质而不是外在，他才会不惧怕任何局面，在历次战斗中可以做到斗志不减，为了捍卫自己的理想和信念，不惜迎接一次又一次的挑战。

他同金山之间的纷争，一直持续到2014年。在这一年，他写了公开信向金山道歉。2014年3月17日，周鸿祎通过微博承认，自己之前发的几条微博存在贬损、侮辱北京金山公司的主观过错，侵害了金山的名誉权。

你来我往的纷争，从来都未曾停止。就算这次公开道歉，也不意味着周鸿祎和金山之间的产品之争就此画上句号。其实，要不是周鸿祎上了最高法院的“老赖”榜，还不知他会怎样处理与金山之间的纷争。最高法院发布的失信被执行人名单里，赫然写着他的名字。起因是由于他在2013年8月被金山起诉名誉侵犯败诉后，拒不履行赔偿及道歉判决。

在此之前，3月14日，金山的CEO傅盛曾经先向周鸿祎道过歉。傅盛写微博说，他曾经向周鸿祎爆过粗口，所以要正式向其道歉。但是，产品死战不会结束。

傅盛本是原360总经理，辞职后自己开发了可牛杀毒软件。早在2010年360和金山之间的口水战刚刚开始的时候，傅盛就曾充当过半路杀出的程咬金。他在自己的微博上表示，360曾经拦截过可牛杀毒，并且就此对周鸿祎进行了追问。

而遨游浏览器的CEO陈明杰也不可能沉默不语，也参加了当时的微博大战。因为周鸿祎揭露了遨游阅读器和金山网盾捆绑强迫植入电脑终端的问题，就把陈明杰推向了王欣、傅盛一方。陈明杰于是在微博中说，看到傅盛的分析之后十分震惊，虽然他不敢以最大的歹意来揣测360，但是没想到它还真把云技术应用到打击竞争对手方面。怪不得不好好研究自己的核心技术，而专门喜欢山寨呢。这也是一种“核心竞争力”？

对手对360的讥讽和打击，比周鸿祎毫不逊色。很多人认为周鸿祎是个斗士，是打架有瘾的人，殊不知在打官司方面，他一向是败多胜少，算是个吃亏的角色。但360安全卫士却在这屡战屡败中逐渐走向辉煌。

傅盛也曾讽刺过周鸿祎在打官司方面的败绩累累，举数字说明，尽管360官司败了十五场，也不应该成为他拉低底线的理由。所以，他只为那句粗口向周鸿祎和大家道歉。至于产品之争，不会停止。

其实，这样的骂战已经对网民构成了骚扰。在2010年金山与360的微博大战期间，很多网民就表达过他们对两家公司的不满。表示一天到晚就看到360和金山的口水。

看来，口水战如果走向极端的话，也会造成很大的负面影响。尤其是双方激战正酣的时候，一直弹出提醒让网友卸载对方的软件，已经构成了骚扰。有的网友抗议道：你们之间的问题可不可以通过其他渠道解决？谁也没有给你们权利在用户的桌面上掐架。隔一会儿提示让卸载对方，做得太扰民、太过火了。你们这是在强奸用户的桌面。

互联网时代的用户，都是有一定知识和见地的网友。如果他们也参与进来，恐怕口水会把整个中国互联网都淹没了。好在他们同这两家公司之间没有实质性的利益冲突，只是不想被骚扰而已。

如今，金山与用户之间的互动还是过于频繁了一些，总有窗口弹出。相比之下，360就要安静得多。是不是老周通过这些年的用户反馈，得到了一些好的实践经验呢？让用户自己选择，意味着尽量少打扰他们。

当然，老周在2014年给金山的致歉声明，还是相当诚恳的。声明中表示，自己在微博上的言论，超越了正常的舆论批评、监督的限度，因此应当承担相应的侵权责任。他表示，自己作为互联网行业有公众影响力的人物，应当对自己的言行负有更高的义务。所以他尊重法院的判决，向北京金山公司正式赔礼道歉。

无论如何，这样的口水战对于普通用户来讲，好处要大于弊端。比如，周鸿祎所曝光的杀毒软件打压竞争对手产品的问题，就揭露了行业内的潜规则，让用户再碰到杀毒软件封杀其余软件的事情时，会多留个心眼儿，注意一下是真的软件有问题，还是杀毒软件之间在恶意封杀。这会对杀毒企业构成一定的压力，迫使他们放弃这个潜规则。

虽然周董的骂仗不断，但他的个人形象和魅力并没有因此受到多少损害，反而在公众心目中树立起鲜明的个性。他被国际品牌汽车克莱斯勒视为互联网江湖特立独行的人物，因而被选为克莱斯勒300C的代言人。首先，克莱斯勒品牌长期的“大胆创新，自成潮流”的理念，让该公司锁定了以周鸿祎为代表的中国创业人群——中国商界最活跃的力量。他们通过智慧和创新取得成功，进而引领和推动各个行业的发展潮流。而他们对汽车的需求也更加个性化和多元化。为了强调克莱斯勒对这类人群“非同质化”用车体验的需求，克莱斯勒才将目光锁定在周鸿祎身上。

周董足够旺的人气也是克莱斯勒品牌看中他的又一个理由。和克莱斯勒合作时，他在新浪微博上有三百多万的粉丝，足以帮助该品牌覆盖足够的目标人群。虽然背负“流氓软件之父”的恶名，也不妨事。因为他有很旺的人气，又兼具十足的娱乐精神。总之，他浑身散发出挑战权威的勇气和破旧除新的理念，这些都是克莱斯勒品牌最佳的诠释。

到了2010年10月，有报道称，五大公司组团围剿360。这五大公司都包括哪些呢？有百度、腾讯、金山、可牛和遨游。10月27日，这几家公司联合发表声明，指责360公司冲破商业道德底线，扰乱市场规则。

其实，周鸿祎的模式很简单。马化腾的QQ一开始也是一款免费的小软件，非常简单，但是随着用户越积越多，腾讯公司成了一个市值超千亿美元的强大帝国。这说明积少成多，滴水穿石的道理，也彰显了免费的无穷魅力和竞争力。而马云的淘宝网，也是向业户免费开放的，结果成就了阿里巴巴中国互联网第二大巨头的地位。

马化腾和马云都可以搞的事情，为什么周鸿祎就不能实践呢？他决心一定要身体力行下去，所以排除万难勇往直前，无论经受多少风雨的洗礼，也要守着“免费”二字不动摇，高举“免费”的大旗，化繁为简，直线进军，直至追上腾讯和阿里巴巴两大巨头的脚步。马化腾和马云的胜利法宝在于他们的专注，在于他们在最困难的时候一直坚持，没有放弃。周鸿祎也许一开始输就输在了不够专注上，所以现在成绩不如那两位。

也许，正因为他意识到，如果再不直线前进，奋起直追，他就会被巨头们越落越远。所以，他以安全为切入口，效仿巨头们“免费”的成功案例，不管这条笔直的道路上会出现什么样的障碍和险阻。目标就在他的正前方，只要能冲着这个目标一路狂奔，口水战的代价，对他而言实在不大，应该是最小的了。

只不过，口水战一旦升级，就会惹官司，还有产品战所带来的互不兼容，互相卸载的局面。五家公司的联合，也都是基于360对其部分功能的否定，比如，把百度工具栏定义成“恶评插件”，卸载金山网盾，拦截遨游默认设置，拦截可牛免费杀毒，以及称QQ安全检查模块是腾讯窥视用户隐私的工具。

可以说，360的一系列做法的确对其他软件厂商构成了严重威胁。然而面对五路大军的联合围剿，周鸿祎还是一副满不在乎的神色。他在微博中写道："一个是抄袭成性的剽客，一个是唯利是图的假药贩子，找了几个失败者，发表反对 360 不正当竞争的声明，这本身就是一个可笑的事儿。"

周董在这篇微博发表时，还附上一张照片，他穿着一身迷彩服，肩膀上扛一挺步枪，把自己俨然装扮成一个战斗者。面对业内称其为"疯狗"的言论，他也开玩笑说："我不是疯狗，我觉得我是 250，360 是网络警察 110，加起来是 360"。

哦，360 的名称是这么来的呀！怪不得奇虎要给这款免费安全软件起这样一个奇怪的名字，原来跟 3721 一样，又是周鸿祎的数字游戏。3721 代表他不管三七二十一坚决要干下去的决心，360 则代表他娱乐自我和对互联网发展负责任的态度。

第十二章 搜索巨头——用户没得选择

赤壁鏖兵

虽然百度决定进军杀毒领域，但是，360在导航领域的触角，早在2011年就已经伸向百度统治的搜索领域了。

2011年11月17日，周鸿祎在财报电话会议上透露，360导航的独立用户访问量已超过百度的hao123。这导致了百度与奇虎360的合作关系终止。

在这之前，360是为百度提供搜索流量的，只是后来用户直接用360网址导航搜索，不进入百度首页，所以百度只能决定终止同360的合作，但对360做出了相应的补偿。

根据内部数据和艾瑞提供的数据监测，360导航独立用户访问量是3845万，而hao123是3785万，排在了360后面。

时至2013年，百度和腾讯、金山经过多次协商达成共识，将联合向互联网安全市场进军。金山的装机量将会由于搜索推广的帮助而扩大，而百度则计划推出自己的杀毒软件，包括可能重启两年前的“百度安全卫士”。

2011年时，周鸿祎曾向记者解释过360发现的搜索新方向，包括垂直搜索和推荐引擎。比如，视频领域的垂直搜索等，就在360的计划项目之中。

而当记者问到百度也宣布加强推荐搜索这一块时，周鸿祎表示：“360一贯按自己的想法做事，对百度的情况并不了解。”

应该说，从2011年开始，360搜索同百度搜索形成了初步的竞争态势。到2013年，百度想打破现有的竞争格局，不得不在弥补自己客户端短板上下功夫。

周鸿祎在互联网领域的频繁出手，使同行们只能联合起来对付他。

360发布的2011财年第三季度财务报告显示，第三季度的净利润为1090万美元，比去年同期增长186%。巨大的增长比例中，有将近70%的营业收入是来自于360导航和360安全浏览器的广告收入。

至此，360靠什么盈利的问题，有了一个明确的解释。360安全卫士只是周鸿祎的敲门砖。敲开了用户的门，他就可以介绍360搜索和导航，从而产生巨大的流量。这流量正是其他公司所需要的广告目标群。

到了2013年，周鸿祎和360的威胁，使得腾讯、金山和百度与他之间的怨恨越积越多。战场上又多了些许火药味。

这次围剿，三家企业想直接袭击360大本营。有报道指出，三家的联合对敌，除了商业利益方面的考虑之外，也许是基于共鸣。而他们的联合则被周鸿祎称为“中国互联网最大的笑话”。

周鸿祎早在多年前经营3721时，就是百度的竞争对手，也有过对百度的批评，说他们刻意模仿谷歌，但却只学会了谷歌表面的东西。而作为一家中国互联网企业，它不能免俗，做了许多灰色的事情，因此它永远不可能成为中国的谷歌。虽然它的某些作为大家都表示理解，但它想把自己塑造成高尚的形象，就显得有些名不符实。

这评论指的是百度在网上推销它自己的网站联盟，打压竞争对手，而且到处乱推插件。如果这样，它就不应该总觉得自己像天使一样纯洁。从该评论中可以看出，关于流氓插件的问题，百度也不是没有犯过错误的。

百度在2005年上市，股价很高，周鸿祎在对外发表看法时，表示百度的上市他可以给两个提醒和一个祝福，并且认为百度的上市是李彦宏人生的顶点，但却不是终点，而是一个新的起点。

他最后评价自己说：“我的缺点是比较急躁，作风比较凌厉，出手比较狠。还有一个缺点是一直说真话，老是按捺不住说真话，即使面对皇帝的新衣也会说真话，容易得罪一些人。”

看来，老周早就知道自己的缺点，而且也知道竞争对手的长处和缺点，可谓知己知彼。在2005年，他就指出，百度缺少谷歌的资金优势、品牌优势和技术优势，所以应该积极探索在一些本地化的精细工作上怎样做能更符合中国网友的需求，怎样快速反应，怎样专注做中文。百度坚定不移地在模仿谷歌的道路上前进，成就卓著。

但是所谓居安思危，百度还应该多研究其他公司的做法。

他说到了点子上。

大胆说出内心的想法，就难免说一些别人不爱听的话。所谓忠言逆耳，更何况指出竞争对手的缺点和毛病，更是会遭人诟病。到了2013年，周鸿祎跟百度之间，还同很多年前一样，依然是竞争对手。只是这次，百度拉来了同伙一起和他竞争。而且，百度还同金山围绕资本合作进行了探讨。也就是说，百度会投资金山。傅盛这时已经做了金山的CEO，他和肖洁全程参与了这次谈论。

的确，百度的力量已今非昔比。最大的潜在竞争对手谷歌，由于种种原因退出中国大陆，把服务器搬到了香港，搜索速度就慢多了，而且大多数时候根本无法使用。不得已，网友们还是需要依赖百度。

当年，面对百度上市、股票大涨的局面，周鸿祎就说过，以后形势怎么样要看微软、雅虎和谷歌在中国的动作。如果这三家企业能在中国很好地本地化，百度就不会占什么优势。

而2013年，谷歌退出了中国，雅虎在中国早已没有了大动作，微软也守着操作系统的垄断地位而怡然自得，丝毫不见什么动静。他们对中国市场的无奈和忽视，成就了百度当下的地位。可是百度李彦宏对客户端的缺陷，内心是很不满意的。所以在2012年9月，百度就曾带头成立首个互联网安全联盟。这时候，瑞星、金山和腾讯纷纷表示响应，跟百度站在同一个战壕里。随后，金山向百度开放了后台的病毒数据库和风险网址，百度也在搜索结果中加入了金山的安全检测信息。

周鸿祎在2005年的时候对百度上市做的点评，其中有对未来中国搜索市场的估计。他说如果谷歌发力，未来一两年市场格局就会改变，所以他提醒百度不要大意，因为骄兵必败。当年百度不骄傲，可以顶着压力做起来，但今天心态却有了变化。

正像他自己说的，预言不一定不会变成现实。他也不会想到如今百度一枝独秀的局面。只是这次百度连他善意的忠告和祝福都不想理会了，一心想同他竞争互联网安全这块领域的根据地。

百度的战略是协助金山直击竞争对手360。2013年的合作一旦达成，百度对金山会进一步扩大搜索和推广力度，包括主推金山的安全提示，和利用框计算在搜索中给金山做更多元化的推广。百度表示：金山这些年推广不力已为大家熟知，但百度有信心能帮助金山急追竞争对手。而且，此时腾讯是金山的大股东。

由艾瑞公布的2012上半年安全市场份额中，360安全卫士和360杀毒位列第一和第二，但QQ电脑管家却紧随其后排名第三。而金山毒霸、金山卫士和金山网盾在第四、第七和第十的位置。在这样的局势之下，如果搜索引擎百度加入用户推广大战，目前的局势必将受到巨大的挑战。

早在2005年，周鸿祎在评价百度上市的时候就指出，如果百度的市场份额由于谷歌的竞争而损失，收入又不高，现在炒股价炒得再高，也只不过是在炒概念。百度的PE值在中国互联网公司里面是最高的，因为它把“中国的谷歌”这一概念作为炒作的一项重要内容。

可以说，老周对股市一向抱有比较轻视的评价，他认为高股价和高市值都是过眼云烟，一个公司的成功与否，主要应该看它是不是对创新做出了应有的贡献，而不是股价的高或低。

问题是，在以往的各大战役中，周鸿祎基本都是以一己之力痛击好几个竞争对手的联合挑衅，这次也不例外。从以往的3Q大战，3B大战和同傅盛的仇怨，以及同小米的雷军因为“小三大战”而结下的梁子，都让金山和360的关系雪上加霜，很难挽回。

这次，百度助阵金山，又是一次比以往所有战役规模更加空前的大战。周鸿祎是否感到压力巨大呢?

从他接受记者采访时的语调，可以看出他对此已经习以为常，不以为然了。他说:“欢迎百度进入安全领域，也希望百度能正面面对360进入搜索领域，公平竞争。任何联盟都应以用户利益作为考量，而非利用垄断地位分肥用户，不应以遏制对手发展为目标。”

看来，他对于“巨头们”想垄断市场的举动一直抱着一种鄙夷不屑的态度。可能他的个性里面具有西方人的性格特质：就是挑战权威，颠覆权威，甚至看到英雄不再是英雄的时候，心里会有一种快感。你越是强大，我就越不怕你，越不把你当回事儿，而且越要对你迎头痛击。对手们面对这样性格的周鸿祎，怎能不感到丝丝凉意从背后逆袭而来?所以，他们才对他不得不重视，只要想到他，就有一种如临大敌的感觉。

其实，对老周来说，最大的对手不是商业竞争对手，而是如何为公司的未来找准前进的方向。方向上的错误，他是从来不会犯的。但如果谁阻挡住他前进的脚步，他也决不答应，仍然会左右突袭，前冲后突，像一条蛇一样狠狠咬住对手的软肋，让他们叫苦不迭。

明争暗斗

百度从事搜索引擎多年，有一定技术优势，而且产品比较完善，具有大量的流量。运营多年的百度联盟，也为百度创造了可观的经济价值。然而百度也有其劣势，比如口碑问题，部分客户对其不良印象，等等。

到了2012年，百度、360、搜狗形成了搜索领域三国鼎立的局面。周鸿祎被比喻成擅长以小博大的柔道理论的攻击者。他善于将对方优势变成其劣势，进行刺刀见红的攻击。随着360搜索的日渐做大，必然会对百度产生威胁。而且还有预言称，如果360对搜索的进攻成功的话，下一步就可能进军电商领域，同淘宝展开竞争。

周董的威力，任何人都不敢小觑。他同百度之间的开战，直到2013年12月19日北京海淀法院第14071号判决生效后，依然没有停止。由于周鸿祎和360公司拒不履行道歉和赔偿义务，海淀法院公开了判决的主要内容。

判决结果主要涉及的便是周鸿祎在微博中写的内容，关于百度抹黑360必将徒劳无功，百度以垄断的方式谋取暴利，让方舟子读一读安徒生童话《皇帝的新装》，方舟子是一杆付费枪等等。

除此之外，还有一些其他的“不当”言论，包括牛奶里掺三聚氰胺的搜索公司，其创始人神龟一样的风格，方舟子从来没用过360浏览器就开始狂喷等。法院认为，“拿着百度提供的抹黑谣言”属不当言论。

老周这次火力太猛，又给自己惹上了官司，而且还牵连了360公司。后来他表示，上面有人找他正式谈过话，告诫他如果想在自己的行业里得到更好的发展，就不能跟同行之间有太过激烈的冲突。在此之前，他表示同事对他的劝告让他很心烦。但是这次，上级领导的谈话让他有所收敛了，他在他的言论里指名道姓的情况变少了，人也变得稳重，深沉一些了。

不过这不代表商战的偃旗息鼓。相反，战火越燃越猛。有人指出，周鸿祎使出了三板斧来进攻百度。首先，质疑创始人的人品。第二，百度产品不好用。第三，百度广告多，商业模式暴利。这样，百度的品牌就会受到损害。以这样的方式，他就可以让大家都知道360搜索，奠定360搜索在客户群中的地位。

旁观者把周鸿祎视为一个凶猛的攻击者。其实，他碰壁的时候，往往要多于得胜的时候。可以说，他唯一的胜利，就是成功地推销了自己的产品。而吃官司的问题上，他多半是败诉的，可谓赔了夫人又折兵。而且2013年百度诉360一案，没有单独把他提出来，而是一起状告了他本人和360公司。这样一来，等于他的个人言论对整个360公司造成了负面影响和实际损失。百度这一招也是来势汹汹。

其实，百度起诉360，还不止2014年判决的这一次。早在2013年4月27日，360公司就曾经发生过“一天两案”的情况。上午周鸿祎在微博中透露因为自己在一档电视节目中曝光百度假医药广告而被起诉，随后百度起诉360不正当竞争的案子一审判决就出来了，说360标注搜索结果中的虚假信息“违反诚实信用原则”，属于不正当竞争。

有评论指出，周鸿祎如果想找百度的漏洞，需从商业收入和用户认知入手。其中，商业收入是百度的软肋。尽管百度这些年也提倡阳光行动，与安全公司建立联盟共同打击违法、钓鱼、诈骗类网站，但只要百度做不到完美无缺，360就能找到百度破绽。

可是周鸿祎却对法院判决结果表示不满。他写微博说：“今天中午北京一法院来了一份判决书，认为360标注搜索结果中虚假医疗等恶意网站违反了‘诚实信用原则’，百度胜诉。我不是法律专业，看不明白。有的搜索公司笑纳骗子网站的推广费，是遵守‘诚实信用原则’。360标注骗子网站，提示用户不要上当受骗，却违反‘诚实信用原则’了。”

老周的讽刺，在法律判决面前，显得无力了些。毕竟法律是这样审理并判断的。但是他产品的进攻力度却一点也不疲软。也许他在微博上的言论只是为360新产品的推出保驾护航，不是主要竞争内容。所以，官司输得再多，只要产品站得住脚，百度虽能告赢他，却未必能笑傲自己的垄断市场份额。

因为，当时的百度没有360的法宝——浏览器。通过浏览器的应用，360可以搜集用户的一切搜索行为，详细分析搜索点击、搜索词，而且还可通过用户浏览网页，分析他们是菜鸟还是专业人士，然后根据人群的不同推送不同的内容。这样一来，许多百度搜索用户在360指引下，可能逐渐摆脱百度的束缚，养成使用360综合搜索的习惯。

而周鸿祎在“一天两案”的事情发生之后也透露过，他曾想向百度开放数据库，但遭到百度的拒绝。

律师们则认为法院的判决有失公允。首先，360并没有通过标注虚假信息，构成对百度的贬损，而是出于保护用户安全上网的责任和义务，对虚假信息进行标注的。而且只是对第三方网站进行标注，怎么会对百度构成贬损呢？所以，法院的判决结果没有考虑中国互联网现状，对事实认定不清。

有人指出，360搜索虽然跟百度比不了，但排名的公平度还是可以的。如果不是谷歌这样的巨人退出，百度基本不可能有今天。而且有人称百度比3721流氓的原因，是通过百度搜索出来的结果，并不是根据流量和点击率来计算，而是把百度自己的产品先排在前面，然后就是关键字竞价排名。也就是说，出的价越高，花的钱越多，排名就越靠前。

所以，通过谷歌搜索可以看到百度的东西，但是百度却不会把谷歌上面很热门的东西排到前面。

这是百度选择的一种商业模式。但是这构成了一个问题，就是排名前后如果完全以出钱多少为衡量标准，就容易造成“无论黑猫白猫，能抓耗子就是好猫”的局面。所以，才会出现周鸿祎曝光百度假医药广告的事件。

百度推广是百度搜索的主要盈利手段，但是具体操作是按照百度包给省或直辖市的代理推广公司的模式进行的。这些公司同百度之间，就是一纸合约那么简单。只不过用的关键字竞价和后台系统都是百度的产品。

这样一来，就有人透露，在百度做推广的客户很多并不懂实情。百度竞价是为暴利行业准备的，百度说没钱了就要充值，如果效果不好百度会说别人花的钱更多，所以你还得提高日消费额度和关键字消费价。

商业运作模式的弊端是比较明显的。但是商业社会，讲的是效益，是利润，企业的首要目的就是赢利。在搜索这方面，自然是谁给的钱多，谁就理应排在前面。因为搜索也可以说就是个商业媒体或者广告公司。广告公司不按照客户出钱多少来排名，还按照什么标准呢？

可是，百度的做法，毕竟还是有让人攻其破绽的理由。所以有人说，如果360搜索把两年的商业收入归零，或者只赚取少量利润，然后按效果、按点击来付费，广告主就会认为360通过搜索已占据一部分份额，并且跟百度搜索引擎不一样，这样很大一部分百度广告会流向360，百度对广告的议价能力就降低了。

周鸿祎以小博大，与百度争夺市场份额的战斗，得来的是360市值3天内上涨6亿美元，而百度市值跌45亿美元。李开复评价说："凶猛。一个是获取份额，另一个可能丧失垄断。"

在互联网的开放平台上，任何企业都有可能成为被指责的对象。3721被指为流氓软件，而百度曾被指为"流氓大亨"。总而言之，就在于"利益"二字。有人提议百度应该加强对外包业务的兼管。把客户当成人傻钱多的土豪是不行的。毕竟，这种推广机制容易造成客观上盘剥客户钱财的结果。

周鸿祎曾表示，现在的客户是最现实的。哪怕一款免费赠送的产品，如果他觉得不好用，第二天就会发帖说你的不是。更何况是无节制地收取客户钱财，而且未达到客户期望的效果呢？

就这样，周鸿祎助推的360搜索引擎，很快占据了大约10%的市场份额，仅排在IE浏览器之后。腾讯的搜搜和搜狐开发的搜狗浏览器，比360率先进入搜索领域，但是都没有对百度构成实质性的威胁。直到360的出现，令人大为意外，甚至被认为是一款完全可以击败百度的搜索引擎。

面对360搜索的全面进军，百度决定以牙还牙以眼还眼，开发自己的杀毒品牌。为此，百度在2012年年初透露已经重金购买了一套病毒数据库，并已在2012年底收购了一家叫做"超级巡警"的国内安全公司。

2011年，百度还组建了“百度安全卫士”项目组，而且也打起了免费牌，同时植入了金山的云安全技术。从功能方面讲，百度安全卫士包括360的几乎所有组件，比如漏洞修复、木马查杀、实时保护、下载保护、开机优化、插件清理等。可谓功能齐全，应有尽有。

百度安全卫士并没有在开发后立刻推向市场，但是由于360的凌厉攻势，百度李彦宏开始对这一问题日渐重视起来。他问内部人员：“腾讯2012年有微信，新浪有微博，百度有什么令人印象深刻的产品？”

可以说，百度此时的收入增长率还是保持在50%的高位，但是李彦宏却产生了一丝危机感。为此，他在泰国推出了一款叫作Baidu PC Faster的安全软件，具有电脑体检，垃圾清理等功能，网站上标注的版权疑为百度在香港的子公司。

商战如逆水行舟，不进则退。在周鸿祎眼里，一个创业者首先不能固执。面对如此挑剔的用户，如果别人的两句否定你都承受不了，是不可能在商海里任意驰骋的。所以，创业应该是一个学习的过程，而不仅仅是一个知识运用的过程。可以说，他跟百度之间你来我往的争斗，就是一个不断学习，不断自我否定的过程。

要想成功，必先自宫

百度为中国互联网的发展所做的贡献，不容抹杀。但是百度也的确存在很多问题和致命伤。比如，大量的违法网站，广告链接和欺诈网站等，已经被中央电视台和各大媒体曝光过很多次。如果行业之内没有竞争，客户就没有选择，只能使用百度。360 就是这时出现的一个竞争者，给百度的垄断地位以沉重的一击。

2013 年 7 月 16 日，一则重大新闻发布出来。百度收购了网龙公司持有的 91 无线网络有限公司全部股权。出资金额高达 19 亿美元。百度就这样运作了中国互联网有史以来最大的一起并购案。

而老周对这次百度的并购一点也不看好。在他眼里，花这么多钱去并购一家这样的公司，实在是很划不来。他还表示，能要出这么高的价格，也有炒作的成分。就是说，之前他跟 91 无线之间曾经传出“绯闻”，说 360 公司要收购 91 无线，结果百度抢先一步，收购了该公司，而且比该公司在周鸿祎提示下的要价只减了一亿。

百度的大手笔，来源于其巨大的资金实力。但是一向善于以小博大的周鸿祎，却对这次收购颇多微词。

支持 360 一方发言说，360 对于百度，从未想过去挑战，一直采取低调的方式。360 只不过是想让用户有更多的选择而已。总之，提倡的还是应该有竞争才能造成对用户有利的局面，才能促进一个产业的良性发展。周董打的旗号在道义上是完全占据有利位置的。所谓名不正则言不顺。他始终谈的是用户利益、用户体验，首先抢占了道德制高点。

另外，有分析人士指出，360 浏览器上并没有取消谷歌和百度，用户可以很方便地选择谷歌或百度搜索，而且也可以把默认的搜索引擎设置成百度或其他。可见，360 是完全尊重客户自己的选择的，而不是封杀竞争对手并强制使用。所以，这体现了一个企业博大的胸怀。即只有包容竞争者，才能战胜竞争者。

而百度，似乎在挤走了原来的竞争对手谷歌之后，为现在的 360

创造了市场的空档，成全了360。

然而百度是不会就此服输的。为了打开无线入口，腾讯、百度、阿里巴巴都在同91无线洽谈入股收购事宜。最后百度以如此大手笔同其达成了协议，就是为自己打开移动互联网的大门做最后的准备。同时，百度也获得了91无线平台巨大的广告资源。

中国移动互联网的创业，是一个崭新的话题。起始点在2009年，到2012年泡沫被挤压完毕，行业第一次洗牌结束之后，赚到钱的公司分为两类，一类是手机游戏公司，另一类是渠道商。而91无线就是获利最多的渠道商之一。网龙公司在2007年收购了91无线，在网龙眼中，上市是91无线的最好归宿。

但是在运作上市的过程中，91无线遇到了重重困难。并且这家公司是靠翻墙起家的，需要洗白。所以，它更好的方向应该是并购。

在2013年4月，李泽楷作为投资者之一，曾经估计91无线的价值为22亿元人民币。可是在百度收购网龙57.14%的股权，并将其余的发行股本全部购入之后，收购价格竟然高达19亿美元。对于这样的天价，周鸿祎认为是不值的。可是对百度而言，这一掷千金的豪举，是它经过一番细致打算后的决定。这次收购的总金额，抵得过阿里之前的数起收购案金额的总和。可见百度对这次收购的倾情投入。

原来，在2013年全球移动互联网大会上，胡泽民作为91无线的CEO，透露91平台的用户已超过2亿，累计下载次数为150亿，应用程序达到50万款，广告主数量更是在2012年达到了300家。靠竞价广告起家的百度，对91无线可以提供的巨大移动端流量，当然是垂涎三尺。

但是据周鸿祎的暴料，这次价格是他帮忙一手炒上去的。那么，他一定是认为无线客户端的进入，完全可以不以这种烧钱的手段为代价。

360对于这种大手笔的并购，一直是讳莫如深。也许，周鸿祎认为一切只要以客户体验为依据就足够了。比如，360浏览器推出了一款拇指按钮，可以让用户参与360搜索引擎的完善。而百度的做法是，如果通过360综合搜索访问百度地图、知道、贴吧、百科等，网页就会自动跳转到百度首页。而且百度曾经存在对不想付费交钱的网站进行封杀的问题，所以难免有刻薄和心胸狭隘之嫌。

但另一方面，却也有指责周鸿祎及360公司的言论，说2011年，360就看到了移动互联网的价值，提出跟91无线合作。随后，360公司派遣一批工程师到91无线学习。但得到91无线的源代码之后，360做起了山寨版的360手机助手，有360安全卫士等杀毒产品的推广渠道支持，360手机助手成为91无线最大的对手。有传言称，360还曾在91无线挖走大量工程师。但无论如何，91无线已经卖给百度了，而且卖了一个好价钱。那么即使360手机助手是一个巨大的威胁，也不是91无线的威胁，而是百度的威胁。更何况19亿美元的收购价格是周鸿祎帮忙炒作上去的。

据周鸿祎自己的言论，91无线本是一个创业的小兄弟，因为一度跟他产生了“被收购”的绯闻，所以才让百度坐不住了，成全了这样一桩大得惊人的收购案。并且这19亿美元的价格，还是他帮忙炒上去的。

究竟内幕如何，现在是隔着重重迷雾，难以判断了。不过有一点可以肯定，就是百度花19亿美元购置的91无线，其技术是周鸿祎以很小的代价就获得的。并且，虽然19亿美元买的是客户端的流量，但是360有免费杀毒软件的渠道，一起推广出去，流量似乎不是大问题，根本不用发愁。

现在，周鸿祎免费的这一步棋，目的性更加明确。他无非是想把免费的产品转化成广告和流量的渠道，然后赚取中间费用。相对于当年的流氓软件而言，这的确是一种比较正常的商业运作模式。最起码不打扰用户。

对于360开发搜索引擎市场，当初有人就认为是一种前有狼后有虎的危险境地。首先，谷歌退出中国，百度处于山中无老虎，猴子称大王的有利局面。在这种情况下，国内的搜索引擎从技术还是业务上都只有依靠百度了。所以，百度狂妄是有它的理由的。按百度李彦宏的话，如果百度转型或倒闭，中国的互联网发展将会倒退十年。

也就是说，百度的搜索引擎技术仅次于谷歌，所以其他竞争对手在同它抢占市场份额时，只有一个可能，就是被百度打垮。如果违反百度制定的游戏规则，任你历尽千辛万苦创造出成果，也会被淹没在百度构建的互联网海洋里。而且，百度本身既是裁判又是选手，这种局面会造成什么结果不难想象。

另外，百度的技术左右了国内互联网95%以上的存亡比例。比如，百度发布的抓取算法贴，对于站点收录要求的智能化需求就是一个最新的执行标准。该标准如果全面执行，那么用户体验会成为今后搜索引擎的发展方向，也是最大的利益点。站长们如果想做好站，就只能投入更大量的时间和金钱。

在周鸿祎眼里，这一切都应该被称为垄断。他认为打破这个垄断局面，才能让中国互联网在良性的轨道上越走越稳，才能给客户创造真正的体验价值。

对 360 来说，它可能并不在意搜索引擎能带来多少直接价值，而是把整个 360 产品线立足于搜索引擎之上，整合利用这些庞大的产业形成独特优势。

另外，在同百度你来我往的官司缠斗中，360 也并不是完全以败诉收场。比如在 2013 年 1 月 24 日，百度认为 360 搜索网站抄袭了站长平台原创的文档格式和内容，所以将 360 以涉嫌抄袭的罪名告上法庭，索赔 50 万元。北京西城法院受理后，经过公开审理，认为原告缺乏诉求的法律依据，所以驳回了百度全部的诉讼请求。

有人说，360 搜索的上线，可能是周鸿祎的一个心结。他要在这个市场跟李彦宏分个高低。所以 360 是必定要在搜索上和百度竞争的。

当被问到为什么与百度交恶时，周鸿祎说，创业者和大公司天生就“不对头”。他是一个创业者，而 360 是一家创业公司。由于他把自己的位置摆得很低，所以，在一些 IT 从业人员和用户眼里，他还是有着不错的个人形象的。而且，360 杀毒确实是在免费提供服务。

360 上市之后，以百亿市值崛起，作为高德公司的独立董事，周鸿祎又同百度打了一场“免费战”。只不过，百度经过这些年的悉心揣摩，已经掌握了老周的基本打法，所以反应异常迅速，给高德来了个先发制人。

所以，用户看到的是，百度、高德双双宣布导航免费，其实是项庄舞剑，意在沛公。也就是说，他们都想争夺入口。在 360 免费这面大旗的威胁之下，百度首先宣布“导航永久免费”，而且在第二天公布“已购用户全额退款”。高德宣布免费的时间，比百度晚了4个小时。

可以说，这次又是百度跟在他的屁股后面走，只不过在时间上竟然走在了他的前面。所谓教会徒弟，饿死师傅。周鸿祎是不是也应该好好思考一下换一套新的打法了。

高德官方微博在致用户信中，提到“舍得”二字。舍了收入，才能赢得用户。

第十三章
“躲”不过去，那就 PK 吧

垄断和创新

顶级高手也许都需要成就感，但是什么才能给他们带来成就感？对于一个想杀伐互联网天下的人来说，成就感来自攻城掠地，抢占市场份额。

2010 年，奇虎 360 和腾讯打起了被誉为“争夺用户桌面”的“战争”，持续了一个月有余。其实，他们是在抢夺现有的市场份额。但是这次 360 在防御的位置上，而腾讯则是进攻一方。这同 360 以往的战斗有所不同。因为 360 无论是与杀毒厂商开战，还是跟百度较量，都是因为抢了人家的“窝窝头”。为此，周鸿祎三更半夜接到电话，被问及你知道自己干了什么吗，你抢了我们的饭锅。

不是饭碗，是饭锅。可如今，情况有了变化。是腾讯在抢占360的饭锅了。而起始点就在腾讯的一纸不兼容公告。

直到2014年，在周鸿祎参加冰桶挑战的时候，他还在自己的腾讯微博中表示，这种活动可以帮助抗战老兵、ALS患者和社会上需要帮助的人。所以他不但希望自己的朋友黄章、徐小平参加，而且也希望中国互联网最有影响力的人——马化腾也接受这种挑战。

他在向马化腾挑战吗？也许。因为互联网行业的任何领军人物，都可以被老周视为挑战对象。不过，马化腾的力量太过强大，周鸿祎如果单挑，他就像无人能敌的吕布，而马家军则像拥兵百万战将千员的袁绍。论单独作战能力，他是无人可及的，但就综合实力而言，相信还没有哪家互联网企业能真正同腾讯抗衡。

但周鸿祎就是喜欢挑战权威。2010年的那场恶斗，其实是抢占市场份额的斗争，是争地盘的斗争，是抢占用户桌面的斗争。这种争斗跟两个商场柜台之间的竞争有所不同，因为软件厂商之间，可以通过不兼容，把用户当成投票员。显而易见，这种竞争已经到了白热化、你死我活的境地。

周鸿祎知道自己跟腾讯还抗衡不了。他第一次显示出一丝疲惫、惶恐和无奈。因为他知道，一旦自己被腾讯挤出用户的桌面，资金链会迅速断裂，这个企业就元气大伤了。他打出免费旗号，辛苦经营出来的成果，悉心培养的用户群体，难道就要这样被蚕食掉吗？

业界对周鸿祎的评价是好勇斗狠，因为他必须通过在同行手里抢市场，才能让企业立足。而马化腾的低调，也来源于腾讯像百度一样，抓住了很好的历史机遇来发展自已，从而奠定的帝国基业。

可是没有人相信周鸿祎会服输，特别是他自己。2013年11月

19 日晚，他在中国政法大学做了主题演讲，题目是“中国为何无法出现乔布斯”。在这次演讲中，他不可能不再度开炮。他一向的高调来源于他的草根身份，必须奋力拼搏才能守住自己的领地。他炮轰了百度，讽刺了瑞星，但对腾讯，只能调侃一下。他表示，今天没有媒体，他就乱讲一会儿，还告诉听众不要发微博，发了也把他的脸打马赛克。

老周看来是怕自己这番言论再度被起诉，好像知道自己放一次大炮就会摊一次官司。他很警惕地说这次演讲定的这个题目好像要他攻击谁，他觉得不妥，所以就谈一谈创新。所以他从创新这个词切入，谈了一下中国出不了乔布斯的原因。他分析说，美国每隔五到十年都会有一批新的创业者登上历史舞台，而在中国互联网领域，土豪横行，还是那批 70 后的人。为什么呢？是年轻人不够优秀吗？不是。而是没有提供一颗种子长成参天大树的环境，才让老帮菜占据中国互联网的大好河山。

然而他在 2010 年同腾讯的开战，却遭到媒体质疑。为什么在倡导平等开放、分享协作的互联网领域，会出现这种恶斗的局面，以及“网络水军”操纵真相的事件？

整个事件的起因，是由于 QQ 电脑管家的推广应用。从 2010 年开始，QQ 电脑管家因为推广成效甚微，就开始强制用户捆绑安装。QQ 管家同 360 的定位一样，就是保护电脑安全，而且从远处看几乎跟 360 没有任何差别，纯粹是一个山寨的版本。

在这种情形下，想让周鸿祎不参与市场争夺战是不可能的。在他眼里，这种做法是垄断，而且极其可怕，因为它可以在短时间内占据 360 的市场。所以，他同腾讯之间的战争是不得已而为之。

他面对这种严重的被抄袭的局面，只能给 360 安全卫士寻找新的立足点。所以，他推出了一款叫做“扣扣保镖”的产品，借此让 QQ 从电脑中赶不走 360。

其实这是他关在屋子里冥思苦想了好几天才想到的一个招数。就是在不得罪用户，还能给用户带去更好体验的同时，遏制腾讯公司对 360 安全卫士的抄袭。QQ 电脑管家的推广方法是：强制捆绑，静默安装，然后把 360 安全卫士从用户电脑中清除掉。那么我也可以做一款软件，让你腾讯的广告没法弹出，并且允许用户自由选择。当然大多数用户都会选择不弹出广告。没有广告腾讯赚不到钱了，能不抓瞎吗？

本来想不看 QQ 的广告，QQ 用户是需要交 10 元钱的。而扣扣保镖的出现，让 QQ 用户不必花钱就可以不看 QQ 广告。老周这一招可把腾讯搞晕了。

周鸿祎说过：“我们从小接受的教育，我们是一个从众的心理，希望得到别人的认同，我们干一件事巴不得所有人叫好才会干，如果我们干一件事情，大家都说不行，看不懂不清楚，有多少人还愿意真正去做？”

很明显，这次 QQ 是玩了一个山寨游戏。抄袭 360，然后凭借 QQ 的巨大市场份额，轻而易举地把 360 挤出用户电脑桌面。这是安全的做法，建立在从众的思维模式之上，不必冒任何风险就可以抢占 360 的市场。是 360 对用户客户端的成功抢占提醒了腾讯杀毒软件的重要意义，促使腾讯把剽窃 360 当成一件能看懂看清楚的事情去做。

除了主动下载 QQ 电脑管家的用户，腾讯都是通过在中秋节强制静默安装的方法挤占 360 地盘的。QQ 对用户行为的分析很到位，而且可以分区域根据用户上网行为和习惯，以及用户 IP，分时间段进行推广。

为对付 QQ 的垄断和山寨行为，周鸿祎才让公司技术人员开发了扣扣保镖和隐私保护器，前前后后只用了一个月的时间。而这玩意儿被腾讯公司称为超级病毒、外挂和木马。

病毒的第一个重要特征就是能自我复制。另外，扣扣保镖没有后门程序，也不是木马。最后，外挂因为有具体的法律定义，因而扣扣保镖也不是外挂。可能，马化腾担心的只是扣扣保镖这个东西对他的广告造成拦截，影响收益罢了。在他眼里，扣扣保镖当然比病毒还可恶。因为这东西就像癞蛤蟆上脚面，不咬人恶心人。所以，他让人通知周鸿祎，离我远点，QQ 不需要你那个东西的保护。

为了和腾讯之间的纷争，周鸿祎不得不去了一趟香港，跟投资人解释。他说：“一般投资人都知道，对腾讯要绕着走，但是这次我根本绕不过去。所以王功权也理解。国外投资人对我们的做法也是理解的。”

可是这种对抗的结果便是，腾讯公告用户，让他们二选一。这样，360 公司便蒙受了 15% ~ 20% 的用户卸载损失。周鸿祎失去了一大批宝贵的用户。自从 3721 覆灭以来，他最重视的就是用户，认为真正的敌人不是对手，而是用户。赢了对手，输了用户，最后会一无所获。

然而这次，面对如此之大的用户损失，他也无可奈何。

但他不会服输，他对媒体说：“这次可能对互联网是一个转变，让更多厂商看清了腾讯公司的垄断力量，它要对付任何互联网公司太容易了。”

另外，除了腾讯之外，还有四家公司也联合起来跟360搞不兼容——百度、金山、遨游、可牛等等，这些都是他的老对手了。而就在这时，搜狐的张朝阳挺了他一下，说搜狗绝对不会参与此事。张朝阳是个老好人，而对这次的恩情，周鸿祎是不会忘记的。他在2014年还向张朝阳示过好。

以前都是老周给同行带去不自在，带去无尽的麻烦。但是这次，他跟腾讯可以说是棋逢对手。因为腾讯的确掌握了垄断的力量。首先，腾讯QQ是比360安全卫士更具粘性的客户端产品。一个用户使用360安全卫士，不代表他的家人，他的朋友也一定要用。

但QQ不同，一个用户用QQ，他的朋友也要用。所以QQ这款产品的粘性很大，能掌握客户的社会关系，但360就没有这个能力。其次，腾讯公司资本强大，后盾强硬，就好比中国的微软公司。

周鸿祎在政法大学做的那次演讲，就提到这样一个事件。他说自己去美国硅谷的时候，通过很多人介绍，努力见到了一个人，就是马克·安德森。他现在在Facebook的董事会里，没有扎克伯格那么有名。老马克是Netscape的创始人。他在1996年创办了世界上第一个浏览器公司——网景，并带领公司员工发明了浏览器，从而开创了一个时代，让浏览器成为上网的入口，迈出了互联网的第一步。

然后，马克要挑战微软，被当时的业界看做是互联网上最大的一场“战争”。但微软奋起反击，在操作系统里面捆绑了IE浏览器，然后对用户说，只要你们敢装Netscape我就不给你们操作系统。这一招很灵验，把Netscape葬送了，马克也以黯然出局收场。

难道这次，这一幕要在中国互联网行业上演吗？如果说腾讯是当年的微软，那 360 是当年的马克·安德森吗?

想一想真可怕。

事实告诉我们，他没有像马克那样一败涂地，但是垄断在中国也是不争的事实。于是他说，马克·安德森是他心中的英雄，首先他开创了浏览器，而 360 的浏览器就是建立在他们的开源技术基础上的。

其次，从商业角度讲，马克·安德森失败了，但他们为这个产业留下了创新的种子，而创新正是周鸿祎一直反复强调的东西。

反垄断宣言

可以说，跟腾讯的掐架，给了周鸿祎巨大的压力。以往，尽管对手们夹枪带棒，水军、诉讼一起上，毕竟他知道他的策略肯定有赢的把握。所谓“不计较一城一地的得失”“消灭敌人的有生力量”，用户失掉了，竞争对手的有生力量也就没有了。可是这次，他看到了腾讯策略的威力，他最怕用户被别人抢占，所以，他发表了一封公开信，名为“不得不说的话”。

他在信中透露，投资人王功权在微博上评价他，说他哪里是商人，是个几近疯狂的理想主义者。

他看了《经济观察报》对马化腾的采访，有些震惊，他觉得马化腾对扣扣保镖、对 360 和他自己，说了很多不负责任的话，而且断章取义地把两人之间的短信公布。是想将他打入万劫不复的深渊，永世不得翻身。

他毕竟没有 QQ 的什么把柄攥在手里，马化腾也没有必要非守着他们之间的谈话内容不对外公布。而他，对名誉的损失一向是非常深恶痛绝。这给了他巨大压力，他半夜睡不着，起来反省自己。

他想到以前对用户感受的轻视使他蒙受了“流氓软件之父”的恶名，想到自己一个星期关在屋子里不敢出来，砸坏了一张桌子和两扇门。

他把自己定位成一个头脑简单、爱冲动的产品经理和程序员，虽然喜欢点名挖苦人，批评人，但却是一个敢担当的男人。

周鸿祎极力在大众的审视之下维护自己的声誉。他承认了自己是跟马化腾说过联合起来打百度，但是马化腾也问过他怎样做搜索，换句话说，马化腾对百度的蛋糕，也是想咬一块的。只不过不需要非跟周鸿祎合作去搞这件事情罢了。马化腾可以随便拉一个小弟来跟对手竞争，对于周鸿祎的主动示爱，他完全可以不以为然。

应该说，马化腾不是那么容易就能被说动的大哥。因为他不是当年销量不佳的卡巴斯基，也不是那个罗马尼亚的 BitDefender。他想理你可以理一下，如果不想理，他完全可以把你周鸿祎的话当耳边风，或者直接把你当顾问对待。对于帝国来说，你只不过是一个觊觎人家江山的野心家。

在老周眼里，除了腾讯，其他几家公司，比如遨游、金山、可牛等等，只是一些跳梁小丑。他知道他们没有胆量做二选一，因为客户留 360 还是留他们还很难说。但是腾讯不一样，QQ 这个工具巨大的用户粘性，让他确确实实感到了威胁。

而且，腾讯公司在其他方面的威力，也是非比寻常的。南方周末采访他时，问到为什么大家没把诉诸法律当做最好的选择，他反问：“你觉得能告赢吗？腾讯有个霸王条款，他的用户使用条款里说，不用通知用户可以终止服务，而且用户有不同意见只能去深圳告他，谁都知道当地法院跟他关系不一般。中国互联网行业，目前情况下完全靠法律维持公平竞争的商业环境不可能。”

这是老周的无奈，以他火爆的脾气和争强好胜的个性，他是绝对不会服输的。所以他特别希望中国能有一个遏制垄断、公平竞争的环境。因为他知道，在这样的环境下他是战无不胜的。可是所谓人生不如意事常八九，他只能望洋兴叹。

后来，他在政法大学的演讲中，提到微软干掉 Netscape 之后引来了反垄断的巨大发展。他说：“美国从来不在乎自己有没有大公司，对他们来说公司越大反而做越邪恶的事情，反而会越控制行业的发展，他们会用反垄断，像一把剑悬在头上，就算某家大公司 OUT 了，但是过 5 年、10 年又会有新的公司出现。包括当年的欧盟也加入进来，对微软造成了巨大的影响。”

所以这次，老周显得悲愤异常。不过，能给少年得志的他上生动的一课，对他也许是一件好事。锋芒太露，毕竟对他自己日后的发展弊大于利。

但他还是不会轻易低头的。在公开信中，极力为自己的产品辩解，大有大祸临头之意。他太怕失去用户，失去他们的心了。他不想再重新回到自己一度被称为“流氓软件之父”的日子。

他说，腾讯在过节的时候，通过强制手段强行在电脑上安装 QQ 电脑管家和 QQ 医生，而 QQ 电脑管家与 360 安全卫士高度相似，抄袭 360 而不以为耻，而且强制推广，就是想置 360 于死地。他曾给马化腾发短信，问他为什么这么干。结果马化腾轻描淡写地说：“不就一款软件嘛。”

10 月 25 日，老周在上一档电视节目时，曾说跟腾讯之间的纠葛只是他实现梦想的道路上的一件小事。他说自己的梦想实现起来不成问题，因为他有两大信心来源，一是终身免费的颠覆性策略，二是以用户为核心的理念。剩下的就只有时间问题。

可是到了11月6日，当面对马化腾轻蔑地向媒体公开他们的私人短信时，他显得十分沉痛。其实，王功权的评价也许是在保护他，他可能也知道。但是他还是必须反抗，再一次单挑对手。他说，腾讯比360大很多倍，这种明目张胆的欺负人，赤裸裸的抄袭，“别人忍得住，我忍不住”。扣扣保镖不仅是为了竞争，也是为了给用户提供价值。

他指责QQ是一个封闭帝国，商业模式也是靠用户在其上积累的社会关系，强制用户使用他的产品。这种商业模式“让整个互联网行业创新寥落，寸草不生”。

他对这次腾讯的致命威胁，可以用悲愤交加来形容。有人说他是演员，但是从他的公开信内容可以看出，这里未必没有他的真心实感，真情流露。他对自己的产品理念和创新理想，真的处于一种狂热的痴迷状态。

为此，他跟马化腾宣传过自己的理念，说腾讯可以投资360，投资迅雷和其他互联网公司，让其他的企业都建立在腾讯的平台之上，“这样既有创新，腾讯仍然是第一大公司。”而马化腾给他回的短信是：我认为这些公司没有价值。

周鸿祎未必不羡慕腾讯的庞大帝国，但从他做天使投资人的专注经历来看，他的确把扶植新兴小企业作为自己的一大爱好，就好像责无旁贷的义务一样。可见他在某些方面确实有一些“瘾”的成分。但马化腾不必要有这种瘾。马化腾只要做一个标准的商人就可以了，就已经成就了腾讯公司最高的市值和商业地位。他已经是最成功的，又何必为一些自己不喜欢的事情而费神费力呢？

所谓道不同不相为谋，而且在马化腾眼里，周鸿祎是个什么怪物还未可知。所以，百度这个敌手，周鸿祎是不可能联合马化腾以共击之了，反而先于百度而成为腾讯的竞争对手。他是否心有不甘呢？可以说，百度他也未必完全放在眼里的，因为搜索是他玩腻了抛掉的东西。可是撼山易，撼腾讯难。老周感受到了巨大的威胁。

但他毫不示弱，他说扣扣保镖没想到用户对弹出广告如此反感，全都屏蔽掉了，腾讯靠QQ赚不了那么多钱了，就把360扣扣保镖描绘成超级病毒。他断言：“即使360在这场对决中被腾讯组织的各种资源所绞杀，如果腾讯不改变它封闭的商业模式，仍然漠视用户的利益，仍然拒绝给用户选择权，那么它从今天开始将面临着更大的危机。”

在11月3日，也就是周鸿祎发表公开信的前三天，360曾经启动了紧急预案，推出一款叫做WEBQQ客户端的软件。因为在这一天，腾讯发布了“装有360软件的电脑停止运行QQ”的公告。周鸿祎曾表示：“对于腾讯这样丧心病狂的行为，360有预案。我们推出了WEBQQ客户端，该款软件可以保证用户既能顺畅地聊天，同时也能避免被QQ软件偷偷扫描硬盘。”

据360发布的公告，WEBQQ客户端比原版QQ更为精简，只有276K。而腾讯官方推出的最新版QQ高达32.6M，是WEBQQ体积的120倍。360保证用户下载WEBQQ会更加方便快捷，只需数秒。

可以说，360对于腾讯的不兼容手法是早有预防的。可是马化腾公开了周鸿祎说要联合腾讯搞百度的策略，不得不说是信息时代的一个杀手锏。现在是互联网时代，昭告天下是轻而易举的事情。周鸿祎看到自己跟马化腾之间的私人对话成为全天下的笑柄，而且挑拨了百度和360之间的关系，他不得不予以承认，因为他不知道对方是否有证据。

周鸿祎不主张一味地痛说革命家史，因为他认为未来才是最值得人认真思考的。在未来互联网发展的道路上，五年，十年的变化，没有人能想象得出。也许，他对这方面思考的重点，始终放在创新和反垄断两个话题上。为此，他仍旧锋芒毕露，仍旧对持异议者点名批评。

从帝国时代到联邦时代

也许腾讯今天所追求的开放政策，开放平台，的确是得益于周鸿祎对马化腾的挑战。就像执政党和在野党之间的关系。只有执政党，没有在野党，就不能发挥舆论的强大监督作用，不会有双方激烈交锋后碰撞出的火花。

现在腾讯反复强调要致力于建立一个开放的平台，而且对外公布了一个数字：4000万，是由马总亲自宣讲的。这4000万是腾讯公司一年分给合作伙伴的利润数字。借此表明腾讯并不是一个封闭的帝国，而是希望为互联网的公平竞争创造有利局面。

当然，在这个问题上，周鸿祎绝不会只埋头苦干而不彰显自己的功德。2011年，他说："今天马化腾做的所有事都是我两年前给他的建议。腾讯过去也是自己雇很多人做很多东西，现在至少开始谈开放了，他要做开放平台了。当年我跟马化腾的建议就是这样，因为我看过雅虎衰败。"

在 2010 年那场激战打响之后，马化腾曾经接受过媒体记者的采访。他说，因为腾讯是上市公司，所以十几年来一直被别人找麻烦。他把扣扣保镖描述成超级病毒，实在是由于这款产品的蔓延速度达到了火灾一样的程度。

QQ 也并不是那样惬意悠闲的，也面临巨大的威胁。马化腾说：“形势危急，再过三天，QQ 用户有可能全军覆没。其实从 360 发布外挂开始我们就一直在找政府各个部门沟通，并向公安部门报案，民法那边的诉讼也有提交，我们希望通过合法的途径解决，但我们知道这个周期非常长，形势发展得又非常快：从上周五上午 360 公司 11 点多发布到周一，就已经有 2000 多万用户感染扣扣保镖，并且以每天过 1000 万的速度增长。按照以前隐私保护器的速度计算，如果三天之内开始放量就会感染 8000 万 QQ 用户。”

可见，老周犯愁，马化腾也是心惊肉跳，难怪小马哥说自己两宿睡不着觉。这是两个高手之间的对决，可以说在硬实力方面，360 并不逊色。你腾讯公司能抄袭 360，我就一样能研制出扣扣保镖来钳制你。万不得已之下，马化腾十万火急地让用户卸载 360，或者直接把 QQ 删除然后过一段时间再装。

这场战斗并不是最重要的，最起码周鸿祎这么认为。在他眼里，要彻底赢得这场“战争”，就要追根溯源，深挖问题的本质。本质是什吗？是一个开放平台的缺失。所以，在 2011 年 5 月 31 日，经过半年的酝酿，周鸿祎主持召开了 360 北京互联网开放大会，宣布 360 会建立 10 亿元创新基金，以及其他三项扶持政策，支持中小企业在互联网行业的创业活动。

互联网行业此时形成的格局，是流量被几家大公司把持，有百度、腾讯和淘宝。他们坐拥客户流量，却为创业者制造了很高的准入门槛。无论什么互联网业务，都需要用户流量，所以，巨头们就有了“漫天要价”的资本，而不给创业者讨价还价的机会。

垄断在世界各国的经济舞台上，都是一个不争的事实。但是在周鸿祎的观念里，有追求平等和自由竞争的理想主义信念。所以，他积极活跃在反垄断的舞台上，用略带沙哑的嗓音，和人们熟悉的腔调，不拿演讲稿，直接侃侃而谈。

此前接受媒体采访时，他曾说过：其实我没有你们想象的那么老谋深算。他承认自己没什么城府，“憋得住尿憋不住话”。而且在被中国互联网史上第一支水军抹黑之后，他感觉自己就像一个有前科的年轻人，让很多人都觉得骂周鸿祎是一件很容易的事情。

他表示，一开始你看到那些骂自己的内容，不生气是不可能的。但是时间长了就习惯了，你强迫自己把那些话看完，发现这么多年了，骂自己的话没有一点新意，还是过去那几句，什么从360辞职后的感触啦等等，连一点绯闻都弄不出来。

老周一向擅长说冷笑话，在对待这件事情上也是如此。

不过反垄断可是实打实的硬仗，容不得轻佻与忽视。在周鸿祎的观念里，旧格局是由阿里帝国、腾讯帝国和百度共同构建的。但是这种旧格局已经不适应互联网发展的新需要。所以，新时代即将来临，在新格局下，一个联邦体制亟须建立。这样，任何互联网公司都可以与巨头平等对话。

从前互联网行业内的公司需要仰仗巨头的流量，依附巨头而生存；但在联邦时代，巨头公司转变为互联网应用、服务运营商或者互联网服务、应用超市。巨头们是服务和应用的渠道，而创业者是具体内容，没有他们，巨头将会成为“空店”。

老周的思路是超前的，但是他不可避免地存在自身的缺点。他自己说过，他的缺点就是比较急躁。的确，他是个急脾气，而且有时候不修边幅，不理发直接上电视节目，也很少穿西服。比起西装革履的马化腾，他真的像一个草根，一个创业者。如果说马化腾是新一代粤商的代表，周鸿祎就是互联网创业者的代表。

老周从来没把自己摆在贵族的地位上。他承认腾讯是大公司，而自己是创业者，360是创业公司。

周鸿祎和马化腾都被称为互联网行业最优秀的产品经理。腾讯开发新产品的能力与速度，自然是第一位的。但周鸿祎却不只是一个产品经理。尽管他自己以产品经理自居，外界却认为他是个颠覆式创新者。

他提出一个新概念，是来自于他对微博的认识，即“微创新”。他认为，互联网用户越增加，应用越简单。

无疑，越简单的东西越实用，普及起来越容易。也就越会理所应当地成为伟大的产品。

现在，周鸿祎又一次扬帆远航，开始了自己理想主义的征程。

其实，早在2011年1月份，马化腾就曾向人大提交了一份8000字的提案，建议立法遏制互联网行业内的“不正当”竞争行为。

马化腾情急之下，确实透露过周鸿祎曾要跟他联手对付百度的事情。不过，老周对外宣布：我跟马化腾之间没有个人恩怨。

他表示，或许腾讯已经放弃亲自对付360了，所以才收购了金山。可是腾讯的安全产品经过两年尝试，并没有获得用户认可。而金山的竞争，也不必担心，因为他们晚了一步。

福布斯中文网上刊登过老周的话："中国缺乏有效的反垄断机制，无法阻止大公司滥用市场地位。在美国，如果像微软这样的大公司也肆意抄袭小企业的创意，然后挤垮它们，那会成为大笑话。而中国现在的文化是鼓励不惜一切手段实现增长。"

周鸿祎说："旧模式的结果是一个帝国的辉煌，新模式的结果是整个互联网产业的成功。""对于有些企业来说，当年是恐龙，现在气候变了，恐龙要灭绝了。"

当他的话理解起来有困难的时候，可能你一时不明白他所说的格局的本质。但是前后一连贯，他的意思无非是，有多家平台竞争的环境下，如果一家不开放，会导致用户的流失，用户可以到竞争对手的开放平台那里去。这样，就会阻止垄断帝国漫天要价和一站式服务到底的旧模式。

也许，他对互联网格局的规划，是来源于学生时代的物理性思维。物体间力的作用是相互的，他给出一个力，就会相应地激起整个互联网行业格局的深刻变化。王功权说得对，他不是一个纯粹的商人，是一个理想主义者。因为商人怎么会想着去建构和调整整个行业的格局呢？

第十四章
“打假斗士”的疯子日记

迎战方舟子

在湖南卫视做一档娱乐节目的时候，周鸿祎承认百度的李彦宏的确会比较恨他：原因自然是360做搜索和浏览器，瓜分了百度垄断的天下。如果说百度、腾讯和一些杀毒软件厂商是360的直接竞争对手的话，方舟子作为个人用户，出现在他眼前。

以老周的火爆脾气，面对这样难缠的“斗战胜佛”，一定管不住自己的嘴。于是，两人的战火持续升级。最后，不得不面对媒体的采访和可能的对簿公堂。

事情的起因是这样的，方舟子作为“网络名人”，开始质疑360安全浏览器侵犯了客户隐私。然后奇虎的技术团队就通过短信、电话的方式跟他沟通，但是随后方舟子开始歪曲这种正常的技术服务方式。

周鸿祎说："我亲自在微博上做客服，当方舟子第一个微博出来的时候，我们把他当成一个正常的客户，会通过发私信或者用短信的方式跟他沟通。方舟子不把这个看成是一个服务的流程，非说是我们私下里要勾兑他，要收买他，我觉得完全不是正常的心态。"

但是方舟子对此还是不予认可。他对记者说，那绝对不是什么正常的客户服务。然后他用论据证明自己的看法。第一，他不是360的客户，而且从来没主动用过360的东西；第二，方舟子说周鸿祎当时找到种种关系，又是打电话又是发私信，还通过别的渠道找各种各样的关系，在短时间内不停地要跟他私下沟通，或者跟他见面。他认为这绝对不是正常的客服方式。

其实，方舟子的话漏洞百出。既然你没有用过360的东西，又凭什么断言360安全浏览器侵犯用户隐私呢？而且他说周鸿祎找各种关系想私底下跟他沟通，也站不住脚。因为他并未当场提供什么有利的证据。

老周一向说"贼喊捉贼"，这次贼可是真的来了。只有对暗箱操作已经习以为常，深深长到骨头里的人，才会如此轻松地造出360想收买他的谣。而且，仅凭他一个人对360质疑是不够的，其他用户并没有提出相关质疑。所以明眼人一看便知，这个人想必是受人指使来恶心周鸿祎的，其用意就是要抹黑360，让360安全浏览器名誉扫地，被扣上不安全的帽子。

而且方舟子的话漏洞频出，他对记者说，昨天晚上，偶然发现360会偷偷放入一个文件，然后伪装成网银的安全插件，实际上里面的内容跟网银的安全没有任何关系。360本来是每隔几分钟会发一个插件到用户电脑上，现在停掉了，不是做贼心虚吗？

方舟子刚刚说过自己没用过360的产品，那又如何能有昨天晚上对360的查看？并且，他说话给人的感觉也是阴阳怪气。

面对方舟子的质疑，周鸿祎又拿起了微博这个有利的武器。他写道：“给360安全浏览器泼脏水的，方舟子不是第一个。有好多个朋友告诉我，不要理睬方舟子，一旦被他咬住没法摆脱。我们也犹豫过，但是当我们看到方舟子再三以不实材料污蔑360安全浏览器，而且背后有明显的操纵痕迹，我决定必须正面痛击这个疯子，并揭露出他幕后的黑手。”

周鸿祎对方舟子，抱着一丝鄙夷不屑的态度。他怀疑方舟子是百度雇佣的抹黑造谣机器，便紧咬百度不放。他说要给方舟子科普一下，百度是网银诈骗的大本营，建议方舟子不要使用百度进行支付。而且互联网的隐私威胁正是百度的cookies，植入你的电脑跟踪你的上网行为。

周的意思是告诉大家，方舟子指责360安全浏览器的问题，正是百度都存在的，而且百度在这些方面问题更严重。他认定方舟子背后的“黑手”是百度。他对记者说，想邀请方舟子做360的打假基金的首席顾问，打击搜索领域的假医假药问题。

2012年底，周鸿祎发布了第一条微博，解释360为什么建立打击假医药基金。他毫不避讳地说这是360的竞争策略，如果客户因为在百度上搜索医药而受骗上当，360可以为百度掏钱弥补用户的损失。另外，360搜索没有医药广告，这样就能保证用户在搜索医药的时候减少受骗上当的机会。他说，这样做的目的就是倒逼百度。

看客们这回明白了，周鸿祎的打假基金果然是冲着百度来的。但是假医假药也的确是互联网行业应该着手整顿的问题。他说360是网络警察，看来不是在调侃，而是真的把自己摆在了这样一个位置上。

所以周鸿祎透露，他们做的尝试无非是想知道方舟子到底想干什么。如果方舟子自称是打假人士，又号称自己懂这方面的知识，那么可不可以跟360合作一起来打一下搜索引擎的假呢？周鸿祎这个搜索引擎的假，指的当然是百度。他既然断定方舟子是百度花钱请来的托儿，就一定要揭露出来。所以他前面说打假基金就是冲百度假医药去的，另一方面，对外公开说要聘请方舟子一起打假，也是为了影射百度。

总之这次商战又开始公开化了。周鸿祎表示，如果方舟子能打击搜索引擎上的虚假医疗广告，不是更有意义？

可是周鸿祎认为方舟子歪曲事实说奇虎公司要收买他。也许是被别人收买惯了，在抹黑360的时候不自觉地便以“收买”作为切入口，也是再自然不过的事情。

不过周鸿祎的话对他构不成什么压力，反而让他更有了继续纠缠的契机。于是周鸿祎质问他为什么不打虚假医疗广告的假的时候，他回应，百度跟360的问题是两回事，怎么能混为一谈呢？这逻辑真荒唐可笑。而且他表示会起诉奇虎公司，因为周鸿祎的言论侵犯了自己的名誉权。

方舟子开始筹备跟周鸿祎打官司。看来，老周的很多官司，是根本躲不过去的，只能招架。方舟子表示360的种种做法都构成对自己名誉的侵犯，自己的律师正在搜集证据和写诉状，很快就会法庭上见。

在一则报道中，本属于方舟子的绰号“斗战胜佛”，被带到了周鸿祎的头上。而且说无论互联网谁跟谁开战，都少不了奇虎360的影子。

方舟子被誉为科普作家和生物学博士，但这顶大帽子丝毫掩盖不住他谈话中的漏洞百出。他说三年前经常光顾司马南的博客，发现他的新浪微博使用的是360浏览器。他便提醒司马南，以前360浏览器就被曝光过不安全，所以提醒司马南注意一下。

原来他是仅凭所谓的曝光就断定360浏览器不安全。至于这曝光的具体内容在哪里，是什么机构发表的，他都没有说明。

面对方舟子的质疑，周鸿祎没有像以往一样用非常激进的方式发表微博言论，因为那样做，力道反而不大。就像以恶抗恶一样。这次，他的微博有了老战友齐向东的风格，就是平稳，详细地把一切事情跟大家解释清楚。

他首先详细叙述了假医疗网站对患者的身心伤害，并且指出，百度占有80%的搜索份额，可想而知通过百度搜索被欺骗的用户的数量有多么大。被骗取钱财事小，耽误治病而对生命造成威胁才是最大的危害。

面对这样的局面，周鸿祎率领360，以维护互联网安全为口号，目的就是要直指百度的虚假医疗网站。

方舟子于是隆重出场，而且一再树立自己在这件事情上的威信。他说自己虽然不是IT界人士，但并不是不懂IT，因为他是中国第一批上网的人，所以是一个元老。而且在1995年还主持研发过中文网游，并称360的问题是IT界内部人士自己暴露的。

他最后一句话泄露了天机。

周鸿祎则在微博中说，方舟子并不是质疑360浏览器，而是在抹黑360。奇虎的1000万打假基金，也不是给方舟子一个人的，而是为了弥补受假医药网站伤害的消费者的损失。他表示，360一定会继续把打假的事业进行下去，也希望更多的打假人士能够加入进来，为建立一个安全、干净的网络环境而共同努力。

周鸿祎的这个号召本身是极具正义感的，但是他又做了一件断人财路的事。以前是对杀毒厂商和腾讯，现在是针对百度。他比百度和腾讯晚了8年做360，8年对于互联网行业来说，相当于一个世纪。所以，他只能从对手手里抢占市场，才有生存的机会，否则他一定像其他后起之秀一样，还未站稳脚跟就销声匿迹了。

不过这次，他不会再犯类似3721的错误。因为最大的“敌人”不是竞争对手，而是用户。他始终把用户利益放在第一位，一切以用户的利益为中心和出发点。所以，当有记者问他这些年对他的事业帮助最大的人时，他不假思索地说：我觉得是用户。

客户至上，的确是现代经济的一个基本原则。

从“褒扬”到全盘否定

周鸿祎在参加湖南卫视的一档娱乐节目时，看到马化腾的照片，鞠了一躬，微笑着说了句：你好，马总。可是当看到李彦宏的时候，他承认：当然，这个人是比较恨我。在众多的竞争对手中，他唯一承认真正跟他有仇怨的，就是百度。

于是，他在2013年10月份还发微博称，方舟子是被百度重金收买和利用的。这言论当然又会给他自己制造麻烦了。于是，方舟子起诉了他，理由是他侵犯了自己的名誉权。一纸诉状告到法院，索赔金额为20万元。

直到2014年1月末，北京市朝阳区法院才对该案作出裁决，判周鸿祎赔偿方舟子公证费1000元并支付案件受理费用1406元。方舟子没占到什么大便宜。

法院驳回了方舟子的其他诉讼请求，但是周鸿祎被判当庭向方舟子道歉。

真像当初朋友们告诫的一样，方舟子这个人一旦缠上谁，很难摆脱。

其实，在2010年，周鸿祎曾在微博中称赞过网络名人方舟子。那还是方舟子被所谓的“大铁锤”和“迷药”偷袭的时候，周鸿祎曾经有感而发，也许是从这件事情上看到了自己用360打假的影子。他直言道：“中国文化中缺少容纳偏执的基因，因为偏执的人不懂人情世故，一根筋，不知好歹。但是，如果一个像方舟子一样的人，即使偏执，即使一根筋，即使不受别人喜欢，如果他是在推动社会进步，如果他是在弘扬正气，那就应该给他鼓掌，让他接着干。反正我是坚决地支持他。”

可是现在，这个当初被周鸿祎坚决支持的“打假斗士”，怎么反过来打360的假了呢？

老周这时候才明白，当初自己全力褒扬并支持的那个“打假斗士”方舟子，可能本身就是一个应该“被打假”的对象。因为360就是做安全的，而360浏览器的推出上市，也是打着给大家一个安全的上网环境的旗号。因为360成立打假基金，就是冲着百度去的。

不过，方舟子此人可不完全针对周鸿祎一个人。他树敌多多，光是在 2014 年就有好几桩案子尘埃落定。他除了起诉周鸿祎造谣之外，还起诉了《法制周末》造谣说他“学术造假”，起诉“法制网”转载了《法制周末》的报道。而且更重要的是，他还起诉了崔永元。

但是这几件案子的审理结果，证明法院基本没把他太当回事儿。周鸿祎当庭道歉，不用公开道歉。《法制周末》不构成侵权，因为作为公众人物方舟子有公众影响力可以予以回应。而法制网只是转载，不构成侵权。至于崔永元，按方舟子本人的话，“法院总会找出奇葩理由判你败诉或者虽胜尤败。中国的法律还真就是个笑话。”对此，方舟子很不服气。

周鸿祎说方舟子被百度收买，百度在海淀法院起诉了 360 公司，法院判决 360 向百度道歉 10 天并赔偿 5 万元。周鸿祎毕竟没有任何证据。

而方舟子就不一样了，在《法制周末》和法制网两起案子的判决结果中，他都是被驳回诉讼请求并自己支付 565 元受理费的。所有案子加在一起，他不但没要到赔偿，反而还赔了一点。

也是在同一期湖南卫视的娱乐节目里，周鸿祎指着方舟子的照片说：然后他就开始骂我。不过他的对手也很多。俗话说，敌人的敌人就是朋友。所以，这些人都是朋友。老周圈了一下方舟子右侧的箭头指向的所有人。

2012 年，方舟子曾经连发了十条微博，说 360 公司泄露用户隐私。他毕竟有一定人气和影响力，不过他是不会在乎当初周鸿祎曾经为他的影响力再度扩大而力挺过他的事实的。所以，一场 360 安全性能的大讨论就在网络上如火如荼地展开了。

为了澄清事实，为自己辩护，周鸿祎一改往日的讥讽口气，向用户和公众详细解释360对客户服务负责任的态度。他写道：360一向对用户的意见和批评都非常重视，因为用户的批评正是产品改进的机会。360建立了庞大的技术支持团队，在网络上听取用户的意见，帮助用户解决问题。如果用户在微博上批评360，360会第一时间跟用户取得联系，如果用户不能解决问题，技术支持人员会通过电话、短信、QQ等方式帮助用户解决问题，甚至登门解决电脑的问题。对于互联网公司来说，短信和电话等都是正常的客户服务方式。

应该说老周在处理方舟子的问题上，比以前有了更多的经验。以前的他，喜欢不按常规出牌，如果有人让他感觉恶心，他也用同样的方式去恶心别人，反而被人抓住了把柄，在道理上不占优势。也许他认为流氓就要用非流氓的手段对待，可是公众不知道事情的原委，只看你说话的态度。齐向东在这方面做得就比较得体。只要把事情的原委讲清楚，旁观者都能一眼看清这里面的恩怨纠结和孰是孰非。

所以，周鸿祎这次转变了说话方式和态度，站在义正词严的角度，认真地对方舟子的言论予以反驳，收到了比较好的效果。直到2014年，法院也没有让周鸿祎跟方舟子之间的案子有太不利于360的结果出现。

然而，面对来势汹汹的“打假斗士”方舟子的质疑，周鸿祎当时还是做出了必须正面痛击的决定。他一向的风格就是如此，从来没有从侧翼包抄过。只要是对手自己找上门来，休想让他怯战或不直接迎战。

所以，他立刻提出自己的想法，是“百度公司利用掌控的媒体资源和一些所谓的‘打假斗士’，抹黑360浏览器，试图以此遏制

360 搜索的发展。”

可以说，法院对于此案的了结，虽然又是以周鸿祎败诉而告终，但是也未尝不是让周鸿祎就此与方舟子了解纠缠的一个好办法。如果法院判决周鸿祎胜诉，方舟子一定会上诉，就成了周而复始的罗圈仗了。

但是，从法院的角度来讲，还是对老周在这件问题上的处理方式提出了意见。因为方舟子的质疑是建立在消费者意见和相关媒体报道的基础上，不仅是产品信誉问题，而且也关系到消费者隐私的安全。所以，周鸿祎的回应，应该主要围绕是否存在质疑中的问题这个话题，而不应该直接对方舟子本人进行人身攻击。而且周鸿祎没有就他的微博发言提供任何证据，因而构成侵权，应该承担相应的法律责任。

打假和“假打”

周鸿祎虽然被冠以“好斗”的名声，但以往各次战斗，基本都是跟业内公司展开的。可是这次不同，他面对的是一个人，号称以公益的名义维护消费者的利益。而且，有人还指出，方舟子这样做，也是为了从另一个角度推动整个行业的技术进步，从而是一件比周鸿祎跟业内公司作战“更有意义”的事情。

有媒体指出方舟子的行为可以为整个行业的公平竞争创造条件。老周心里不可能不气愤，但是他这次显然是听取了公司班子里其他人的意见，对这种人，你越是理会他，越同他辩解，反而越会扩大这种质疑在公众中的传播速度。所以，一开始的几天里，他并没有做正面回应，也没有接受媒体的采访。

但这不是老周的风格。而且总这么挺着也不是办法。面对方舟子不断长篇大论的博客，老周还是出来接受了媒体的采访。然而媒体却说，360 以前跟企业打架，没有任何意义。方舟子的行为就很有意义。

媒体似乎也可以被怀疑为受人指使。但是没有证据。正因为老周的急性子，又一次说漏了嘴，说方舟子是收了百度的钱才这样做。媒体就有了质疑的理由。当被问到有没有证据时，老周机警地回应，证据有一些。但其实他确实没拿出过有力的证据。

百度贴吧里有吧友回帖说：不知道背后主导这场大战的是度娘吗？

然而谁也说不准这个吧友是谁，也可以怀疑他是任何人。并且，他也没有提供任何证据。

方舟子这个人还是很厉害的。微软中国 CEO 唐骏的学历“造假门”，据说就是他揭露的。还有韩寒的小说是他爸代写的等。而且，不知是为了捧他还是为何，媒体也有说他十几年前写过文章挑战过微软的垄断，在中国掀起过波澜等等。

且不说方舟子是否真的写过文章挑战过微软的霸权，单就他其他事情不做，而专门挑名人的刺儿这一点，就让人搞不清楚他除了利益之外，究竟还有什么其他动机。或许他真是个“疯子”，否则谁会这样往一些跟自己毫不相干的人较真呢？其实，唐骏的学历并不重要，重要的是他有能力在微软 CEO 的位置上做得出色。

似乎有些媒体是在隐晦地抬高他的道德地位。仿佛他不惜得罪一些跟自己没有直接利益冲突的人，是出于打假的正义感使然。老周这一次又处于极其不利的位置。因为敌人还是在暗，而他在明。

但仍有人对于百度所谓的“假药门”进行过澄清。道理是这样的，百度做假药说法不准确，因为并不是百度在亲自做假药，而是百度在做竞价排名，就被某些卖假药的人利用了。而且百度毕竟不是国家药品监督机构，所以没有办法知道哪些是真哪些是假。客观上，它的确是造成了一些假药的泛滥，但是并不能说假药是由百度自己来制造或者销售的。

这话貌似很有道理。但是毕竟百度还是充当了假药商家欺骗消费者的媒介。

然而，周鸿祎的360浏览器以及搜索刚刚推向市场不久，就迅速地占据了10%的市场份额，进步过于神速了，也让竞争对手真切地感受到了威胁。所以，他不引来对手的非议是不可能的。

他向媒体解释说，泄露用户隐私这种问题绝对没有，竞争对手不断给360浏览器泼脏水，说我们的浏览器有问题的，绝对不止方舟子一个。百度之前就曾经让一些员工和代理商在微博上伪装成其他企业，宣布360浏览器有问题要卸载，而且造谣说四大券商通知卸载360浏览器。后来证明根本没有这回事，因为这些券商公司自己站出来辟谣了。

可是方舟子打过那么多人的假，会独独怕一个周鸿祎吗？他早早就回应，自己被百度收买的言论纯属无稽之谈，360这么大一家上市公司竟然造谣传谣，他感到十分惊讶。他在2012年就表示：我一定会起诉他们的，这个严重损害了我的名誉。

老周不只是一个学历造假或者爸爸代写文章这么简单，他有他的产品，而且360公司此时已经是一家上市公司。

方舟子仿佛始终是站在正义一方一样，振振有词。他说，360无论何时都在同竞争对手激烈交锋，所以无论何时自己站出来说360公司的产品有问题，都会被大家认为是有人背后操纵，所以这等于是没有任何证据地去怀疑一个人，是非常不正常的。

其实，除了方舟子之外，他的朋友司马南，也曾经找过360的麻烦。而在方舟子的事情上，曾有这样一个插曲，就是司马南说自己使用的360浏览器反复遭遇安装Adobe flash的提示，所以就认为是360浏览器的问题，在微博上批评过360。虽然这并不是360的问题，但是公司的技术支持还是非常重视，积极帮他解决这个问题。老周认为司马南应该对技术服务的质量记忆犹新。

方舟子曾在2011年1月7日获百度2010年度网络先锋奖。而且他对转基因食品的肯定，曾被怀疑过有商业背景。跟他互掐的人，可不是像周鸿祎跟同行们进行商业竞争的行业那样单纯。这些人可谓五花八门，应有尽有。有天后王菲跟他在微博上的互掐，当然，是方舟子先挑起来的；有上文提到过的韩寒，惹得韩寒要起诉他；有林志颖，甚至还有小崔。而且他称坐月子是最具中国特色的陋习，在互联网上引起一片哗然。

方舟子的战绩绝对不在周鸿祎之下，但是他的战术好像没有什么章法，不像老周那样一板一眼，而是打一枪换一个地方，莫名其妙就出现了。所以，想必很多名人都不知道自己什么时候会突然被方舟子找上门来“打假”。由于这“假”打得极其纷乱，毫无条理性，所以，难免令人产生“疯癫”的印象。比如，他起诉崔永元侵害名誉权的事件，就是由于崔永元看不惯他对转基因食品的一味鼓吹而引发的。

但他先给崔永元扣上阻碍中国农业发展的帽子，然后把国际权威科学机构的认可搬过来作为挡箭牌。但前面已经说过，他对老崔的起诉不被法院认可。

这次跟周鸿祎之间的缠斗，他跟媒体说自己不抱任何商业目的，是出于纯粹的公益目的和自己的良心。所以，如果周鸿祎真的要跟他来斗，他一点都不怕。

被方舟子打过假的人，或者是天后，或者是小天王，要么就是文学界近些年少有的新锐，还有著名主持人，基本都是娱乐业的一线人物。莫非周鸿祎也上升为网络娱乐业的一线人物了，才被方舟子如此重视，如此频繁地光顾？

老周的高调和他抢占市场份额的狠劲儿，的确为他引来诸多敌手。但是他在做节目的时候说过，他是幸存下来的人，99%的公司都死掉了。这就是商业市场竞争的法则，或者你打败别人，或者你被别人打败。

如果你是老周，你会选择失败后销声匿迹吗？反正他是不会。所以，商业竞争的性质决定，你只有参与竞争并赢得竞争，才能让公司一步步发展、壮大。正是由于一路冲杀，永不服输，永不言败，周鸿祎才能带领360存活到现在。商战如逆水行舟，不进则退。即使你不去抢占别人的市场，别人也会来抢你的。

可是方舟子却不一样。被他打过假的那些人物，跟他并不存在任何竞争关系，可以说八竿子打不着。而且，这些人没招他没惹他，既不会抢占他的市场份额，威胁他企业的生存，也不会因为他抢占了自己的饭碗，而对他耿耿于怀，深恶痛绝，想方设法整治他。

网民的宽容，不代表没有人对方舟子的言行提出“质疑”的可能。当他质疑这个质疑那个的时候，他的证据又从何而来，有没有向大家或者向法庭展示过？被他质疑的那些个人或企业，难道就不曾受到他的骚扰或精神迫害？质疑本身没有错，但如果把质疑当成营生，还是难免会有一定比例的个人或企业被无端地卷入一些是非当中，对社会或经济发展到底是有利还是无利，尚不能草率定论。

周鸿祎能被方舟子“质疑”，至少已经证明，他已经成了互联网行业当之无愧的一线娱乐大佬。

第十五章
纽约街上的中国神话

开门红

2011年3月30日，周鸿祎领导奇虎360公司在美国纽交所上市，证券代码是“QIHU”。发行价是14.50美元，随后涨了86.2%，所以开盘价格达到27美元。这样，开盘价的市盈率正好是360倍。到3月30日晚上10点25分的时候，股票价格为29.9美元，市值约为33亿美元。而当时搜狐的市值为34亿美元。也就是说，这时候奇虎跟搜狐是势均力敌的。

这次上市让奇虎360公司的董事长周鸿祎同志的个人财富达到7亿美元。到了当天收盘的时候，360收盘价是34美元，高涨134.48%，市值超过了搜狐，为39.57亿美元。如果按照当日市值计算，奇虎的市值还超过了盛大和新东方。这样，360公司的排名是所有中概股第六位。

对于上市，奇虎总裁齐向东显得很激动。他说，在创业的五年多时间里，很多人都说360的免费模式不靠谱，担心哪天就会做不下去，可是今天的股价证明了网民和资本市场对360的认可。

而周鸿祎作为董事长，在接收媒体采访时说，上市后公司的潜力还没有被挖掘出来变成实力，所以自己不会专门去做投资，毕竟还有很多工作需要做。

他是不会离开这个市场做太上皇的。他说，公司上市后，会与合作伙伴一起推出更多的增值服务，以保障公司未来增值服务和广告营收的强劲增长。

而且他还说，上市只是刚起步，未来五到十年还需要努力工作，所以他并不关心360的股价。

后来他也多次重申，股价或者市值并不是评判一个公司是否伟大的标准。换句话说，这些都是过眼云烟。一个公司是否伟大，要看它是否能促进创新。至于股价，他在2014年透露，360公司已经被做空过八次。所以这些东西都是不靠谱的，都不是实质性的。

招股说明书上显示，周鸿祎的持股比例最大，为21.5%，位列第一大股东。第二大股东是齐向东，此外，大股东还有红杉中国合伙人沈南鹏，鼎晖投资合伙人王功权，自信资本合伙人李曙君，奇虎公司首席工程师及董事曹曙，以及奇虎安全中心网络安全专家石晓虹。

奇虎公司总共发行了1210万股美国存托凭证，获得了40倍超额认购，是2011年中国企业在美国最成功的IPO交易之一。

美国花旗银行和瑞士银行是这次 IPO 的联席承销商。

近些年，中国互联网公司到海外上市的例子并不少，但是结果良莠不齐，喜忧参半。比如，有些公司上市后股价稳定，但另一些则股价暴跌，甚至出现了退市的情况。

互联网公司海外上市的动因是为了减少发行成本，缩短上市时间，推动企业走向国际市场，而且海外上市有助于互联网企业完善公司治理结构。可是有些公司在上市后没有重视国际化对企业的要求，没有改善公司治理结构，不思进取，停滞不前，结果海外上市成了海外圈钱。在这方面，可以说奇虎公司做得比较稳健。360 克服了一系列质疑和困难，赢得了用户和市场的信任，使海外上市成为它的一个新的起点。

所以，奇虎的股价在上市之后没有出现大的波动。

可以说，奇虎 360 能成功上市，周鸿祎功不可没。因为一开始，齐向东是想带领奇虎搞搜索服务提供。可是他很快发现，做搜索的难处不在于技术，而在于用户固有的习惯和思维模式很难改变，一提起搜索，人人都首先想到百度和谷歌，所以在用户中间推广起来十分困难。这时齐向东联系周鸿祎，跟他说，你不能再做天使投资人了。表示想让周鸿祎跟自己一起干。

齐向东曾经说过，周鸿祎跟他之间，可以形成良好的互补。他自己的缺点是喜欢三思而后行，所以经常慢半拍。而周鸿祎性格比较急，所以一旦有了想法，会有很强的执行力，立刻就会付诸实施。因此他力邀周鸿祎出山。因为他知道，老周对自己真正热爱的互联网行业也放不下，也手痒。

在 2006 年 3 月周鸿祎出任奇虎公司董事长之后，重新确立了发展方向，不再做社区搜索，而开始做杀毒。后来，奇虎在2008年正式发布360杀毒之后，周鸿祎更是力排众议宣布对用户永久免费。这在当时很多人眼里，是不可想象的疯狂举动。

周鸿祎可以说是一个商业奇才，他虽然树敌无数，却赢得了用户，赢得了惨烈竞争市场领域中的一席之地。直到今天，360还是唯一一家可以紧跟互联网三巨头——阿里巴巴、腾讯和百度的公司。2011年1月，360更是成为国内客户端用户数排名前三的公司。

奇虎在美国上市之前，美国投资者对中国IPO的兴趣已经有所降低。比如男装厂商左岸服饰，移动应用程序厂商创博国际，还有模拟信号集成电路厂商BCD半导体，在美国上市时收盘价都比发行价低。支持奇虎IPO良好表现的是它出色的财务状况。在2010年，奇虎公司的总营业收入增长了79%，达到5800万美元，净收入也增长了一倍，为900万美元。

其实，奇虎公司在2009年才开始实现盈利，为419万美元。短短的时间，取得如此惊人的业绩，同周鸿祎打出的免费牌是密不可分的。免费为360赢得了用户，也赢得了巨大的流量。在这个流量之上，再建构其他的商业盈利模式。

也就是说，360的免费只是一个表象，一个金字招牌。有了用户流量，它可以做广告和增值服务。360的安全平台建立之后，虽然大部分产品是免费的，如360安全卫士、360保险箱、360浏览器、360手机卫士、360杀毒、360安全桌面和360网盾，但是所谓“书中自有黄金屋”，这本书就是360的免费系列软件，而黄金屋就是增值服务和广告收益。

上市之后，周鸿祎的身价大涨，但是他不会有片刻懈怠，因为正像他自己所说，上市只是一个开始，不是一个终结。他接受媒体采访时表示，所筹集的资金将主要用于并购和研发，而且公司还会向网络游戏市场发展。并且如果有合适的国外合作者，360公司也会同他们合作开发海外市场，包括美国在内。

对于周鸿祎以后会如何定位360公司，各界猜测不断，但鼓励之声还是不绝于耳。媒体评价说，一个既注重研发和技术，又注重用户价值和体验的公司，注定会成为互联网行业的赢家。

周鸿祎此时可谓众星捧月。

360公司的招股书上写明，360开发的开放平台已经吸引了众多第三方合作伙伴提供的互联网服务和产品，比如团购网站、网页游戏、软件应用等。30多个网页游戏供应商为360网页提供游戏，而360实现盈利的模式，正是与第三方合作伙伴进行分成。

在360公司上市之前，有媒体提出担忧，认为日本地震引发的全球股市动荡不利于360上市，但是360的表现解除了媒体的疑虑。

对于上市，周鸿祎向媒体表示，360不缺钱，上市的目的是为了进军海外市场，能为360公司提供未来的很多可能。而总裁齐向东则表示，公司未来会专注做好互联网安全工作、团购和电子商务等互联网增值业务。在2011年2月23日，360公司已经推出了"360团购开放平台"，汇集了200家团购网站，其中包括拉手网等。

除此之外，360利用开放平台发布了一款酷似iPhone APP应用的安全桌面。而且，公司还推出了一款网页游戏浏览器。

周鸿祎的长期战略是先通过免费抢用户，然后再陆续推出增值服务来实现盈利。他抢占市场的速度是惊人的，因为他深知速度的重要性。他的计划应该是分三步走，现在，第三步上市的计划已圆满实现，他直追竞争对手的马拉松也显示出初步的成效。

对于今后的战略，他明显是在“团结一切可以团结的力量”这个宗旨的指导下行事的。首先，他积极倡导开放平台的建立；其次，他透露将利用开放平台的思路，和所有的互联网公司合作。

注意“所有的”这个形容词，正所谓“海纳百川，有容乃大”。360在周鸿祎的运营思路的带领下，在2010年，成功地将反病毒软件运营成本从2008年的41.9%和2009年的20.5%降低到仅仅2%。这说明在抢占了足够的用户群体之后，360公司已经将重点从杀毒转向增值服务。周鸿祎的执行力和速度都是惊人的。虽然他跟其他大的互联网企业的老总比起来，是性格最急躁的一个，但也许这个时代就是需要像他这样急脾气的人，才能跟得上互联网发展一日千里的速度。

周鸿祎带领360上市，也是机遇与风险并存。首先，谷歌是360最大的客户，360网址和360安全浏览器都是以为谷歌带流量的方式获得收入的。2010年，360公司从谷歌公司分得的收入为大约1135万美元，占360总收入的21.1%。

可以说，周鸿祎的眼光绝对锐利无比。如果谷歌不是被迫退出中国，一定会做得越来越好。因为通过谷歌，你可以搞一些英文学术研究，但通过百度、搜狗、搜搜等国内搜索引擎，这根本不可能。同谷歌的海量英文数据相比，其他国内浏览器还停留在小学生的水平。然而谷歌毕竟是退出中国了。

智者千虑，必有一失。周鸿祎虽然战略眼光和胆识过人，但所谓人算不如天算，正像电脑系统不可能没有漏洞一样，他再有补天之力，也仍然免不了现实的无情威胁。

机遇和挑战

谷歌退出中国，给搜狗、搜搜、有道等新兴搜索引擎创造了机会。并且，最大的受益者是百度。百度就是从借鉴谷歌模式起步的，而谷歌退出中国，给百度创造了一家独大的局面。这对产业发展不利。

而360同谷歌的合作，更是出人意料。所以有人评价说，360的每一次反扑都是战略性的，所以对手遏制360的战术手段往往相形见绌。

谷歌退出中国之后，市场势力迅速向百度靠拢，因为中国当下是信奉强者恒强的年代，所以百度形成了群聚效应。但大家发现，随着谷歌合作伙伴的渐次离去，360却仍然和谷歌在一起，把谷歌的搜索流量引给自己。大家觉得谷歌可能会敌视360，其实360跟谷歌是经过了很多磋商和沟通的，这种流量的顺滑转移，谁说不是谷歌指点或默许的呢？

腾讯、百度和金山在2010年曾联合抵制过360，并且终止同360的合作。而阿里巴巴当时也未曾同360合作，这就意味着谷歌将是360公司流量的主要来源。对于这个风险，奇虎在招股书中说明：一旦谷歌停止协议或360广告效果不佳，将很难找到其他的替代收入来源。

前文已经说明，2010年360和腾讯之间曾经爆发过有名的3Q大战，所以腾讯可以说是360的直接竞争对手。而且在2011年，瑞星和金山还在不遗余力地钳制360的发展。通过推出同360近似的安全服务和产品，两家公司对360展开凌厉的攻势。瑞星更是以损失上亿元的收入为代价来进攻360的安全产品，并相信瑞星累积了多年的用户群体会发挥巨大的作用。

面对风险和机遇并存的局面，周鸿祎表示，360会对未来的业务进行取舍，因为他知道360擅长和不擅长做什么。所以，公司不会什么都去做，因为这样的结果可能是什么都做不好。

此时的金山网络已经超越瑞星成为杀毒厂商中排名第二的品牌。瑞星本来是计划上市的，现在不但被周鸿祎给搅了，而且还眼睁睁看着周鸿祎领导360在美国上市。可见两家之间的仇隙会有多深。

除此之外，360的风险还包括来自腾讯和搜狗的激烈竞争。搜狗是搜狐公司研制的，而腾讯也在推广自己的浏览器产品，至于百度，也是不甘人后，表示将推出类似的产品。

2014年，腾讯以4.5亿美元的低廉价格收购了搜狗。360面临的威胁就更大了。对百度，周鸿祎自己都承认李彦宏恨他。

360公司的运营模式本来就很奇特。因为它是一家以提供互联网增值服务和在线广告来实现盈利的杀毒软件公司，难道不奇怪吗？这种模式在全球也没有多少先例，可见周鸿祎的确是自己独创了一本武功秘籍。中国人的创造力由此可见一斑。从360上市后的股价来看，这种模式已经被投资人认可。所以齐向东说：以前很多人认为360免费不靠谱，但网民用资本投票，360的免费模式很靠谱。

不过360对竞争对手的影响巨大，让正处于巅峰的杀毒软件厂商一夜之间跌入深谷。并且2010年的3Q大战，以及跟金山之间的纠纷，更说明了“免费”引起的争议之大。作为一家上市公司的董事长，这些都是周鸿祎必须要面对的问题。

但360公司的前景也未必十分惨淡。比如，360的电子商务就开始走上了正轨。多个团购网站的 CEO 都表示，导航的广告价格已经上涨了超过 50%。

免费模式是周鸿祎不可能放弃的一块铺路石。但这类争端如果在以后持续发生，不能不说是 360 公司的又一大经营风险。在招股书中，360 公司已经表明，未来类似的事件可能还会发生，并最终反映到运营和财务状况中。

周鸿祎带领 360 在美国上市，意味着以往各次战斗都以招股书的形式，被写入了纽交所的历史。

周鸿祎的“战争”传奇，也成为投资者关注的一个侧面。

360 对百度的巨大威胁，来自于周鸿祎一直倡导的开放平台。所以有人分析，2013 年百度能保住 70% 的市场份额就是胜利。但如果份额下滑到 50%，百度就会无利可图。因为 360 的份额达到 30% 就能实现盈利，而百度则不然。所以，百度的竞价搜索模式必须改变，但它能否找到其他模式，还是个未知数。

加上 2010 年的 3Q 大战和 2014 年的搜狗被贱卖给腾讯，都让百度和腾讯这两家超级互联网巨头跟周鸿祎结下了很深的仇隙。

可见，周鸿祎还是要继续面对你死我活的市场竞争。他在 2014 年 2 月 4 日表示，奇虎公司愿意收购一些小公司的股份，并以此跟腾讯和百度竞争。2011 年刚上市的时候，他曾表明，上市对他本人没有太大压力，因为上市只是对投资者的一种承诺。上市对奇虎而言是一种动力，因为它会促进公司信息更加公开，让奇虎公司由一家创业公司转型为上市公司，将会推动奇虎业务向更好的方向发展，回报投资者。

但他手里的牌毕竟不多。除了一些中小合作伙伴之外，他还未能拉拢一个巨头以三分天下。百度和腾讯是不可能了。跟阿里的合作也是在2014年才开始有了苗头。所以，他知道自己应该像毛泽东那样广泛联系人民群众，依靠群众的力量，把敌人湮没在人民群众的汪洋大海之中。他说："如果所有小公司都走向消亡，只剩我们一家公司对抗行业巨头，我认为我将不会有很强的竞争优势。"

而且他还表示，自己一直在考虑收购和投资一些小公司，推动更多的互联网创业公司的成长。他透露，自从公开招股以来，360已投资了100多家小公司。可以说，周鸿祎的竞争策略，为中国互联网中小企业的发展做出了一定贡献，也为他个人的创业之路画上了浓墨重彩的一笔。

他不关心股价，因为股价是建立在公司业绩基础上的。他对外界说，上市对员工来说是个好事，而股价是由市场决定的，无论价格怎样，奇虎公司都会接受。他不会像外界传言的那样，上市后就"功成身退"，也懒得解释。因为还有很多工作需要他去做，他怎么会轻言退休呢？

外界不止一家公司希望他能真正"功成身退"一下，也许互联网行业就少了很多麻烦和动荡。但是市场竞争的风平浪静意味着死水一潭，意味着技术服务的停滞不前和观念的落后。那么用户将没有很好的体验可以分享，互联网行业的发展也将无从谈起。

他毕竟是互联网行业反垄断的一面旗帜。想打破现有的僵化格局，必须引进竞争机制。他认为想击败百度、腾讯或模仿者，从计算机向移动设备的转移是一个趋势和关键点。

为了抢占这个制高点，他领导奇虎公司员工开发了手机安全产品360手机卫士，并且拥有超过1.5亿用户。360公司还积极与美国苹果公司会面，解决360应用被苹果下架的问题。

可以说，老周虽然性急，但是做每件事情都是按部就班，非常有条理的。一件事情完成得不好，他不会轻易着手去做下一件。比如在2008年，当被人问到是否会上市融资时，他就说过："其实我觉得互联网安全目前做得都不够完美，木马还在肆虐，网络安全问题还很严峻，所以我觉得我们现在还是应该更多地从用户的角度考虑怎么把产品做得更好，所以我现在谈上市可能还为时太早，我们现在手里也有充足的现金储备，如果需要的话，我想以奇虎360今天的发展态势，随时可以再做新的融资，但我们现在并不需要。"

从360宣布免费，到在美国纽交所上市，只不过短短三年时间，他就直追竞争对手，击败了杀毒厂商的围剿、百度的波脏水和腾讯的二选一，可谓战绩卓著，为360公司屡建奇功。

在上市之前，有一个缄默期，让周鸿祎的大嘴巴无法说话。但是上市当天，他便向媒体就大家关注的问题逐一作了解释。首先记者问他，不久前发生的3Q大战是不是为这次上市造势的。他说自己从未听过这种言论，而且这些人对资本市场并不了解，因为"不可能发生一场冲突就能够上市"。他认为跟腾讯之间的争端已经过去，并且给行业带来的影响是很深远的。因为它证明，公司再强大，也不能忽视用户的利益。

他说这次战斗"带给了我们许多反思，大家都会开始谈开放以及创新，这是一个积极的信号"。他表示，中国互联网市场很大，不可能被一两家大公司完全瓜分，其他公司还是有机会的。虽然百度和腾讯都非常优秀，但像360或当当网这样的公司，也有机会分享中国的互联网市场。

中间还有一个小插曲。就是在路演过程中，周鸿祎拿 Facebook 和 Google 等公司做例子，来给投行讲如何创新的道理。所以，有的媒体便报道，360 在路演时称自己是中国的 Facebook。对此周鸿祎一遍又一遍跟记者解释，他从来没把 360 公司比作中国的 Facebook。他认为自己之所以得到投行的信任，恰恰是因为没“讲故事”。他比别人多花了 20 分钟时间去讲奇虎的盈利模式，就是先做安全，满足用户安全需求，然后通过浏览器搭建上网平台，通过桌面管家提供增值服务。

他在做电视节目的时候说过，他是个土鳖，没有留过学，英语讲得很烂。这次路演也是如此，他用中国式英语跟投行讲解，是用真实的数据打动他们的，让投行认为他们是一家创新的公司。

创新的概念，在国外十分盛行。可不可以说老周以他的创新话题，赢得了国外投行的信任呢？

新的征途

在 2011 年，最受瞩目的微博大战里，有一场是不得不提的，就是当当网 CEO 李国庆对阵“大摩女”的口水战。起因是李国庆认为投行故意压低公司的发行价以获得利润。而奇虎公司的发行价为 14.5 美元，收盘大涨 134.5%，所以记者问周鸿祎，360 的上市价格有没有被压低？周鸿祎却不以为然。他说对投行没有任何意见，因为瑞士银行和花旗银行不要大牌，才愿意听取他的意见，愿意同 360 合作并为 360 着想。

他认为，在公司上市的过程中，投行只是扮演了牵线搭桥的角色，最重要的是公司自己要强大。他认为 360 公司虽然做的时间较短，但能够达到与腾讯用户群抗衡的效果。所以他觉得公司的潜力完全没有被释放出来。最后他强调，价格不能决定公司价值，关键是要看未来五到十年的发展。

360的上市，使三分之一公司员工成为百万富翁。而周鸿祎向国外投资者解释360的主要业务时，说360“是在浏览器的首页里面给大家推荐一些热门网站”。这个解释非常浅显易懂，有助于老外的理解。

以往中国互联网公司的上市都是在纳斯达克，而360选择了纽交所，对此周鸿祎的解释是：这是投行的建议。360考虑纽交所的历史更加悠久，而且是全球最大的股票交易所，机制也非常严格，可能会给360带来更好的品牌提升。

在2012年，360上市一周年之际，周鸿祎曾经做了一次演讲。他说，很多人问他上市之后有什么变化，其实没什么变化，360公司的环境非常朴素，他也不愿意拿大家的钱去很高档的宾馆开会，因为产品做得好，自然会有口碑。不过上市对他们来说压力很大。因为很多人把360当成一家大公司，因而一举一动都会被放大，会受到特别关注。

在2011年3月30日晚，当奇虎上市新闻发布会在北京举行的时候，奇虎员工和媒体记者觥筹交错，并且一位据说是前超女的奇虎员工还为大家献唱了一首范晓萱的经典歌曲。当她唱到“喔！你的甜蜜打动了我的心”时，在场的所有人脸上都洋溢着笑容，非常开心。因为奇虎上市不但制造了一批新富翁，而且员工持股比例高达22.3%，超过了周鸿祎的持股比例。

上市后一年的时间里，周鸿祎不敢懈怠，马不停蹄地跟公司管理层、员工及合作伙伴一起努力，给投资者交上了一份基本满意的答卷。当初因为360的盈利模式的奇特，外国人理解起来有困难，说到杀毒，又不赚钱，说到浏览器，又在搜狗、腾讯、百度之下，所以上市的时候为了解释这个模式，他们花了很多努力。而周鸿祎认为，一年的经营业绩表明，他们的成绩远远超出了当时的承诺。

他在上市之前跟外国人做解释时说，Facebook提供的是一种与朋友保持联系的服务，Twitter是一种基础沟通服务，而360定位于每个网民都想得到的保护服务。

正是他对360公司的明晰定位，才使360勇闯难关，冲杀出一条血路，在激烈的市场竞争中存活下来，并逐渐发展壮大。

他对媒体说，他更喜欢Facebook的开放哲学，而苹果的iPhone也是如此。所以："360的用户也不一定是属于360一家公司的，我们愿意和整个互联网公司分享自己的流量和用户，其中包括百度和腾讯。"

一年以后，他总结以往的经验，认为自己还是坚持一个理念，也就是坚信用户离不开你的服务是一个公司最大的价值。他谈起互联网的很多应用，比如通信、人际沟通和手机，装了之后未必很短时间就用一次。而且再好玩的游戏，比如砸猪头，天天砸猪头，用户不可能砸两年。相比之下，安全跟聊天、通信一样，是最基本的需求，把这个基本需求做好了，大家自然就会相信你的品牌和能力。

也就是说，360的安全服务做得越好，就会有越多的用户，浏览器的用户也就会越多，那么自然360就可以在不侵害用户利益的前提下赚合理的钱。这可以说是他在3721失败之后最大的思路转变。他说："只有给用户创造价值，才会有商业价值，只有把用户体验放在第一位，才会得到用户的支持，公司才有发展其他商业模式的可能。”

他说，十年后也许他会淡出，可是现在不会。到2012年新股发行一周年，他就在大会上向股东解释了浏览器的重要性。他说，用户无论干什么都需要依赖浏览器，这不仅仅是一个应用，也是一个平台。“浏览器的战略意义，现在只是冰山一角”。

他知道不可能指望模仿腾讯而成功，因为腾讯做了几百几千种不同的应用，360公司没有这个能力。所以，360把其他的互联网公司拉进来，依靠自己积累的用户，向用户推荐这些互联网公司的服务。所有的网络市场都在跟360合作，所有的电子商务厂商和一些视频行业的公司也都在跟360合作。为了能让360达到一开电脑就离不开的效果，360开发了桌面、浏览器，等等。

2010年爆发的3Q大战是一场桌面争夺战。虽然两家基本势均力敌，毕竟360刚刚起步，立足未稳，处于下风。并且腾讯实力强大，功能超群，周鸿祎的桌面战略计划如何才能实施呢？他的思路是：直接做一个360桌面，把QQ包围起来，这回整个桌面都是360的了。那360从某种意义上讲，就算是最终占领了用户的桌面。

这很像围棋的下法，但是简单许多。用一个桌面把你包围起来，看谁比谁更大。

电脑桌面就只有那么大，老周现在把好多用户的桌面都一举占领了。不过，也有人指出，360捆绑太多，需要反省。但是金山也好不到哪里去。至于瑞星，“我就呵呵了”。

360的桌面占领和保卫战，可能会令互联网巨头们头疼。他的思路是，你打开电脑，先要进入windows，可是进入之后，你就需要打开桌面。如果打开是360桌面的话，用户就能看到360的应用。他认为谁离用户越近，谁的用户影响力就越大。

为了离用户更近一步，他先是杀毒，后是搜索，然后感觉搜索需要依附浏览器，就开始做浏览器，最后，他有志争夺用户的桌面。就这样，他一步一步实现自己离用户越来越近的目标。

浏览器和桌面，现在成了他包抄敌人的两大杀手锏。

在他眼里，很多公司不是被对手打败的，是被自己的骄傲自满打败的。所以他最不怕的就是打击。他和360公司管理层一道倡导继续保持创业文化，不把自己看成是一家上市公司，以此保证企业的活力。他预言未来互联网产业的机会在移动互联网服务，因为中国智能手机用户在2015年会达到5~7亿。所以，如果360不保持创业的心态，就不可能再一次做改变中国互联网的事情。他亲自抓无线和云服务，一点都不像一个上市公司的CEO，他也没有换好车，也不打高尔夫，每天都吃工作餐。

可以说，周鸿祎的创业精神，的确会让他的对手感到胆战心惊。

而且他还透露了这些年打口水战的目的。他说："有时候也不得不为了公司打打口水战，也是为了给公司省点费用。"原来，他真的像外界说的那样，是在借打口水战之机，起到一个广告的效应，炒作产品，而且还为公司节省了广告宣传的费用。

其实，老周虽然仍然保持一个创业者的心态。有一次他调侃湖南卫视，你们派的"保镖"不合格，都又高又帅，以我的身高，不能突出我的个人形象。而且，他还主动承认自己在大公司CEO里面，算是比较二的。

他的一句话道出了他基本的思维模式："我们的老祖先讲'阴

阳'，也就是巴菲特所说的：别人恐惧的时候我贪婪，别人贪婪的时候我恐惧。别人怎么做，我就从相反的方向去做。"

在没上市之前，他被称为中国互联网未上市公司中最后一个大佬，当上市之后，他完成了华丽转身，但他在这之前的种种精心准备和筹划，殚精竭虑工作的情形，公众不会知晓。为了能让国外投行接受自己，认识到 360 公司的实力和长处，他在做路演的前一天晚上，还和同事们临时将 PPT 中的 1、2、3 改成了 3、2、1。3 代表中国第三大互联网公司（以活跃用户计算），2 为中国第二大浏览器，1 为中国第一大互联网安全公司。

上市之后，周鸿祎生了一场大病，可见他的付出之大。他对这次上市的评价是："不管 360 的模式怪不怪、绕不绕，都是由一个叫周鸿祎的中国人独创的，周鸿祎改变了'网络安全'的定义，用 3 年时间颠覆了传统杀毒行业。这是事实。"

这句话的中心思想可以用两个字概括：创新。对于他的创新理念，老外表示很接受。他说："有些公司现在在中国的策略很明确，就是绞杀一切有可能威胁到他们未来成长的企业。所以我做什么他们都会绞杀我。但我觉得企业做到这一步，只可能自己做不好死掉的。我还没见过哪个企业有能力把另外一个企业弄死。"

上市意味着更大的压力，所以老周要好好考虑一下公司下一步应该怎么走，他闭关了一段时间，现在的他，更像一个独行侠了。

互联网产业的硝烟，仍然会继续弥漫。不知道还有多少 CEO 能做到像他一样的"劳模"呢？

第十六章
小米之战需加“步枪”

那年记得初相识

中国互联网的两大特色被总结出来了：吵来吵去，抄来抄去。尽管周鸿祎不承认他跟雷军之间真的交恶到什么地步，但外界对二人的“感情破裂”描绘得有声有色。

直到2013年，周鸿祎主动示好，摆出了和解的姿态。对这场“小3大战”，周鸿祎用了一个简单的方式画上了句号。在一个行业会议上，周鸿祎提议跟小米手机CEO雷军一起喝茶。他很真诚地说：360不做手机了，双方也别打了。另外，小米总有人骂他，今后别骂了。老周跟雷军和解的原因，是厂商决定不跟他做了。华为认为老周忽悠了他们，不是让他们打雷军、打小米，而是让他们左手砍右手。

也许手机厂商真的是听信了雷军的话。然而他们犯了一个大错误。因为雷军模式的宝贵之处，周鸿祎一眼就理解了，但手机厂商没有理解。等他们完全看清楚小米的威力的时候，人家雷军已经做了两年，手机厂商们悔之晚矣。

对于周鸿祎来说，雷军是他认识了 17 年的老熟人兼同乡。可是，善于打口水战的周鸿祎，为了进军手机市场，还是把这次“江湖恩怨”上升到了白热化的程度。

面对这次的小 3 大战，当年 3Q 大战的又一个主角——小马哥马化腾出来说话了：“唉！其实他是个演员。剧情、套路、表情每次都差不多。雷总（雷军）看透了就陪他练到底吧。”

跟周鸿祎犀利的讽刺和“得罪一圈”的行事风格比起来，小马哥的话显得温厚和谐得多。其实，马化腾的话是针对小米手机董事长雷军的微博内容的。雷军在微博中暗示，周鸿祎“通过骂人吵架做市场推广”。

面对外界的质疑，周鸿祎坦言：“我承认，我把小米的问题抛出来，这是竞争的手段，但我没有造谣和无中生有。我这是阳谋，不是阴谋。”

想当初，他也是直接把百度假医药广告泛滥的事情抛出来，然后成立打假基金会，借此提高 360 搜索和浏览器的市场地位。这次，他如法炮制，又开始上演下一出好戏。不过，他出招，对手势必要反击。高手之间的对决，似乎永远没有穷尽之时。

小 3 大战的结果，对雷军是有一定不利影响的，他也未必不愿意停战。因为在 2012 年，周鸿祎曾经集中火力攻击过小米硬件暴利的问题，使小米手机的销量出现了以10万台为量级的下滑。小米只是个新生企业，当然不愿意无缘无故惹上这个麻烦。

老周的性格特点很像西方人。他对利益的追逐，不是遮遮掩掩，欲说还休的，而是直白的，甚至赤裸裸的。也许，他不喜欢中国式的虚伪矫情，也许，那真的只是他在演戏。

周鸿祎生于1970年，雷军比他早出生一年。他们的祖籍都是湖北，而且，两个人的爱人还都在方正工作。其实，他们有很多相似之处，比如，共同的行业，鲜明的个性，等等。

当年，周鸿祎念完了西安交大的研究生课程，遵从学校的分配，来北京的方正上班。当时他只是一个小工程师，而雷军已经坐在金山公司总经理的位置上。可以说，在这一年，周鸿祎比雷军晚了一步。所以，他对雷军是抱着仰慕的态度交往的。他首先通过一个朋友请雷军吃饭，然后两人就有种一见如故的感觉，可以用酒逢知己千杯少来形容。

那时，周鸿祎是雷军朋友圈子里的人。金山创始人求伯君送给雷军一辆捷达车，雷军就经常开着这辆车，找周鸿祎和另外一些朋友，一起到北大看滑冰和电影。

不知道那时候的他们，有没有想到有一天会狭路相逢，成为竞争对手呢？

周鸿祎跟雷军之间你来我往的战斗，为的无非是商业利益。两人是故交，和解起来当然不会很困难，所谓“相逢一笑泯恩仇”，只是不知道这暂时的和平能维持多久。

而业界对周鸿祎这一举动的猜测，却还是他的战略目标使然。在2013年春节后，360的主要攻击对象会是百度。大战在即，周鸿祎没必要给自己树敌太多，以至又出现当年几家联手 PK 他的情况。这次，他有经验了，而且上市之后的 360 公司也不能经受过分的震荡。

周鸿祎跟雷军的关系，在他们相识并交往一段时间后，出现了裂痕。据周鸿祎讲，他发现雷军性格中有冷峻的一面，酷的一面，“骄傲和难以接近”。因为有好几次，他兴冲冲地把自己的想法对雷军讲，都被雷军当头一棒给打回去了。比如有一次，周设计了一款软件，而雷军对此评价说：马桶上绣花，没啥意思。

有人说过，鼓励你的人就是你的朋友，打击你的人就是你的敌人。其实这话不无道理。所以，从此以后周鸿祎跟雷军之间的关系就开始疏远了。但毕竟两人依然是朋友。

现在，周鸿祎对小米开战，实在也是不得已之举。因为正如粟裕将军所说：“你不消灭它，它就会消灭你。”雷军是金山公司最大的单一股东，而且腾讯这个 360 的死敌又是金山公司的最大机构股东。当年，360 的免费攻势消灭了金山卫士，也让金山毒霸受了重伤。新仇旧恨加在一起，即使 360 不跟小米开战，恐怕形势的发展也不会让周鸿祎好过。

而且时至今日，金山仍然在浏览器和安全方面有很大的投入，但业内人士都清楚，这两项是 360 安身立命的主要业务。现在 360 已经上市了，如果说以前周鸿祎的战术够狠的话，现在只能比以前更狠。因为敌人是绝对不会放过 360 的。

周鸿祎想到 1998 年，他创办 3721 的时候，刚刚涉足互联网搜索领域。而这一年，正是联想注资金山，雷军出任金山软件总裁的一年。

可以说此时的雷军，还是比周鸿祎发展得要稳一些。但是他没有把目光聚焦在创业上，也可能虽然他个性同样鲜明，却不一定有周鸿祎的胆子那么大。

后来，周鸿祎在3721发展的很好的时候，为了跟百度竞争，强行卸载百度客户端，得罪了用户。尽管他向用户道过谦，还是无法抹掉“流氓软件之父”这个骂名。

就在老周率领3721跟百度作战的时候，雷军也在带领金山同微软战斗。

到了2013年，所有人都认识到，安全软件是掌握系统最高权限的，所以非常重要。因而，金山被腾讯当做对360后方形成威胁的盟友，而百度当然是恨透了360，不可能不向金山伸出橄榄枝。这样，金山就成了360每个敌人用来制衡它的工具。

当2003年底周鸿祎把3721卖给雅虎中国的时候，正好雷军也在第二年，也就是2004年，把他参与创办的卓越网以7500万美元的价格卖给了亚马逊。

其实在2004年前后，雷军和周鸿祎还常来常往。他们卖掉自己公司的时候，也都请对方和其他好友一起喝过酒，以示庆祝。据互联网试验室创始人方兴东回忆：“雷军酒量一般，喝一点话就开始多起来，而周鸿祎酒量很大，但喝多之后话更多。”

想必老周是无论醉了还是醒着，无论站着还是躺着，话都不会少的吧？他可以不吃饭，但不可以不说话。

金山的战略地位，周鸿祎不会视而不见。但他的战术是以占据“大义”二字的有利地形为基础的。也就是说，讨伐敌人也要有个名号，所谓“替天行道”，名不正则言不顺，所以老周绝对不会降低自己的姿态。相反，他总会摆出高姿态，给大家念一段漂亮的开场白。这个战术具有一箭双雕的效果。对内可以鼓舞员工士气，激励他们同仇敌忾；对外可以博得公众同情。

媒体评价，周的主动示好，请雷军喝茶，预示的只是 360 和小米的和解，而不是周鸿祎和雷军的和解。周鸿祎既然生而为战神，就要面对更加惨烈的竞争。

但是他别无选择，其实，每个人在生存竞争方面，都别无选择。

2005 年是周鸿祎离开雅虎公司的一年，也是他的老对手百度成功上市的一年。联想到他们之间曾经有过的竞争，周鸿祎从雅虎离开，是不是也带有一丝后悔卖掉 3721 的意思呢？想到他这些年对百度造成的威胁，大有“有仇不报非君子”的气势。也许，百度是他意念里真正的敌人。

周鸿祎在做了一年天使投资之后，听从齐向东的劝告，一起经营奇虎公司。等到 2008 年他推出免费软件的时候，雷军已经在前一年以游戏的概念，带领金山软件在香港上市。但 2007 年末，雷军却辞去了金山总裁的职务，做了天使投资人，并且跟周鸿祎共同投资过一家游戏语音公司。

看来，他也有了自己创办一家公司的想法。

老周后来谈到他跟雷军之间的交往，说他们两家一直有来往。因为金山当时还算方正的，都住集体宿舍，而雷军爱人又跟老周爱人胡欢在一个部门工作。所以，有一阵子老周和胡欢还去了雷军家里，他还亲自给雷军做过饭。

这样让人羡慕的关系并没有一直维持下去。因为 2008 年之后，由于 360 免费杀毒概念的提出，两人的公司陷入直接竞争的状态。而两人关系的恶化，3Q 大战实在是一个导火索。因为在这期间，老周认定雷军为马化腾煽风点火。到 2011 年，腾讯持股金山软件，而雷军重新出任金山董事长。从此，两人关系彻底崩盘。

战国风云

在互联网时代，老周也讲起了合纵连横。他毕竟已经到了四十不惑的年龄，而有鉴于360现在的上市公司身份，也不容许他再像以前一样，屡屡给公司制造授人以柄的事端。所以，他对外界说，雷军跟他既不是敌人，也不是竞争对手。他讲述过他跟雷军之间交往的某些细节。

想当年，周鸿祎的嘴巴，当然是不会饶人的。其实，雷军对他设计软件的批评，也是由于周鸿祎初生牛犊之时，不知天高地厚地批评过雷军的软件做得不好之后，雷军对他的反击而已。据老周自已爆料，事情是这样的：有一次他们两人坐在车里聊天，老周就开始批评雷军的《盘古组件》做得不好。但他看出雷军生气了。雷军生气不跟你吵架，而是不说话，看着窗外开始抽烟。

这样气氛就变得很尴尬。后来周鸿祎才知道，盘古实际上是失败的，所以他正好等于往雷军的伤口上撒盐。老周说：“人家已经做公司做了好几年，突然来了一个刚毕业的研究生，上来就说你东西做得不好，他从情感上肯定接受不了。”

而2012年的口水战是由周鸿祎想做智能手机开始的。5月初，周鸿祎透露360要做智能手机，通过与华为及其他手机厂商合作，按照360提出的方案做跟小米配置相当的手机，但价格比小米手机1999元的标准版价格低至少500元。

当初，在周鸿祎批评雷军的《盘古组件》之后，雷军也刺激了他两次。一次是因为方正的工资比较低，所以周鸿祎私底下接一些给别人攒电脑的活儿赚钱。因为电脑当时的普及率不高，所以他就灵机一动产生一个想法，做一张光碟教人如何用电脑。他把这个想法跟雷军说了，但雷军以冷淡回应，说这个想法不怎么样。到1997年周鸿祎做方正飞扬电子邮件的时候，他感觉很开心，想把电子邮件的画面做得跟游戏一样。

有一次雷军到周鸿祎家玩，老周就把这个新点子给雷军过目。没想到雷军记仇了，不屑地对他说，绣得再漂亮，也还是一个马桶。老周当然就不高兴了。

现在周鸿祎做智能手机，目的是让更多的智能手机上有360的软件。而华为等厂家愿意跟360合作，看重的是360超过4亿的用户量。360的手机将只销售给360的用户，被称为“特供机”。而360的电商销售模式也跟小米手机一模一样。或者交给京东等第三方电子商务公司负责销售，或者由华为自己负责。

周鸿祎也检讨过当初跟雷军沟通的不顺。他觉得这可能就是两个比较骄傲的人的沟通结果。他后来想了想，电子邮件这个方向是对的，但当时把比较多的时间用来雕琢界面，就是不对的了。

看来，老周最终还是悉心听取了雷军的意见。

但2012年的情形跟当初大不一样了，因为这不只是斗斗嘴，刺激一下对方那么简单，而是真刀真枪你死我活的战斗。360智能手机最早的上市时间是2012年8月，但周鸿祎已经开始打响公关战。他在微博中转发和评论了外界对小米手机的一些质疑，比如高返修率等等。

其实雷军以互联网的方式做智能手机，已经吸引了巨头们的注意。百度、阿里巴巴、腾讯、网易和盛大等都有要涉足智能手机的消息传出。雷军对此并没有什么反应。可是老周一发声，雷军就坐不住了。

两人开始互相讥讽。周鸿祎称雷军为“慕容复”，雷军则把周鸿祎比喻为“东方不败”。他认为周鸿祎用炒作和抄袭的方法做智能手机。而老周则说小米手机的灵感也是雷军从魅族偷来的。

双方剑拔弩张，战场上再度硝烟弥漫。

但老周对两人之间的矛盾一直予以否认，他对外界说他们既不是竞争对手，也不是敌人。就在金山上市那天夜里，雷军还邀请老周和一些中关村的朋友在酒吧喝酒，并且送了一台日本索尼数字相机给老周。

可是周鸿祎却察觉到雷军特别不开心，长吁短叹的。他承认自己情商低，对别人的情绪不敏感。所以他记不太清楚当时的情形了。不过，事后有人告诉他，雷军打算离开金山。

周对此的解释是，雷军率领金山跟巨头微软竞争的日子，对他来说肯定是比较痛苦的。你以微软为假想敌，就被金山的诸多历史包袱裹挟着，陷在其中。所以，雷军很难把金山改造成一个互联网公司。老周认为，离开金山，雷军才能真正脱胎换骨。

老周说：“只做投资他也能挣到钱，也有江湖地位，为什么还要去做小米呢？这种动力来源于哪儿？你觉得是挣钱吗？我觉得也不是挣钱，大家能感觉到他其实有种不服气。雷军要重新证明他自己。最担心的公司是腾讯。”

可以说，老周对雷军的认识和评价，是非常中肯，没有什么敌意的。也许真的像他说的那样，雷军心目中主要的假想敌是腾讯。

而对于老周和雷军的口水战，一位业内人士透露，是手机厂商提议360以口水战的形式宣传特供机的。老周这些年打口水战名声在外，已经被手机厂商视为做宣传的有力武器。毕竟老周的丰富经验为业内外人士所称道。从跟马云，到跟李彦宏、马化腾的口水战，每一次战斗，都让360的局面焕然一新，短短几年内就直逼竞争对手，成功运作上市。

而且科技博客雷锋网的发起人林军甚至还为此提出一个概念，叫做Tables。T是腾讯，A是阿里巴巴，B是百度，L是雷军，E是周鸿祎，S是新浪。林军认为这股力量代表了中国互联网的未来。流量入口被周鸿祎占据了，而雷军则占据庞大的用户入口，所以“两人之间必有一战”。

如果说Tables描述的是一个烽烟四起的互联网春秋战国时代，那么林军则是试图分析描述这个时代的诸多左丘明之一。不但互联网本身成为一个异彩纷呈的竞技场，而且围绕互联网竞争产生的话题也越来越丰富，越来越有条理，甚至同互联网产业本身一样，越来越有创造性。

周鸿祎一直倡导的“创新”二字，终于随着时代的大潮滚滚而来，形成一股合流，共同推动互联网行业向前发展。

来看看周鸿祎自己对互联网战国时期他跟雷军的关系和所处的位置的分析吧。

他说，雷军的目标是深挖洞，广积粮，缓称王。他不光只是要做行业第四第五这么简单，而是有一个比自己还要大的想法。周凭借跟雷军一直以来的关系，断言雷军最忌惮的人是马化腾，因为唯一能颠覆小米的，只有腾讯了。腾讯不会容忍谁超过他。这跟中美之间的关系是一样的。中国即使发展了也没有想过去侵略美国，但美国却要遏制中国。因为你已经是第二了。

周董在同雷军的关系问题上一向自谦，而且他一直对外澄清自已是一个胸无城府的人。可是，这番话却总给人一种话里有话的感觉。应该说，如果雷军把腾讯视为竞争对手第一的话，周鸿祎何尝不是如此呢？

老周承认，雷军情商比自己高，在策略和战略方面比自己要成熟。比如在 3Q 大战的时候，360 愣头青似的跟腾讯就打起来了，而雷军处理与腾讯之间的关系就比较圆滑谨慎。首先，他为金山引进了腾讯的投资。而 3Q 大战最大的受益者，其实恰恰是金山。如果不是 3Q 大战的爆发，金山已经要被 360 的免费杀毒打死了。而腾讯在 3Q 大战之后，出钱出力帮助金山。周鸿祎再一次强调，雷军的策略比自己的高明许多。两人不是竞争对手，更不是敌人。

可能老周也害怕自己像从前一样树敌太多，毕竟 360 已经是一家上市公司了，对企图戕害公司的人，避之唯恐不及，又怎么能在业内没有任何同盟者？所以，他才 180 度大转弯与雷军和解，而把主要的火力聚焦于对腾讯的防御上。他说过，互联网人一生躲不过三件事：生，死，腾讯。

可是从另一个角度来讲，老周也许真的跟他自己表白的那样，并没有那么老谋深算。因为业内曾有人评价过他，以他的性格，也就是在互联网行业，如果在其他行业，早就被 PASS 掉，成为一个老愤青了。

不过，毕竟有句俗话，“天上九头鸟，地上湖北佬”。周鸿祎和雷军都是湖北人，所以，即使老周的“情商”再低，也一样是睿智精明的九头鸟。

有人将二人做过对比，他们从 PC 互联网时代到移动互联网时代，可谓屡屡较量。周鸿祎擅长产品，个性好斗，而雷军擅长技术、营销，被称为“IT 劳模”。他们对于产品都讲求用户体验和“极致”，同是营销高手，也都崇拜乔布斯。可以说，互联网行业的第四把交椅，不是周鸿祎的，就是雷军的。所以他们的智能手机之战，必定死磕。

但是出乎很多人意料的是，这场争斗以和解告终。毕竟，雷军并不是 360 最大的威胁，因为他不足以对 360 构成倾覆之势。而腾讯就不一样了。

周鸿祎对此的解释是，他跟雷军之间的主要矛盾是金山在 360 做免费杀毒的时期形成的，如果没有这个问题，他俩之间没什么问题。雷军对周说过，你打金山打得太厉害，作为金山的创始人之一，我不能坐视不管，必须要出手。

老周承认二人之间有些情绪，但虽然谈不上是很近，毕竟是互相欣赏的朋友。所以还是断断续续交往了很多年。老周说：“雷军和我肯定都不会跟特别笨的人长期交往。”只不过他们曾互相批评过对方的产品，互相不服气，有点较劲而已。

功德无量

老周把他跟雷军之间的争执看做是一些意气之争。其实他们俩对一些东西和对互联网的看法是高度一致的。也就是说，老周肯定了自己跟雷军是志同道合的两个人。而且他还琢磨着跟雷军学习。比如小米投资迅雷，然后把金山快盘合并过去，就挽救了金山快盘，另一方面也得到了迅雷的资源。老周承认，在商业操作上，雷军比他想得缜密。

可以说，腾讯投资金山，等于强强联合，共同对付 360。而周鸿祎同雷军之间的和解，也许是老周分化瓦解敌人同盟的一招棋。

除了金山同360之间的矛盾，雷军和周鸿祎之间，也产生过一些其他的摩擦。比如，雷军投资傅盛想做可牛影像软件，周鸿祎就给他带过话，不要接手傅盛，否则就是作对。雷军答复到，傅盛的确曾是你的员工，但不代表卖给你了，一辈子都是你的人；而且我跟傅盛谈的业务也不跟360竞争。并且，你不让我投资360前员工，但你自己投资了多少金山前员工？

总之，雷军丝毫不肯让步，同周鸿祎针锋相对，嘴上功夫比起老周来一点不差。于是2011年11月的一天，可牛和金山安全合并，成立了金山网络这个独立公司。

对“小3”大战，周鸿祎的解释是，他不是为了炒作华为的360特供机而同雷军吵架的，这件事只是一时的擦枪走火。由于他宣布跟华为做手机的时候，是小米刚起步的时候，小米公司的人就比较紧张，先在微博上骂他，而他做事又非常不理智，骂起架来又十分投入，所以就说了一些比较狠的话。而且他对雷军比较了解，就有可能时常骂到点子上，把雷军的伤疤揭开了。

他否认当时是为了炒作，因为炒作可以以其他方式进行，“不至于骂得那么激烈”。只要小米把产品做好，让消费者接受，这些都只是前进道路上的一些小波澜，而且对于小米也未尝不是一种磨炼和推动。

小米对雷军而言其实相当重要，小米在他心目中的位置可以用至高无上来形容，因为雷军缺少可以跟马化腾、马云、李彦宏比肩的成就感，也就是说，他缺少一家自己创立的公司。虽然他带领金山一直走到今天，但他的形象被求伯君耀眼的光环掩盖了。

到了2010年，四十不惑的雷军成立了小米公司，这等于他的最后一搏。所以，他一定要与小米公司共存亡。

跟周鸿祎一样，雷军也预感到移动互联网将是中国互联网市场的决定性力量。在未来移动互联网明星公司中，有 UC Web、YY、小米公司、大众点评网。这四家网络公司中，有三家都跟雷军有关。它们的融资额都达到了上亿美元，而公司估值在10 亿美元。华兴资本 CEO 包凡认为，YY 越来越像移动互联网公司。

当记者让周鸿祎指出雷军的毛病时，周鸿祎却首先谈到雷军的战略眼光范围比 360 团队更广阔。大家都看好移动互联网，但 360 只看到自己擅长领域的延长，而雷军看到的是一个大方向。是他把深圳的山寨机跟互联网联系在一起。老周认为，这是小米最了不起的地方。

他说，雷军口才比他好，总结能力比他强，他对雷军的整体评价是正向的。不过非要他去给雷军挑毛病，那就是他可能太敏感，对别人对自己的评价太在意。他放不下个人形象，而老周本人则没那么在意个人形象。老周认为自己唯一比雷军强的就是不太怕别人骂他，或者即使被骂了，过后就算了。

谁人愿意被人骂呢？老周虽然天性好斗，不畏惧直接的争斗，但也被多年的敌人重重包围“培养”得敏感起来。一有他听着不对的话，或者他察觉到的风吹草动，他就立刻警觉起来，开始怀疑是不是有什么幕后黑手在操纵。即使他没有证据证明确实有人操纵，只要一接招，立刻火爆脾气就上来，往往扫射一大片。所以，如果说他的确有奸猾的一面，也是在策略上，而不是在斗嘴上。有人说他擅长打口水战，其实，在这方面，说他最不擅长才更准确些。

小米手机发布自 2011 年 8 月 16 日，发展态势良好。雷军提出的软件＋硬件＋互联网服务的“铁人三项”为小米公司累积了第一批米粉。在运营管理上，他引进日本的精益管理理念，倡导零库存按需定制，以及网络销售模式，从而把渠道成本降到最低。可见，他在营销方面是十分专精的。老周的营销同他本人的个性相符，一个猛字，外加一个速度。而雷军的营销策略更加精细周到。

雷军有业界“雷布斯”之称。到2012年5月10日，小米手机的销售量达到200万台，而雷军估计，到2012年底，出货量将达到500万台。雷军自己都直呼这是一个奇迹，并表示自己不惧怕华为手机和盛大手机。

无疑，周鸿祎一开始也加入了智能手机大战。因为在移动互联网领域，虽然360公司推出了多款手机安全软件，但装机量不是很高，远远低于PC端的覆盖率，所以贩卖流量的目的就达不到。360跟华为共同做特供机，一来可以让用户以实惠的价格购买手机，二来可以帮助360获得流量，建立移动互联网生态系统。

然而360中途悔棋，把矛头全部指向了腾讯。对于雷军，采取的则是分化瓦解敌人内部联盟的打法。老周一再解释，自己没有给雷军起那个叫“雷布斯”的外号，而是雷军的粉丝给他起的。并且这个外号也并不负面，因为毕竟乔布斯曾是雷军的榜样。但现在，雷军已经超过了苹果，创办了一家像亚马逊一样的企业，所以再用乔布斯跟他做比，就不合适了。老周猜测雷军今后的目标可能是亚马逊的贝佐斯。而亚马逊也不该简单地被看成是一家电商公司。它现在是一家互联网公司，因为它的硬件里面带有很多内容。

而且，周鸿祎还从老朋友的角度，劝雷军不要太在意别人对他的评价。不管他是否被外界称作雷布斯，总是有人认为你好，有人认为你不好。

世界上本没有人可以尽得天下人之心。也许老周说的对，随着雷军下一步可能做得更成功，他会更看淡一些。他还解释说，黄章的博客只关注他，是因为黄章想挑战雷军。他认为周鸿祎也挑战过雷军，就把老周当成了一致对敌的朋友。这等于把老周架到火上烤。

总之，周鸿祎对雷军的拉拢，可谓用心良苦。随着年龄的增长，他的城府还是比以前深了。

周鸿祎同雷军和小米手机副总裁黎万强的口水战，技术术语用得比较多，吵下来不分胜负。然而雷军指责周鸿祎，想做手机就好好做，一不要靠吵架骂人做市场推广；二不要靠剽窃抄袭模式做产品；三不要控制安全入口强推软件，窃取用户信息；四不要沉迷于东方不败的幻觉中，做一个正常的商人，用产品说话。如果产品真的过硬，就不必天天靠嘴巴到处骂人活着了。

可以说雷军吵起架来，语言的功力比周鸿祎毫不逊色。

然而周鸿祎毕竟不能愧对红衣大炮的雅号。他首先讽刺小米手机是“机霸”。他说：“亲爱的雷总，您做手机可以炒作作秀，甚至故意摔苹果手机、语言羞辱乔布斯、骂诺基亚，怎么都忘记了？干吗总把自已放在道德制高点把自已供上神坛，您也是个商人，凭什么其他手机厂商不能做互联网手机，大家竞争肯定能做出性价比最好的手机。您是否觉得谁也不能碰您的奶酪？您这不就是机霸吗，欺行霸市。”

面对周鸿祎的讽刺，小米科技产品公关经理反击 360 是“网霸”：“有些事情做了，不是靠删视频就能删掉的，即使你是网霸。”

这场战斗也引来了互联网观察人士的分析和评论。程苓峰认为，周鸿祎使出的是一招“借力打力”。为什么这么说呢？第一，360 既然要做手机，就要找一个 NB（牛逼）的对手，跟小米一样。小米不也找过 iPhone 的茬儿吗？第二，老周如果要继续比武，就要把小米的势能转化为 360 的势能。第三，借力打力指的是对手力量越大，就越能为我所用，增强自己的力量。

其实，小米手机和 360 的运营模式并不一样。小米自己制造硬件，模仿 iPhone 只做一款手机，集中火力，简化流程。而 360 特供机采取的是“软件 + 互联网服务”的模式，由手机厂商自己负责制造硬件、销售、质量和服务，因而风险被转移了。

周鸿祎这次是过于自谦了。他的战略一点都不比雷军差。只不过他奋起直追行业翘楚的时候，一路冲杀，突飞猛进，得罪的人太多了。而且，他没有说动马化腾，反而跟 QQ 陷入正面竞争。虽然结局以平手告终，他还是引起了马化腾的重视，收购金山以钳制 360。所以，他已经没有机会像雷军那样，同腾讯保持战略合作伙伴关系。只能明里暗里与之争斗。

周董意念里最大的敌手还是扳不倒的腾讯。他时刻感受着威胁，因而一再同雷军和解。

那么，雷军是怎么看待周鸿祎的呢？2014 年 9 月，IT 领袖峰会在深圳召开。雷军在演讲中说，如果多年前没有发生过“3 金”大战，自己就不会受到刺激，去反思更适合互联网模式的小米。换句话说，正因为周鸿祎干掉了收费杀毒，软件行业才被革了命，才催生了新的互联网营销模式。

如今，小米公司估值上百亿美元，在 360 之上。连雷军自己都承认老周的功德，旁观者还有什么不相信的？

第十七章 用人之道

从 3721 到 360

老周的用人之道，跟他的处事风格和个性十分相符。他在谈到用人方面的问题时，语言非常简练。他总结出五类员工不能用：张嘴说谎的，自我膨胀的，心胸狭窄的，吃里爬外的，拉帮结派的。

他不但对外是门红衣大炮，对内也一样是语言犀利，绝不手软。连他自己都承认，自己脾气不好，对员工有时过于严厉，可是仍然有十几年如一日跟着他一起干的人。

周鸿祎在回应与金山网络 CEO 傅盛的骂战时，曾发表过一篇微博，题目叫“创业公司用人三大误区”。

他评论 360 首席架构师李钊批评傅盛的一篇文章，说三大误区是：第一，老人容不下新人，导致公司不能吸引更有能力的人，所以公司不会做大；第二，老人吃老本，躺在功劳簿上，不能向前看，总是往后看；第三，公司用头衔来安抚老人，造成论资排辈的局面，使一些人占据其不能胜任的岗位。

他点评说，这三种情况都会形成山头主义头衔文化，导致武大郎开店。在这方面，他有很多教训可以分享给创业者。

老周一向是不吝分享自己的任何经验的。早在3721时期，他就接受过媒体的采访，详细解答过3721的员工队伍比较稳定的原因。这一年还是2002年，周鸿祎已经获得了入围“亚洲杰出网际网络服务供应商奖”的机会，被中国青年报评选为IT新生代十佳青年，并入围“2001年度中国软件企业十大领军人物”，可谓少年得志，成绩斐然。

这一年，他刚刚三十出头，风华正茂，然而对企业用人之道却已有了自己独到的剖析和见解。当被主持人问到，能否具体谈一谈你在公司强调的认同理念时，周鸿祎说，每次有新员工进来，他都要给他们讲认同理念的重要性。他以红军长征为例说明这一点：“如果一个投资家要准备投资国民党和小米加步枪的共产党，你会选择谁？共产党为什么能取得胜利，关键是其精神理念。”

他认为，认同感对企业来说是一种强大的凝聚力，可以让大家往一处使力。所以，他会直接跟新员工们讲，如果你们到3721来，却不认同3721的理念，还不如趁早在试用期就离开。

周鸿祎一直强调自己的性格比较急躁。而主持人也问过他，有什么做法来应对年轻人急躁的毛病。他说这种现象确实存在，因为年轻人总是想尽快把事情做好，一口气吃个胖子，这是可以理解的。

但是急躁对于做企业来说却是大敌，所以，他一直在公司强调一分耕耘，一分收获。他评价说，年轻人往往不习惯考虑长远利益，对于找工作的目的，有人说这个老板不错，有人是因为离家近，有人说这里有爱踢足球的同事，等等。其实在周鸿祎眼里，这些不能成为做一份工作的理由。关键是你要问自己想干什么，未来三到五年想得到什么。要有明确的目标。

因此，他经常对员工说，你们要不断地问自己，我现在还缺少什么吗？我想得到什么吗？缺什么就补什么，而且要设定阶段性目标，不用大，但需要持之以恒。一件事情就是一个里程碑。

他不要求每个员工都表态说要在3721干一辈子，但是他会尽力促使他们去想，三到五年后，你的商业谈判能力，团队管理能力和市场把握能力提高了吗？自身价值增加了吗？他告诉员工，你们无论做什么，收获都来自你的工作态度和方法，世界观和价值观。否则公司损失的只是支付给你的薪水，而你自己却失去了宝贵的时间、斗志和信用。你就变成了温水里的青蛙。到了三十岁的时候，还有选择吗？

他经常给3721的员工讲述自己的成长历程。他跟他们说，自己1995年刚毕业的时候，认为自己缺乏大公司的管理经验，想做求伯君第二，所以选择了方正而放弃了赚更多钱的机会。虽然月工资只有800元，还住地下室，他也没觉得苦，没因为工资少就心里不平衡。后来方正要他去给国务院办公厅做电子邮件的培训，这是技术人员都不愿意做的事情。但他承担下来了，虽然水平不低，还是老老实实找资料，查书，并且自己花钱买来了所有跟电子邮件相关的书。

由于这次工作经历，他开始发展 Internet 电邮，也就是方正飞扬。这个程序获得了公司的认同，也为老周积累了大量人脉。通过这个项目，他获得三方面的经验：第一是很好地了解了 Internet；第二是如何带团队；第三是如何做产品。

他引用尼采的话来证明自己的观点：人对自己没经历过的事情是不理解的。他跟员工讲自己的这些经历，就是想告诉他们，人可能很年轻的时候，想不清目标，感到迷茫，所以你得承认经验和阅历是你无法超越的事情。你不能对未来的发展目标和方向做出决策的时候，就要踏踏实实做好眼前的事，尽力做好本职工作，才能证明自己的能力。在工作中提高能力，做好每一件事情，自我激励，坚韧不拔，做事从小处着手，大处着眼，就一定能积累丰富的实践经验。

他认为，员工如果有“王侯将相，宁有种乎”这样高远的志向，而且还脚踏实地地做事，公司离成功也就不远了。

为了保持员工队伍的稳定性，他采取了一系列措施来激励员工。他最注重的就是让员工的自身价值在 3721 能得到充分体现，适时满足他们的需求。每个员工对工作的期望和要求都是不同的，公司应该设法了解这些需求，为他们创造条件，并激励他们实现更高的目标。

为此，3721 为员工提供公平的升迁机会和报酬，创造良好的工作环境，采取开放的管理，并开展各种培训，使员工的升值能在工作岗位上得以实现。通过这些努力和措施，员工与 3721 结成了一种共同发展，相互依存的良性关系。

这个时期的周鸿祎意识到，3721 跟宝洁或 IBM 这样的大公司不一样，它是创业型企业。在 2001 年 10 月以前，三年没有盈利，即便赚到了钱，也还是刚刚度过生死关，向高速发展的阶段迈进。所以，他认为认同感非常重要。员工要有自我激励和强烈的意愿，才能达到职业高度。而 3721 给予的回报是成就感、自身能力的提高和中等偏上的收入。

他还十分重视企业文化对员工的激励作用。3721 的口号是：信念坚定，责任上进，信任沟通，灵活创新，以人为本。他认为一个好员工应该具有上进心和责任心的基本素质，但同公司的文化和理念相融合才是最重要的。

在招聘人才，遴选人才方面，他对业务上的硬性能力自然有要求，但更重视应聘者的非技术素质。比如责任心，团队合作精神等。他说："技术开发最忌讳的就是单打独斗。"

此外，他还要求应聘者要有较强或者一定的学习能力，和在专业领域钻研的精神。这些都是同 3721 的企业理念契合的。只有这样的人才，才可能对公司产生认同感，从而形成凝聚力，把工作做好。

到了 360 时期，在公众眼里老周的形象比 3721 时期鲜明多了，也树立了自已好勇斗狠的标签。所以有人质疑过，他是个怎样的老板？给他打工，你幸福吗？

他太挑剔，对自己和他人都不满意，对什么都不满意，仿佛他就是一个传播负能量的人。即使员工已经十分尽力了，他还是会挑刺说这里不好那里不好。

可是另一方面，他没有老板架子，甚至会说：如果有一天我们变腐朽了，你们可以来打败我们。

看来，他自己是个挑战者的形象，但也鼓励年轻的挑战者来挑战他们这些互联网行业的“老帮菜”。这是他的法则。所谓江山易改，禀性难移。他很欢迎有人能挑战他自己。

可是他的挑剔和对人赤裸裸的批评，还是无时无刻不考验着员工的忍耐力和毅力。员工已经累得四脚朝天了，把写出的稿件给他看，一般人都过得去的，他看了却会批驳得一无是处。“什么烂玩意儿，大街上拉几个人问看看。标题行吗，吸引人吗？普通用户看得懂吗？他们能够明白什么叫流量吗，什么叫导入吗？”

老周是想让员工用浅显易懂的语言，便于用户理解。用户可不需要什么专业术语，他们只想简单方便。只不过他的语言跟他的红衣大炮风格使他的话听起来让员工很不顺耳。

所以，跟随他七年的副总裁于光东说，跟他干这些年，对他们来说不容易。

其实，老周的理念是对的，他只是缺乏一点耐心，缺乏一点跟员工说话方式上的技巧。他想把用户体验做到极致，这就必然要求员工的产品设计不能有一点缺陷，一点瑕疵。按一个员工的说法，周鸿祎是在产品上有洁癖的人。

但现代商业是客户关系市场营销。所以老周对于产品的挑剔，完全是为了360在市场上，在消费者那里可以不打败仗。正像部队严格训练士兵，是为了他们在战场上不丢命一样。

对新员工的勉励

周鸿祎在新员工入职时的讲话，在网上流传很广。他一开篇就强调他是喜欢说真话，而不是漂亮话的人。因为他觉得漂亮话没有用，而说真话，可能大多数人都不爱听。

不一定漂亮话就没有用，他对雷军不也需要用一些溢美之词吗？当初他还没有扬名立万的时候，面对投资人的诘问，也一样需要像现在台下新入职的员工一样，毕恭毕敬地听着。

他认为在360，最重要的是新人要能够学到本事和能力。因为新员工如果以后要在江湖上行走，本事和能力是基础。到360工作的员工，大多数都不是富二代或高干子弟，跟他一样，都是平民出身，不少还是第一代的北京移民。他们唯一能依靠的就是自己的双手和头脑。按他的话讲："你要想成功，本事是最重要的，其他都是虚的。"

他告诫新员工，午餐有没有鲍鱼，公司有没有名气，给你什么头衔，也都是虚的。头衔这东西最害人，如果你想有个好头衔，建议你自己回去开一家新公司，自己做CEO，那样头衔最大。针对某些员工所说的，上班开心最重要，他指出，公司最艰苦的时候，很可能你不会开心。所以对你来说最重要的是在360能不能锻炼出能力，学到东西。因为在360，只有有能力的人，才能得到更大的舞台和更多的资源。

老周对产品质量要求非常严格。有一次，他对于光东说，他用了于光东的影视产品。于光东心里咯噔一下，冒出一句话："老板你就说吧。"意思是已经有了心理准备，愿意接受他的板砖。可是老周居然出人意料地说："做得还不错。"于光东心想这回可稀罕了。不过他明白，即使现在老板没有什么意见，说不定哪一天，他还是会找出问题。

于光东说，只要有人在微博上或通过其他渠道给老周指出任何一处产品的小问题，他都会立刻督促员工去解决。看来，老周是把用户至上的信条在每件小事上加以实践的。

一位360技术部门的员工感慨道："这么个小问题，这么个大老板，亲自打电话给我们，还告诉我产品怎么改，这在其他公司是不可想象的。"

对于刚入职的员工里，某些人"混日子"的思想，他是这样剖析的。他说，360是一道门，向你们打开了。不过能走多远，要看你们自己能锻炼出怎样的脚力。一个大公司，不可能没有地方可以混，他也管不了每一个人，但是，据他在互联网行业十多年的实践经验来看，很多特别"聪明"的人，反而做了Loser（失败者）。就是因为有"混"的思想，他们才会失败。

他问新员工，35岁以后你们还能混吗？那个时候会有更多比你能干，比你努力的年轻人，要求也比你低。如果你没锻炼出来能力，没学到本领，就会被他们取代。能力要靠学习和锻炼获得，而不是靠混。如果你在企业里把年龄混大了，却没有提升自己的能力，人生道路就会越走越窄。

做360的员工，混是绝对不可以的。因为他们必须24小时待命，越是节假日就越没办法休息。很多次战斗都是从节假日开始打响的，因为竞争对手往往利用节假日发动进攻。

所以老周奉劝新来的员工，如果你不喜欢360，一定要尽快换，找到自己喜欢的，值得投入的事情去做，才不会浪费自己的生命。如果选择360的人，仅仅因为公司的名气可以让自己有混的机会，吃亏的是自己。他说："你再能混，能混我多少钱啊？你一年混我20万，5年一共也才混我100万啊。这对我来说没什么，但是你在这里白搭了自己5年的时间。你5年的青春值多少钱？难道只有100

万吗?”

他说的是事实。因为360绝对不是给“混子”准备的公司，而是为“自由”创业者准备的公司。很多员工十分推崇360的自由创业氛围。周鸿祎强调，员工要自己推动事情，可以把想法当做创业项目来开展。即使老板不同意，你认为对的，就可以去做。

他强调的还是让年轻员工来对他这个“权威”发起挑战。

他强调，小的产品，只要员工自己拍拍脑门，就可以找几个人干。他鼓励创新，为员工中的创新者不遗余力地提供创新环境，360从中受益颇多。比如，360随身wifi这个产品的设计，就是只有五个人来完成的。当时这件事情老周并不看好，可是过后证明，这是一款非常有价值的产品。

挑战周鸿祎的结果是，360公司内部形成了比较好的创新氛围。但是，宽松的产品管理并不意味着公司的资源可以自动为员工配置好。即使老周点头，也不意味着事情就OK了。还是需要员工自己找合适的人，自己建立项目团队。

可以说，老周把360打造成了创新者的天堂。

在360还没有上市以前，他就对新入职的员工说过，如果他们问周鸿祎有钱了为什么还干得这么起劲，他可以回答他们，在360，他其实是在给大家打工。他做360这件事是因为能让他激动，能大大地满足他的成就感。他也透露，将来如果360上市了，也想做到像百度、腾讯那么大的市值。

他是有这个雄心壮志的。但是如果知其不可为而为之，反而令人觉得不识时务。虽然他一直在挑战这两大巨头，或者说即使他不挑战他们，他们也会来袭击360，可是8年的时间间隔是不争的事实。百度和腾讯比 360 早运营了 8 年。即使周鸿祎奋起直追，也还是只能望其项背而兴叹。

所以他不得不强调产品方面的快速执行。因为比对手快，才能保证距离越拉越近。360 的内部组织结构，也都是围绕着简单和快的原则而建构的。周鸿祎甚至经常自己直接找一些基层员工开会讨论，亲自参与一些项目，而不是隔着锅台上炕，找员工的领导。

他在微博上放出狠话："伤其十指，不如断其一指。因为你有强大的对手，你又不具备强大对手的资源。资源有限的时候，你一定要单点突破，不能面面俱到。"

其实，他这个战术来源于粟裕。粟裕被喻为共产党的战神。看来，周鸿祎是真的想当互联网战场上的战神。他知道凭自己的能力无法和巨头抗衡，所以，只能采取各个击破的战术，不计较战绩有多大，只要常有小胜。

因此，他勉励新员工，踏踏实实在 360 做下去，每个人都有可能做成功一件事情。"这件事情可能很简单，比如说打补丁，但你做到极致就变得有价值，而这件事情就是你身价的最好证明。由于你有这样的经历，可能就有人愿意为你投资一千万。"

他鼓励员工从小事做起，从一点一滴做起，一步一个脚印地迈向属于自己的成功。

他知道自己的个人魅力可能有强于竞争对手的一面，也有较弱的一面。所以，在公司年会上拿自己开涮的时候，他仍然不忘调侃一下李彦宏这个死对头。他说："我就很屌丝的一个人，不像有的公司 CEO 会跳拉丁舞，女员工昏倒一大片。"

他这样说，起到了拉近自己和员工距离的作用。

一个年轻的360员工曾在一个节目里说，当时第一眼见到他的时候就觉得，哇塞，这就是传说中的老周啊。然后他经常会在三更半夜的时候给员工发短信。一开始刚来没多久，收到老板短信的时候，很有压力，怎么突然老总给我发短信了。压力很大。后来慢慢习惯了就好了。如果意见不同的话，老板会跟我们一块儿讨论问题。

总之，老周在普通员工眼里，就是这样一个没有任何架子，跟他们之间没有任何距离感的老板。

他激励员工脚踏实地完成本职工作，努力培养自己的能力、见识和经验。他说："我在雅虎的时候，大家觉得我是个职业经理人。职业经理人是什么形象？整天西装革履的，说着洋文，执行总部的指令。我在雅虎打工，本来也是可以混的，这样还能拿到一大笔钱。但是我不想混，不愿意混。我觉得我的时间宝贵，在雅虎混时间久了，我就和这个行业脱离了。所以，在雅虎我也是一样怀着创业的精神，在努力地做事，把搜索、门户、邮箱做起来了。我努力地提高自己的能力，经验和见识，这才使我之后有能力去做投资，做奇虎，做360。"

对于新员工的入职培训和激励，老周自己的打工经历和创业经验，就是他们最好的借鉴和基准。老周以他自己的亲身经历告诫新员工，混日子吃亏的不是360，而是你自己。

他建议新员工不要以打工的心态在这里工作，因为360不需要单纯打工的。相反，他希望新员工在360做事，一定要争取把一件小事情做成大事，并能以此获得成就感。也就是说，应该"在平凡的岗位上做出不平凡的成绩"。他向他们说明，挣钱并不是唯一的成就感。挣钱挣到一定数量的时候，就变成了一个数字游戏，没有任何感觉了。但如果今天把大家的力量汇聚到360，就有能力做出一款影响几亿人的产品或服务，这个成就感会令你一辈子感到骄傲。

不一定所有员工都有老周那么大的志向和抱负，以及他对成就感那么高标准的定义。可是，他的话的确有相当大的宣传鼓动效应。所以，他应该是一个天生的宣传鼓动家和演说家。

个人感召力

周鸿祎是一个脾气暴躁的人。有外界传言说，他因为发脾气把声带都喊撕裂了。相信看到这个传言，人们就会理解为什么像老周这样口才犀利的一个人，老天却偏偏给了他一副嘶哑的声带。但是这不怪老天爷，都是他自己太能说了，而且脾气又大，又喜欢吼，所以，最终一个最爱说的人，身体零件就偏偏让他不能如愿。

有人透露，周鸿祎一发脾气就拍桌子大吼，摔东西，直到把声带喊撕裂了，不能说话，他仍然不会停，仍然会在黑板上一条一条地写，第一，你们应该如何如何；第二，如何如何。命令员工马上去办。

这样的领导实在是很强势。了解他的人都说他滔滔不绝，语速飞快，像一排连珠炮不断向敌人扫射。而且他喜欢抢话，所有人都听他说，他说完之前其他人先不许说。他不喜欢别人另起话头，“随时随地要控制局面”。也许，他希望现实按照自己头脑里规划的图景被构建。于是，“你让我说完”成了他的口头禅。好像战况紧急，追兵将至一样。

在员工眼里，他把自己当成一个战士。他评价自己说：“像巴顿将军，喜欢打仗，闲不下来。”他也知道自己的性格不被很多人接纳，但是他依旧泰然自若。他喜欢挑战大佬，也欢迎后生们挑战他。他非常重视新生代员工的培养和教育问题。2013 年 8 月 8 日，他在 360 大学生应用开发者大赛颁奖典礼上说，前段时间到美国，考察了 50 家左右的创业公司，发现大多数都是年轻人做高管。而在中国，情况则不然。

他谈到 90 后的时候，褒扬和鼓励之词不绝于口。他说“70 后已 out（淘汰），80 后无出头机会，90 后个性张扬才是新兴力量”。并且他还表达了收几个 90 后徒弟的想法。

他在各种场合的各种类型的演讲中，无一不把创新作为演讲内容里的重头戏。在他的观念里，创新需要由新一代具有挑战精神的小将们来完成。他则愿意充当这些小将们的指挥官。

他平时被员工以“老周”称呼，喜欢看《兄弟连》《亮剑》等军事题材电视剧。不但喜欢看，而且热衷实地演练。他一有空就会带领员工去玩真人 CS，并认为这样做可以激发员工的尚武精神和团队战斗力。

看来，如果想在老周手底下做事，你必须是一个跟他一样具有攻击性的人物。否则便不太符合 360 的企业文化了。也难怪，市场经济就是自由竞争体系，除了在竞争中取胜，你没有其他办法能在市场经济体系里存活并发展。

但员工眼中的周鸿祎，并不是只有彪悍而没有细致的形象。一位员工说，他对员工要求很严格，并把自己封为首席用户体验官。如果发现产品有缺陷，他会直接打电话给技术部。但他同时也会给予员工优厚的待遇，公司供饭而且提供下午茶。如果想在其他公司挖人，更是不惜重金。

他的一个前员工这样评价他：他是一个非常好的产品经理，有很好的产品感觉和国内产品经理极缺的市场意识，极会利用用户和媒体，是国内最好的公关经理和市场经理。而且，他也是一个相对单纯的人，比较坦诚，就事论事。我很尊敬他。

这个前员工还讲述了跟周鸿祎共事时候的几件小事。一次是他和周鸿祎一起从昆明坐飞机回北京，周鸿祎对他说：你怎么坐前面啊，跟我到后面睡觉去吧。在飞机上一般人想不到后面有空位，也不会想到去那里躺着睡觉。但周鸿祎没有既定规则的束缚。事实是，他们睡觉一直没有人赶他们走，一路睡到北京。

在工作中，周鸿祎给这个前员工留下的最深刻印象就是基本每个月或每个星期，员工们就能收到他送的书或者推荐阅读的书，而且还会不定时地收到他发的邮件，经常一收就是几封。这些邮件分享给大家，基本都是为员工开拓思路的。所以他说，周鸿祎带领3721和360的很多产品经理一同读书，一起成长。但是成长最快的，往往是老周自己。

他在飞机上看到好的文章，就会把书页直接撕下来，回公司后和产品经理直接分享。他是谦逊的学生，也是一个愿意跟大家一起分享的老师。

老周不但愿意和大家一起分享书本上的知识，而且身体力行地去实践企业社会责任。比如，在2008年汶川地震的时候，老周和王雷雷是第一批进入震区的IT精英。他带领奇虎团队，一刻也没有休息，做的第一件事情就是：抬死人。为此，有人感慨道：说实话，我也去过四川，但是可能没有他的勇气，面对满目疮痍和艰苦的条件去抬死人的尸体。

还有的前员工认为他是一个值得尊敬的人，并回忆，当年周鸿祎刚进入雅虎中国，为了跟员工打成一片，在请员工吃饭时，几百人敬酒，来者不拒，最后喝多了掉到游泳池里把牙摔掉了。这位员工认为周鸿祎是个真汉子。

另外一位前员工说，自己在 3721 无线干了一年半，最大的感受就是周鸿祎讲话时的激情。在员工大会上，你能感受到他弥漫四周的能量。无论外界对他评价如何，我都感觉他是真心实意相信自己的动作是正义的，尽管实际上存在很大争议。所以，只要在他自己的世界观内，正如他自己所说，他至少不是个伪君子。

他在新员工入职的时候，往往也会不自觉地谈到创业，这就给 360 的人力资源部制造了很大的难题。因为你一味地谈创业，大家受到你的鼓动，都不愿意安心工作了，第二天就辞职回家创业去了。所以，人力资源部经常劝老周不要跟大家谈创业。而他对这个问题，有自己独到的见解。他说："创业其实是一种精神，是一种心态。创业有很多种形式，不是只有自己办公司、自己当老板才叫做创业。当你的人生还处于起步阶段，你还不具备足够的经验和能力，就需要给人当学徒，需要学习和积累，其实这个过程也是创业。"

为了实现新员工的"创业"梦，他积极为他们创造内部创业的资源和平台。他说，为什么很多小公司老板放弃了自己的企业来到 360，因为他们没有一个好的平台，所以即使再努力，也不能做很大的事情。所以他们在 360 所追求的首先不是能赚多少钱，而是能否先做成一件大事，为以后的独立创业打下牢固的基础。

老周认为，一支优秀的团队，是决定一个企业的营盘是铁打的还是纸糊的关键。对于如何建立一支优秀的团队，他总结了三点经验：

第一是“不能以发财为目标，一定要有某种程度的理想主义情怀”；第二是“财散人聚，要有激励机制，把大家的利益捆绑在一起”；第三是“解决新老交替的问题，留一部分利益给未来”。

他提出的第一点，跟毛泽东建党学说中的某些论点极其类似。在共产党的革命历程中，为人民打天下是崇高理想，所以人民军队即使不发军饷，老百姓和子弟兵也认为是在为所有穷苦人的利益而努力奋斗，即使流血牺牲也心甘情愿。现在的360，虽不能不发军饷，但也不应该把一切建立在单纯的物质利益基础上，要有一种理念上的契合，用伟大理想和目标激励员工实现人生价值。这绝不是唱高调，而是满足部分甚至全部员工的一项心理需求。

而且老周也丝毫不忽视物质激励对员工的捆绑效应。在物价和房价飞涨的今天，蹩脚的激励机制和周扒皮似的雇佣关系，是不可能留住人才，促使一个企业走向成功的。所以，合理和适当的激励机制的建立，对企业的人才积累至关重要。按老周自己的话说：“建团队，我不希望我的员工单纯是奔着钱来的，因为这样投机分子太多。但是我一定要替员工考虑财务问题。在今天这样一个社会，谁都不能免俗。就算是一个理想主义者，也总要养家糊口，要在社会上过一种体面的、有尊严的生活。而且，创业是一个耗人健康、燃烧青春的事儿。对于这些愿意跟着企业去打拼的人，不能光在嘴巴上对他们说好，而是要签协议，让这些燃烧青春的人也能一起分享未来的收益。否则，财聚人散，也没什么未来了。正因为这样，360从一开始就做了员工持股计划，最初员工持股比例达到40%，最后几轮稀释后在上市前降低到22%。这个比例在今天互联网公司中算是最高的了。我觉得，用西方证明是有效的股权期权制度，把团队的利益和公司的利益捆绑在一起。这些做好了，讲理想主义才好讲，做思想工作才好做。”

至于老周讲的第三点，他已经说服了投资人，每年拿出5%比例的总股本给有突出贡献的员工颁发期权。这意味着需要稀释其他投资人的比例，但是就像一个蓄水池一样，可以吸纳人才，把新入职员工的利益同企业的发展联系在一起，这样大家做起事来才会有积极性。“这种积极性产生出来的价值，要远远大于被稀释掉的价值。”

所谓得人心者得天下，这个人心，不但指用户满意度和忠诚度，也包括内部员工的凝聚力和创造力。任何一个企业的领导者，如果想推动企业更好更快地向下一个目标前进，都需要重视员工，重视人才，给员工以足够的尊重和应有的地位，健全企业激励机制，做到公平公正，任人唯贤，为企业的未来发展积累足够的人才储备，才能把事业推向一个又一个高峰。可以说，老周在这方面的做法，还是非常值得人们推崇和称道的。

尾　声
“圣斗士”会一直战斗下去吗？

2014年9月福布斯新富豪榜公布，马云高居榜首；马化腾居互联网企业第二；李彦宏居第三；雷军排名互联网企业第四；京东的刘强东排第十位。而我们的“圣斗士”周鸿祎，排名为第83位。

老周一向提倡，不能以市值来评估一个企业是否伟大，是否真的有价值。但是世俗的成功对他来讲，也不是一点意义都没有。毕竟无人心甘情愿去做失败的英雄。互联网三大巨头阿里巴巴、腾讯和百度，从最初1999年的创业一路走来，一直坚持到现在，取得了举世瞩目的成果也属必然。毕竟，坚持是创业成功的第一基石。所谓“圣人抱一为天下式”，“不失其所者久”。三大巨头取得的成绩，正是他们不畏艰难，不懈坚持的成果。

对于三大巨头今日的辉煌，周鸿祎不可能没有艳羡，没有遗憾。他屡次承认自己也有看走眼的时候。当初马云在弱小和困难的时刻，曾经找过他，请他考察自己的企业，然后游说他道，我们一起干吧，你在阿里巴巴占的股份会比我还多。但是老周经过实地考察，回来之后对伙伴和员工说：说实话，我真没看懂。

那时的周鸿祎，对于马云的商业模式的高度，的确没有理解上去，因而没有把握住这个机会。马云无奈，只得打算以收购兼并的形式获得周鸿祎3721和雅虎中国的知识产权。然而周鸿祎为了让其他流氓软件厂家不再借他之名行作恶之事，果断发布360，将流氓软件消灭个干净，也因此让马云的巨额投资打了水漂。从此，二人交恶。

然而多年以后，周鸿祎已有悔意。如果当初他的商业眼光具有神奇的超前意识，他支持马云共同来搞好阿里巴巴和淘宝的事业，今天马云的成功上市，就不一定是遥遥于周鸿祎之上，历史就将被改写，坐在第一把交椅上的人，也许就真的说不准了。

世界上没有后悔药。虽然阿里巴巴的事业和安全的关系最紧密，也最需要360这个盟友的支援，毕竟时过境迁，马云对周鸿祎而言，已不再是当初那个游说过他的无名之辈，而是即将超过李嘉诚的华人首富。

所以，2014年，周鸿祎在给员工写信时说，有人说周鸿祎老了，没有及时抓住移动互联网的机遇。

他不是没有痛处，没有遗憾，然而他劝慰员工，一个企业一定要知道自己的核心竞争力到底是什么。比如腾讯，做了十年浏览器，一直在赔钱，做安全比360更是差得多。至于做电子商务，也同样是雷声大，雨点小。但是在即时通讯领域，它不但是中国第一，而且在世界上也是第一。所以，如果你是水里的一条鳄鱼，却偏要去当陆地上的狮子，那这条鳄鱼离死期就不远了。

周鸿祎深知，虽然自己也想把本应该属于自己的一切夺回来，但是他起步做360的时候，百度、腾讯、阿里巴巴已经有了8年的努力，已经熬过了最艰难的岁月，在慢慢养精蓄锐，逐渐做大做强了。所以，比他们的起步晚了8年之久的360公司，虽然有了100多亿美元的市值，但是跟腾讯、阿里这样市值过千亿美元的企业相比，还远远算不上巨头。本来，360可以占据行业第四的有利位置，然而雷军的到来，让小米公司后来居上，雷军本人的财富值也使他跻身中国富豪榜前十名，远超周鸿祎。

也就是说，从广义上来讲，现在互联网行业第四究竟属于小米，还是360，尚无准确定论。以周鸿祎的战斗力和不服输的精神，他会就此罢休吗?

也许，跟小马哥的贵族气息，李彦宏的英俊潇洒，马云顶呱呱的英语比起来，周鸿祎真像他自已说的，就是一个很屌丝的人。但他面对“敌人”不断的打击报复，百折不挠，奋勇前进，一路拼杀，用他极富娱乐精神的个性形象和幽默诙谐的演讲风格，已在网民心目中树立起了同样高大且独具特色的个人品牌，不但成为360功勋卓著的元老，而且至今还是360企业形象塑造不可或缺的一个标杆，一个logo。他带着企业公关部交给他的重大使命，频繁出现在各种演讲讲台、电视节目，无不以他的自嘲和智慧，给大家带来欢笑，带来启迪。

想让圣斗士不战斗，是不可能的。只不过这种战斗，将比他以前的战斗更加沉稳、更深藏不露，而内里却是更加的惨烈和惊心动魄。马云、马化腾、李彦宏构建起来的互联网帝国，也正因为有了像周鸿祎这样既有勇气又富于智慧的挑战者，才能共同推动互联网事业向前发展，为中国乃至世界网民创造更多的福利。

时至今日，雷军承认，当初如果不是“3金”大战，不会促使他去重新思考去定位一家实质意义的互联网公司；而周鸿祎也承认，当年跟腾讯的关系还是不错的，如果不是看到腾讯免费模式的巨大潜力，也不能促使他以安全为切入口，利用免费模式蕴藏的巨大能量带领360一路高歌猛进，攻城略地，成就一方基业。

甚至周鸿祎还要感谢李彦宏。若不是李彦宏执着坚守，力促百度上市，在上市后发表演讲的时候哽咽着宣布百度为中国赢得了骄傲和自豪，老周的内心也不会被激烈地冲撞，以至于放弃了雅虎公司的束缚和对中国市场的短浅目光，毅然辞职，从而为中国互联网的安全事业奠定了坚实而有力的实践基础。

李彦宏也要感谢周鸿祎。他们毫无疑问是你死我活的竞争对手，而且不得不说李彦宏至今仍对周鸿祎怨懑难消，然而若不是周鸿祎对他的挑战，他也不会反思自己的竞价排名方式的不妥之处，从他对人生、对事业全面认识的高度而言，不一定能达到现在的深刻和清晰。

马化腾也应该感谢周鸿祎，如果不是周鸿祎提出的创新和反垄断的概念和思维方式，小马哥也不会被迫做出迅速反应，对外界承诺要建立开放的平台和机制，跟合作伙伴共同赢利，共同促进行业内小企业和所有企业的健康发展。

一切战斗，就跟市值一样，其实都是老周所说的“过眼云烟”，江湖恩怨，宛若浮云，繁华落尽，回头一看，世事沧桑，风云变幻。如今，互联网市场上的格局似乎已定，而未来的发展，仍然会充满机遇和挑战，需要这些互联网大佬们在既联合又斗争的态势下，共同推动中国互联网行业引领世界互联网的潮流。老周同所有这些时代的弄潮儿一道，必将为自己的事业和成就感而继续战斗，永远不会停歇。